SEIN NAME IST

IST

JOHANNES

SEIN NAME IST JOHANNES

EINE NEUE GENERATION STEHT AUF

FRANS DU PLESSIS

eGenCo

Publisher eGenCo

Wenn nicht anders angegeben, wurden die Bibelstellen nach der Elberfelder Bibel zitiert,

Revidierte Elberfelder Bibel (Rev. 26) © 1985/1991/2008 SCM R.Brockhaus im SCM-Verlag GmbH & Co. KG, Witten.

Weitere Bibelübersetzungen:

Schlachter 2000 (SLT), Copyright © 2000 Genfer Bibelgesellschaft, Wiedergegeben mit freundlicher Genehmigung. Alle Rechte vorbehalten

Neue Genfer Übersetzung (ngü), Copyright © 2000 Genfer Bibelgesellschaft, Wiedergegeben mit freundlicher Genehmigung. Alle Rechte vorbehalten.

Luther 1984 (LUT), Lutherbibel, revidierter Text 1984, durchgesehene Ausgabe, © 1999 Deutsche Bibelgesellschaft, Stuttgart.

Gute Nachricht Bibel (GNB), © 2000 Deutsche Bibelgesellschaft Stuttgart, alle Rechte vorbehalten.

Neues Leben Bibel (NLB), Neues Leben. Die Bibel © 2002 und 2006 SCM R.Brockhaus im SCM-Verlag GmbH & Co. KG, Witten

Neue evangelistische Übersetzung (NEÜ), Neue evangelistische Übersetzung, © 2015 Karl-Heinz Vanheiden, www.derbibelvertrauen.de, verwendet mit freundlicher Erlaubnis.

Hoffnung für Alle (HFA), Die Bibelstellen sind der Übersetzung Hoffnung für alle" entnommen, Copyright © 1983, 1996, 2002 by Biblica, Inc.".
Verwendet mit freundlicher Genehmigung des Herausgebers Fontis – Brunnen Basel.

Die Schreibweise der Bibelzitate wurde der deutschen Rechtschreibung angepasst.

Originaltitel: His Name is John – A Generation of Restorers / Frans du Plessis

1. englische Auflage Juli 2013
1. deutsche Auflage April 2016

Übersetzung: Gerda Passauer
Lektorat: Gerda Passauer, Urs Meier, Ursula Meier

Partner in Europa: WTL, 5734 Reinach, Schweiz
Website: www.wtlswiss.ch

Generation Culture Transformation –
spezialisiert auf die Veröffentlichung und Herausgabe von Medien,
eGenCo   die generationsübergreifende kulturelle Veränderung bringen.

eGenCo. LLC
824 Tallow Hill Road
Chambersburg, Pennsylvania, 17202 USA
Telefon: 717-461-3436
E-Mail: info@egen.co
Website: www.egen.co
www.goingebook.com

 facebook.com/egenbooks   pinterest.com/eGenDMP

 youtube.com/egenpub   twitter.com/eGenDMP

 egen.co/blog   instagram.com/egenco_dmp

Publisher's Cataloging-in-Publication Data
Du Plessis, Frans
His name is John. A generation of restorers.; by Frans Du Plessis.
196 pages cm. English Edition
ISBN: 978-1-936554-90-4 paperback
        978-1-936554-91-1 ebook
        978-1-936554-92-8 ebook
1. Religion. 2. Prophetic. 3. John the Baptist. I. Title
2014942015

Inhalt

VORWORT

Es gibt Momente, die über uns kommen und unser Leben verändern. Diese Zeitpunkte sind selten. Sie kommen von Gott und sie haben Schwung, sie bringen Veränderung und Erneuerung mit sich. Solche Zeiten der günstigen Gelegenheit können den monotonen Kreislauf stoppen, ihm eine neue Richtung geben – und wir beginnen ein neues Leben voller Möglichkeiten. Die ganze Menschheitsgeschichte hindurch, angefangen vom Garten Eden bis hin zu Golgatha, hat Gott immer einen Tag, eine Zeit bestimmt, in der ein solcher von Gott gesetzter Zeitpunkt auf die Entscheidung des Menschen wartet – auf seinen Gehorsam.

In 1. Petrus 4,7 (NGÜ) lesen wir: „Die Zeit, in der alles zu seinem Ziel kommt, steht nahe bevor. Seid daher wachsam und besonnen und lasst euch durch nichts vom Beten abhalten." In dem Wort „Ziel" schwingt die Bedeutung „Höhepunkt" oder „Kulmination" mit – Erreichen des höchsten Grades, der intensivste Punkt in einer Reihe von Ereignissen. Wenn Gott etwas tut, arbeitet Er immer in Zyklen; auf dem jeweiligen Höhepunkt ist die Veränderung am intensivsten und stärksten. Die Geburt des Johannes zur Zeit des Priesters Zacharias war der Ausdruck solch einer Veränderung.

In diesem tiefgründigen Buch zieht Apostel Frans du Plessis den Schleier von dem, was Gott im Leben des Priesters Zacharias tat. „Sein Name ist Johannes" – diese Aussage brach den Kreislauf des Ungehorsams, der bis auf Adam und die Anfänge des Volkes Israel zurückgeht.

Als der Mensch namens Johannes mitten im Jordan auf den Christus zeigte, öffnete das der Menschheit die Tür, um in ein Leben einzutreten, das nur Jesus Christus bringen kann. Frans du Plessis hat es selbst erlebt, welche Macht das Wort in unserem Munde hat, wenn es mit dem Wort Gottes übereinstimmt. Apostelgeschichte 20,32 sagt: „Und nun befehle ich euch Gott und dem Wort seiner Gnade, das die Kraft hat, aufzubauen und ein Erbe unter allen Geheiligten zu geben." Das Wort Gottes hat die Macht, Sie aufzubauen und Ihnen samt allen denen, die geheiligt werden, ein Erbe zu geben. Es ist so mächtig, dass es „Seele und Geist" unterscheiden und trennen kann (Hebräer 4,12) – das Natürliche vom Geistlichen.

Paulus schreibt in Römer 10,8 (ein Widerhall von 5. Mose 30,14), das Wort sei uns so nahe, dass es sich in unserem Mund und in unserem Herzen befinde, es sei das Wort des Glaubens, und deshalb könnten wir es tun. Es kann uns auch heilen und von dem sicheren Tod erretten (Psalm 107,20). Warum ist es so stark? Die Worte Gottes, die Sie glauben, diese Worte sind Gott in Ihnen!

„Im Anfang war das Wort, und das Wort war bei Gott, und das Wort war Gott" (Johannes 1,1). Worte sind geoffenbarte Gedanken. Das Wort Gottes offenbart Gottes Gesinnung. Durch Worte werden unser Verstand und unser Denken geschult, gebildet, geschärft. Vergessen Sie nicht: Am Anfang seines Lebens hat ein Baby keine Wörter in sich, aber die Worte, die sich dann in dem Denken dieses Kindes festsetzen, die bestimmen, ob es zum Arzt oder zum Kriminellen wird. Das alles geschieht durch Worte.

Frans du Plessis ist einer der wenigen Geistlichen, die in der Realität von Römer 8,14 leben: „Denn so viele durch den Geist Gottes geleitet werden, die sind Söhne Gottes." Als im Natürlichen alles gegen ihn zu sprechen schien, warf er sich auf den Geist Gottes und bestieg auf eigenen Beinen einen der höchsten Berge der Erde. Als die Ärzte bei ihm MND feststellten, eine unheilbare Krankheit, und ihm sagten, er würde nie wieder sprechen können, da schrieb er „Sein Name ist Johannes". Gemeinsam mit einer ganzen Generation von Menschen, die das Schweigen in Menschenherzen brechen und die Freiheit der Söhne Gottes verkünden, tritt er in den Riss. Unter ihnen ist Apostel Frans du Plessis ein General.

Dr. William D. Hinn
18. März 2013

EINFÜHRUNG

„Elia ist gekommen, und er kommt!"

Himmel und Erde, Väter und Söhne verbinden

Denn alle Propheten und das Gesetz haben geweissagt bis auf Johannes. Und wenn ihr es annehmen wollt: Er ist Elia, der kommen soll. Wer Ohren hat, der höre! Matthäus 11,13–15

Vor allem zwei Propheten, Jesaja und Maleachi, kündeten von einem Propheten, der dem kommenden Christus den Weg bereiten würde. Der Prophet Jesaja schreibt:

„Tröstet, tröstet mein Volk", sagt euer Gott. „Macht den Leuten Jerusalems Mut! Sagt ihnen, dass die Zwangsarbeit zu Ende geht, dass ihre Schuld abgetragen ist! Jahwe ließ sie doppelt bezahlen für alle ihre Sünden." Hört! In der Wüste ruft eine Stimme: „Bahnt Jahwe einen Weg! Baut eine Straße für unseren Gott! Jedes Tal soll aufgefüllt, jeder Berg und Hügel erniedrigt werden! Alles Zerklüftete soll zur Ebene werden und alles Hügelige flach! Denn offenbaren wird sich die Herrlichkeit Jahwes, und alle Menschen werden es sehen. Jahwe selbst hat das gesagt." Jesaja 40,1–5 (NEÜ)

Jesaja sagt nicht, wer dieser Prophet sein wird; er nennt ihn nur „eine Stimme, die in der Wüste ruft." Maleachi geht einen Schritt weiter, er erkennt in diesem geheimnisvollen Propheten den „Elia". Das ist ein Geheimnis für sich, denn nur wenige Jahrhunderte vor Maleachi war der Prophet Elia in einem feurigen Streitwagen in den Himmel gefahren[1]. Jesus selbst hat bestätigt, dass es tatsächlich Elia war, fügte aber hinzu: „Wer Ohren hat, der höre!"[2]

Damit wies Er darauf hin, dass es auch etwas gibt, das nicht so offensichtlich ist, dass man es mit den natürlichen Augen und Ohren wahrnehmen könnte, sondern nur durch den Geist. Denselben Ausdruck gebraucht Jesus am Schluss jedes Briefes, den Er an die sieben Gemeinden in Kleinasien schreibt (Offenbarung 2 und 3).

Maleachi prophezeite:

> *Siehe, ich sende euch den Propheten Elia, bevor der Tag des HERRN kommt, der große und furchtbare. Und er wird das Herz der Väter zu den Söhnen und das Herz der Söhne zu ihren Vätern umkehren lassen, damit ich nicht komme und das Land mit dem Bann schlage.* Maleachi 3,23–24

Der Mann, der seine Stimme verlor

Bevor ich 2011 meine Stimme verlor, hatte ich nie daran gedacht, etwas über Johannes den Täufer zu schreiben. Für einen 58-Jährigen, der seit 37 Jahren dazu berufen war, öffentlich zu sprechen, ist es eine echte Herausforderung, wenn er im Laufe von zwei Jahren seine Stimme verliert. Von Geburt an genoss ich den Segen einer Stimme, mit der ich singen und sprechen konnte. Meine Mutter sagte mir, schon als Dreijähriger hätte ich ständig gesungen, wo immer ich war. In der Schule konnte ich viele Gesangswettbewerbe für mich entscheiden.

---

[1] 2. Könige 2,11

[2] Matthäus 11,15

Mit 23 Jahren trat ich in den vollzeitlichen Dienst für Gott, das war im Dezember 1975. Im Laufe der Jahre bereiste ich viele Länder der Welt und sprach vor vielen Tausenden von geistlichen Leitern. Aber dann verlor ich meine Fähigkeit zu sprechen, und inzwischen kann ich überhaupt nicht mehr sprechen. Meine Stimmbänder sind in bestem Zustand, es liegt an meiner Zunge und an der Atmung; die Diagnose lautet MND, „Motor Neurone Disease" (fortschreitende bulbäre Lähmung, auch als ALS bekannt). Das Witzige daran ist, dass ich gerade in der Schweiz bin, wir hatten eine Apostolische Konferenz und ich war der Hauptsprecher. Heute habe ich das Konferenzheft angeschaut; auf dem Titelblatt prangt mein Bild in prächtigen Farben, und darunter steht zusammen mit dem Namen eines weiteren Sprechers aus dem Ausland mein Name als Hauptsprecher.

Die Teilnehmer kamen aus zehn Ländern. Überwiegend waren es Schweizer, aber es waren auch Menschen aus Russland, Bulgarien, Rumänien, den Niederlanden, Großbritannien, Deutschland, Österreich, Slowenien und Südafrika dabei.

Ich stand vor ihnen, ohne meinen Mund zu öffnen, und sprach das Wort, das der Herr mir für Europa und die Welt gab. Ich berichtete auch von meiner Klettertour auf den Kilimandscharo und von meiner Begegnung mit dem Herrn oben auf dem Berg.

Die Gegenwart Gottes kam wie eine Wolke in die Konferenz herein.

Ich hielt zwei Einheiten, eine davon ging (dank Übersetzung) drei Stunden lang und die andere 40 Minuten, und die Menschen wurden vom Geist Gottes berührt und bewegt. Gestandene Männer weinten wie kleine Kinder und sagten, noch nie in ihrem ganzen Leben seien sie so tief berührt worden.

Jemand sagte mir anschließend: „Ich höre jetzt schon seit sechs Jahren deine Predigten und Vorträge, aber so klar wie heute hast du noch nie gesprochen."

Nun fragen Sie sich vielleicht, wie das geht – predigen, wenn man kein einziges Wort über die Lippen bringt? Für Sie will ich mein Geheimnis lüften: Im Laufe der letzten zwanzig Jahre habe ich einen Sohn – und viele Söhne – großgezogen, die mein Herz haben. Ich tippte, was ich sagen wollte, und mein Sohn stand neben mir auf der Bühne. Ich stand da und sagte nichts, doch mein Sohn sprach für mich; er las vor, was ich schrieb. Für mich war das ganz entspannt: Er sprach aus, was Gott mir gab, und ich konnte die Zuhörer anschauen. Mein Sohn ließ sie in mein Herz schauen, indem er ihnen die Botschaft seines Vaters mitteilte.

Das zu sehen und mitzuerleben, wie ein Sohn für seinen Vater spricht, hat die Menschen im Tiefsten angerührt. Mein Sohn verstärkte meine Stimme. Er suchte nicht seine eigene Ehre, er predigte nicht seine eigene Botschaft, sondern er ehrte – verherrlichte – mich, indem er nur das sagte, was ich ihm zu sagen vorgab.

So ist das Reich Gottes gedacht, so sollte es funktionieren.

Leider müssen irdische Könige fast immer sterben, bevor ihre Söhne den Thron besteigen können. Wenn der König tot ist, beginnen die Erbfolgekriege und die Söhne versuchen, ihre Brüder zu ermorden, um sich den Thron zu sichern. König David machte es anders; er salbte seinen Sohn Salomo noch zu Lebzeiten. Soviel ich weiß, gibt es in der Bibel keinen anderen König, der seinem Beispiel folgte.

In Durban gab es einen sehr gesalbten Pastor, man kannte ihn und seinen starken Dienst in ganz Südafrika. Jedes Jahr stellten sie ein Zelt auf und Tausende kamen, um geheilt, von finsteren Mächten befreit und errettet zu werden. Als sein Gemeindehaus zu klein wurde, baute er das größte Gemeindezentrum der Stadt.

Dieser mächtige Mann Gottes hat einen Sohn, der wirklich ein Herz für diesen Dienst hat, aber der Vater gab ihm keinen Raum. Als ich nach vielen Jahren diesem Sohn zum ersten Mal begegnete, fragte ich ihn, wo er denn gewesen sei, und er erzählte mir eine traurige Geschichte. Er wollte seinem Vater helfen, der aber sagte ihm, er sei zu jung und unerfahren. Mit vierzig ging der Sohn in die USA und gründete dort einen Dienst. Das funktionierte nicht, also kam er zu seinem Vater zurück, der nun alt war und kaum noch genug zum Leben hatte. Doch inzwischen hatten die meisten jungen Leute die Gemeinde verlassen, weil sie mit dem gealterten Mann nicht zurechtkamen.

Der greise Vater konnte nicht mehr, aber immer noch dachte er, sein Sohn sei zu jung und unerfahren. Leider verlor die Gemeinde ihren Schwung, ihre Leute und ihren Einfluss in der Gesellschaft und der Stadt. Und das alles nur, weil ein Vater den Stab nicht rechtzeitig in jüngere Hände gelegt hatte. Er hatte immer noch ein schönes Gebäude, aber er hatte den wichtigsten Schlüssel zur jungen Generation verloren: seinen Sohn.

Ich hatte in einem nächtlichen Traum ein erstaunliches Erlebnis: Ein König kam in unsere Stadt. Überall standen Wächter, um den König zu beschützen. Niemand durfte dem König zu nahe kommen. Ich beschloss, falls der König in meine Richtung käme, würde ich mich nach vorn kämpfen und mit ihm sprechen. Er kam auf mich zu und mit aller Kraft und unter Einsatz beider Ellbogen bahnte ich mir den Weg durch die Menge und den Kordon der Wachleute. Wie überrascht war ich, dass da *zwei* Personen standen: ein Vater und sein Sohn. Sie sahen gleich aus, sie trugen die gleichen königlichen Gewänder; der einzige Unterschied zwischen ihnen schien das Alter zu sein, also sprach ich den Älteren an.

In meinem Traum sagte ich: „Oh König, können Sie mir etwas über die Zukunft meines Dienstes sagen?"

Er antwortete: „Mein Sohn ist der König, frag ihn und er sagt dir alles."

Das hätte ich nicht erwartet, dass der Sohn der König war. Der Sohn nahm mich auf die Seite und teilte mir zwei Informationen mit; dann brachte er mich zu seinem Vater zurück. Der sagte: „Was mein Sohn dir gesagt hat, wird ganz sicher eintreffen."

Bis dahin hatte ich gedacht, es handele sich um einen irdischen König; aber an dem Verhalten von Vater und Sohn wurde mir klar, dass das nicht der Fall sein konnte, sonst wäre der Vater der König gewesen und nicht der Sohn.

Unsere Söhne sollten ihr Potenzial voll entfalten können, während wir Väter noch da sind. Aber bei Gott ist der Sohn der König, weil er bis ins Kleinste den Vater repräsentiert.

Es ist mir eine große Ehre, einen Sohn großgezogen zu haben, der so denkt wie ich. Und das ist noch lange nicht alles. Ich bin überaus gesegnet, weil ich in vielen Ländern viele solcher Söhne habe, besonders in Afrika und in Europa. Alle diese Söhne sind im Herrn gereift und sie können sehr wohl ihre eigene Botschaft verkünden, aber sie legen sie beiseite und verkünden den Menschen meine Botschaft und das, was ich im Herzen trage.

Einige meiner besten „Söhne" sind weiblich, denn in Christus gibt es weder Mann noch Frau. Sie alle haben ihre eigenen Gemeinden oder Versammlungen, die auf eigenen Füßen stehen. Manche von ihnen haben gleich mehrere Gemeinden, die sie für ihren geistlichen Vater halten, und diese Leiter haben ihr Herz mir als einem Vater zugewendet, weil ich mein Herz ihnen zugewendet habe als zu Söhnen.

Vielleicht fragen Sie sich jetzt: „Was hat denn das alles damit zu tun, dass jemand Johannes heißt?"

Nun, Johannes hatte einen Vater namens Zacharias, und auch der konnte eine Zeit lang nicht sprechen. Er war verstummt, nachdem der Engel ihm im Tempel angekündigt hatte, dass seine Frau Elisabeth, die wahrlich nicht mehr die Jüngste war, mit einem Sohn schwanger werden würde. Der Engel Gabriel sagte ihm auch, wie er diesen seinen Sohn nennen sollte: Johannes. Dann sprach Gabriel eine Prophetie über Johannes aus: „Und viele der Söhne Israels wird er zu dem Herrn, ihrem Gott, bekehren."[3]

Aber Zacharias konnte nicht glauben, was der Engel da sagte, deshalb wurde er für eine gewisse Zeit stumm – so lange, bis er seinen Sohn „Johannes" nennen konnte. Genau so und nicht anders. Dass das Kind genau diesen Namen bekam, war äußerst wichtig, denn dieser Name beschrieb seine Identität und Gottes Absicht mit seinem Leben sehr genau.

---

[3] Lukas 1,16

EMPFEHLUNG

sein Name ist Johannes – dieses Buch spricht in unsere Zeit hinein! Als Volk Gottes, das nach Seinem Reich trachtet, stehen wir an einer Zeitenwende: Die Welt hat alles ausprobiert und bietet keine Lösungen mehr; es ist nur eine Frage der Zeit, dass sie auf die schaut, die das Reich Gottes und seine Ordnungen kennen. Was wir für unmöglich hielten – und vielleicht war es in letzter Zeit tatsächlich nicht möglich –, das wird wahr, denn Gott will Seine Leute voranbringen und uns auf Höhen führen, die wir uns nie vorgestellt hätten: Das Reich Gottes wird sichtbar und spürbar werden wie noch nie seit dem ersten Pfingsten.

Gott wirkt immer durch den Überrest, also durch Menschen, die Seine Stimme nicht nur hören, sondern ihr auch gehorchen. Frans sagt es deutlich: Der Schlüssel zum Durchbruch ist Gehorsam. Was für Menschen unmöglich ist, das ist möglich für Gott. Leider werden viele mit dieser Veränderung nichts zu tun haben wollen, aber auch sie können sich ihr nicht entziehen. Zu allen Zeiten, besonders im Krieg, gab es Menschen, die den Lauf der Geschichte verändert haben, manche von ihnen haben im Kampf ihr Leben gelassen; viele andere hingegen blieben zu Hause und gingen ihrer gewohnten Arbeit nach. Doch auch für sie, die nicht in den Kampf zogen, brachte der Konflikt Veränderungen mit sich.

Einfacher Gehorsam kann den Lauf der Geschichte ändern. Frans hat auf Gott gehört, dann verkündete er, was Gott gesagt hatte, auch wenn scheinbar alles dagegen sprach, und dann tat er es. Frans stand zu seiner Überzeugung auch angesichts der Kritik des „alten Adams". Frans war kühn und mutig und sprach aus, was Gott ihm im Verborgenen gezeigt hatte. Er riss die Mauern nieder, die die Religion aufgerichtet hatte. Vielen öffnete er die Tür, und alle, die die Offenbarung aufnahmen, fanden Freiheit. Was Gott ihm offenbarte, brach die überkommenen Normen der Religion. Frans war ein Träger der Durchbruchs-Salbung.

Wer danach hungert, zu wissen, was Gott heute tut, dem kann ich dieses Buch wärmstens empfehlen. Lesen Sie es mit offenem Herzen, öffnen Sie Ihr Denken, und nehmen Sie auf, was Gott offenbart. Mögen wir alle dabei sein, wenn das Reich Gottes sich ausbreitet in einem Maß, das größer ist als alles, was die Welt bisher gesehen hat!

Eugene Strite
Autor, Geschäftsführer, Coach und Unternehmensberater

1

Die Macht der Genauigkeit: Unser Bekenntnis

Unser Bekenntnis hat große Macht. Wenn es nicht mit dem Wort Gottes, das Er uns kundgetan hat, übereinstimmt, könnte das für uns und für andere Menschen ernsthafte Konsequenzen haben. Es könnte die Erfüllung von Gottes Plänen für uns um Jahre verzögern.

Das erinnert uns an die Geschichte Israels, wie eine ganze Generation vierzig Jahre länger in der Wüste bleiben musste, weil sie ein böses Bekenntnis von sich gegeben hatten. Was war an ihrem Bericht denn so schlimm? Nicht das, dass sie über Kanaan gelogen hätten und über das, was sie dort gesehen hatten, sondern weil sie das Gegenteil von dem bekannten, was Gott gesagt und was Er ihnen versprochen hatte.

Millionen starben, ohne das zu erlangen, was Gott ihnen verheißen hatte. Warum? Weil sie nicht glauben und bekennen konnten, was Gott ihnen verkündet und versprochen hatte. In ihnen war nicht der Geist Gottes, sondern ein anderer Geist. Sie alle kamen aus Ägypten heraus, aber die

Wüste verließen sie nie.[4] Ist das nicht traurig? Ihr ganzes Leben verbrachten sie außerhalb dessen, was Gott für sie geplant hatte.

Nun gut, das war im Alten Bund; aber was ist mit den Tausenden „Erretteter" in unserer Zeit, deren Leben auch nicht dem entspricht, was Gott für sie geplant und gewollt hat? Geistlich gesehen irren sie durchs Leben und hoffen, diesem eines Tages zu entrinnen und in den Himmel zu kommen.

Zurück zu den Israeliten in der Wüste. Vierzig Jahre später musste Gott einem ganzen Volk eine geschlagene Woche lang den Mund zuhalten. Gott ließ Josua wissen, dass bei dem siebentägigen Marsch um Jericho (der ersten Stadt, die sie in Kanaan einnehmen sollten) keiner auch nur ein einziges Wort von sich geben durfte. Die Stadtmauer von Jericho war so einschüchternd, nach menschlichem Ermessen war es unmöglich, sie zu erstürmen. Hätten die Israeliten beim Marschieren sprechen dürfen, dann hätten sie das bekannt, was sie sahen, und einander entmutigt, anstatt zu glauben, dass Gott Seine Verheißungen erfüllen kann.

Wer ein wahrer Diener und Sohn Gottes sein will, muss lernen, wann er die Augen und den Mund seiner Seele für die Umgebung zu verschließen hat und nur mit seinen geistlichen Augen sehen, mit seinem geistlichen Mund sprechen sollte. Geistliche Augen erhalten ihr Licht und ihre Sicht nicht von der Sonne oder der natürlichen Umgebung, sondern vom Wort Gottes. Das gilt auch für unser Reden und unser Bekenntnis; wir sollten nur das aussprechen, was wir von Gottes Geist hören.

„Bekenntnis" bedeutet mehr, als wir gewöhnlich darunter verstehen. Normalerweise denken wir bei diesem Wort daran, dass wir unsere Sünden eingestehen (oder im deutschen Sprachraum auch an das Glaubensbekenntnis, das wir im Gottesdienst gemeinsam aufsagen; Anm. d. Übers.); aber die Bibel spricht auch von einem „guten Bekenntnis":

Kämpfe den guten Kampf des Glaubens; ergreife das ewige
Leben, zu dem du berufen worden bist und bekannt hast das gute
Bekenntnis vor vielen Zeugen! 1. Timotheus 6,12

---

[4] „An den meisten von ihnen aber hatte Gott kein Wohlgefallen, denn sie sind in der Wüste hingestreckt worden" (1. Korinther 10,5).

Das griechische Wort für „Bekenntnis" ist *homologia*, es besteht aus zwei kleineren griechischen Wörtern: *homo* – „das Gleiche" und *logia* – „Wort". *Demnach bedeutet Bekenntnis, dass man dasselbe sagt, dass man mit einer Aussage übereinstimmt. Für die Menschheit ist das sehr schwierig, denn seit Adams erster Sünde werden wir von unserer Seele geleitet. Der natürliche Mensch ist bestimmt von seiner Umwelt,* seinem Verstand, seinem Willen und seinen Gefühlen.

Gott aber möchte, dass Seine Leute nach *Seinem* Wort, *Seinem* Geist und *Seinem* Willen leben.

„Sein Name ist Johannes." Kein anderer Name konnte diesem Jungen gegeben werden. Als der Vater Zacharias gebeten wurde, seinem Sohn einen Namen zu geben, war das sein Test. Sein Bekenntnis sollte darüber entscheiden, ob er jemals wieder sprechen können würde.

Es war gar nicht so einfach für Zacharias, seinem Erstgeborenen genau den richtigen Namen zu geben; dazu musste er mit einer starken Familien- und Volkstradition brechen. Dem Sohn einen Namen zu geben, den noch keiner in der Familie getragen hatte, bedeutete: Der Junge würde nicht die Familie weiterführen, sondern den Namen eines anderen tragen und verkünden. Der bloße Gedanke, nur einen einzigen Sohn zu haben, der aber nicht die Priesterfamilie des Zacharias weiterführen, repräsentieren und vergrößern würde, war undenkbar, besonders für einen jüdischen Priester jener Tage. Wenn Johannes nicht die Familie des Zacharias baute und vertrat, für wessen Familie lebte er dann?

Zacharias gehörte der namhaften Priesterfamilie Abija an:

> *Es war in den Tagen des Herodes, des Königs von Judäa, ein Priester mit Namen Zacharias, aus der Abteilung des Abija; und seine Frau war aus den Töchtern Aarons und ihr Name Elisabeth.*
> Lukas 1,5

Neun Monate später, bei der Beschneidung des Neugeborenen, sagte Elisabeth, ihr und des Zacharias Sohn solle Johannes heißen – und rief damit den Protest der Verwandtschaft hervor. Elisabeth musste sich gegen die ganze Priestersippe stellen, denn Zacharias war ja seit neun Monaten stumm. Dass Elisabeth von Aaron, dem ersten Hohenpriester Israels, abstammte, machte es ihr bestimmt nicht leichter. Johannes gehörte also in die Linie der Hohenpriester.

Die „Abteilung des Abija" spielte in der Priesterordnung, die König David knapp tausend Jahre zuvor eingerichtet hatte, eine wichtige Rolle. Die Verwandten ließen nicht locker: Da es in der Familie niemanden gab, der Johannes hieß, und da Zacharias ein Priester nach der Ordnung Abijas war, sollte sein Priestersohn Zacharias ben Zacharias genannt werden (Zacharias, Sohn des Zacharias).

Aber der Engel hatte gesagt, dass er ihn Johannes nennen sollte. Zacharias war unter Druck. Als die Diskussion über den Namen des Jungen stärker wurde, bat der stumme Zacharias um Schreibzeug. Wie mag der Himmel „psst!" gemacht haben, als Zacharias das Schreibtäfelchen entgegennahm: Würde er dem Druck der Familie nachgeben und sich der Tradition beugen und seinen Sohn Zacharias nennen? Oder würde er die uralte Tradition brechen und damit ganz Jerusalem schockieren? Immer noch schweigend, schrieb der Greis: „Sein Name ist Johannes."

Und in diesem Augenblick öffnete Zacharias seinen Mund, er konnte wieder sprechen, und er lobte Gott.

Die Familie protestierte: In der Familie hatte es noch nie jemanden namens Johannes gegeben! Damit hatten sie recht. Der historische Familienname war Zacharias bzw. Sacharja, Secharja – „Jah (Jahwe) gedenkt"[5]. Und die Tradition forderte, dass der erstgeborene Sohn nach seinem Vater genannt wurde. Außerdem hatten sie so lange auf diesen Stammhalter gewartet, er sollte den Namen der Familie fortführen. Nichts war für einen jüdischen Vater wichtiger, als einen Sohn zu haben, der auf der Erde den Namen seines Vaters weitertragen und ausbreiten würde. Dieser Name war ein kostbares Vermächtnis, große Priester und Propheten hatten ihn getragen.

Warum war Zacharias mit Stummheit geschlagen, bis er seinen Sohn genau so nannte, wie er ihn nennen sollte? Jesus erklärte, dass menschengemachte Überlieferung eine der stärksten Mächte ist, die die Menschheit gefangen halten können. Tradition kann das Wort Gottes wirkungslos

---

[5] *Strong's*, H2148, „zekaryah"

machen: „So hebt ihr mit eurer Überlieferung, die ihr weitergegeben habt, das Wort Gottes auf; und viele ähnliche Dinge tut ihr."[6]

Manchmal müssen wir radikal vorgehen, um aus dem Kreislauf menschlicher Traditionen auszubrechen. Es geschieht so leicht, dass wir das Neue verpassen, das Gott wirken will, nur weil wir unsere Familien- und Landestradition fortführen und einfach das tun, was wir schon immer getan haben.

Jemand hat einmal gesagt: „Wenn wir nur das tun und sagen, was wir schon immer gesagt und getan haben, dann wird sich auch nichts ändern."

All das mit dem Schweigen des Vaters und dem anderen Namen für das Kind zeigt mir, wie Gott in die Menschheitsgeschichte eingreift. Er unterbricht den gewohnten Gang der Dinge, ganz Jerusalem, ja das ganze Volk schaut hin, und dann ändert Er den Lauf der Geschichte.

Frauen haben einen monatlichen Menstruationszyklus, der nur unterbrochen werden kann, wenn sie männliches Sperma (Samen) empfangen und damit schwanger werden. Der Kreis kann nur gesprengt werden, wenn neues Leben entsteht. Mit dem Wort (dem Samen oder Sperma) Gottes verhält es sich ebenso: Wenn ein Mensch es empfängt, unterbricht es die menschlichen Zyklen und bringt das zustande, was Gott auf der Erde vorhat. Um Gottes Pläne auf der Erde auszuführen, müssen wir mit Seinem Wort befruchtet werden. Ich spreche hier nicht von dem Buchstaben, sondern von dem lebendigen Wort Gottes, das aus dem Mund Gottes hervorgeht und Leben schafft.

Wie die Gebärmutter einer Frau auf das Sperma vorbereitet ist, so müssen wir das eingepflanzte Wort Gottes mit Glauben und in Demut empfangen. Zacharias in seinem Unglauben war nicht anders als alle anderen Leute in Jerusalem. Das Volk konnte auf eine lange Geschichte des Unglaubens zurückblicken. Wenn ein Volk aber seinen Glauben an Gott und Sein Wort verliert, verliert es seine Stimme. Zacharias verkörperte den geistlichen Zustand des ganzen Volkes.

Nehmt das eingepflanzte Wort mit Sanftmut auf, das eure Seelen zu retten vermag! Jakobus 1,21b

---

[6] Markus 7,13 (SLT)

Wenn die Zeit erfüllt ist, verschwinden die Schatten. Gott kommt immer zur rechten Zeit; Seine Planung ist immer vollkommen, auch wenn es sich für uns anders anfühlen mag. Gott handelt nie überstürzt oder zufällig; alles, was Er tut, dient Seinen Zwecken. Paulus schrieb an die Galater: „Als aber die Fülle der Zeit kam, sandte Gott seinen Sohn, geboren von einer Frau, geboren unter dem Gesetz."[7] „Fülle der Zeit", das bedeutet: als die richtige Zeit gekommen war – als alles geschehen war, was dem Kommen Christi vorangehen musste. Die Vorbereitungen waren nun getroffen und alles war bereit.

Wenn wir die Geschichte betrachten, sehen wir, wie akkurat Gottes Zeitplanung in Daniel 9,24–27 ist: Der Prophet sagte den Zeitpunkt des Kommens Christi exakt voraus.[8] Schon vor Anbeginn der Zeit stand im Himmel Gottes Wort über das Kommen Seines Sohnes fest. Die Ankunft des Johannes hatte nicht nur mit Johannes zu tun, sondern mit dem Christus. Sicher hatten Zacharias und Elisabeth gedacht, Gott halte Seinen Segen zurück, weil Er ihren Herzenswunsch nicht schon früher erfüllt hatte.

Aber Johannes war viel mehr als nur eine Belohnung für das rechtschaffene Leben, das seine Eltern führten. Nein, Gott erfüllte Seinen eigenen, ewigen Plan, indem Er Jesus sandte. Diesen Plan hatte Er gemacht, bevor die Zeit begann, und ihn uns durch die Propheten kundgetan. Johannes war das Geschenk Gottes; als Rufer in die Wüste gesandt, bereitete er dem verheißenen Messias den Weg. Er war der Erste, der dem Volk die Ankunft des Reiches Gottes verkündete, und dementsprechend rief er sie zur Umkehr auf. Er musste Zeuge sein, als das Lamm Gottes eintraf.

Johannes taufte auch die zwölf Jünger Jesu, um sie auf ihren kommenden Meister vorzubereiten. Jesus hätte sie nicht berufen, wenn sie nicht Johannes geglaubt hätten, der Ihm den Weg bereitete. Jesus berief sie von den Netzen weg, aber sie alle müssen ein Herz gehabt haben für Gott und Sein Reich – immerhin taufte Johannes niemanden, der nicht seine Sünden bereute.

---

7 Galater 4,4

8 Frans du Plessis, *Gottes krönender Abschluss*, Kapitel 9: „Die siebzig danielschen Wochen" (Chambersburg, eGenCo LLC 2014).

Dieses Prinzip müssen wir immer im Kopf behalten, ja in unserem Leben. Jeder von uns kann immer nur einen kleinen Teil des Ganzen sehen; es gibt immer ein größeres Bild. Das volle Bild ist Christus, und deshalb sind der richtige Platz und die richtige Zeit so wichtig, wenn wir zu Ihm gehören.

Gott wollte die Aufmerksamkeit des Volkes haben, denn Er war dabei, auf Seine Erde zu kommen, die Er geschaffen hatte. Der Alte an Tagen (der Zeitlose) wurde Fleisch und kam in die Zeitläufe der Menschheit, aber dazu brauchte Er jemanden, der Ihm den Weg bahnte.

Gott scheint mitunter langsam zu sein, aber Er kommt nie zu spät. Er lebt in der Ewigkeit und muss deshalb dem Menschen helfen, der in der „Zeit" genannten Kapsel lebt, sich in Seinen Zeitplan hineinzufinden. Das tut Er, indem Er durch den Heiligen Geist den Menschen befähigt, eine göttliche Tugend hervorzubringen, die man Geduld oder Ausharren nennt. Das hilft uns Menschen, mit dem Ewigen Schritt zu halten.

Der Grund, warum Gott so lange wartete, bevor er Zacharias und Elisabeth den Sohn Johannes sandte, war der Christus. Wäre Johannes früher gekommen – oder später –, hätte er seinen Lebenszweck verpasst.

Jeder in Jerusalem wusste also, dass Johannes geboren worden war, und was sein Vater im Tempel erlebt hatte. Jeder wartete auf „Klein-Zacharias", das Wunderkind von Zach und Lisbeth, die schon längst das Alter der Familienplanung hinter sich gelassen hatten. Was damals geschah, schockierte ja nicht nur die Verwandtschaft, es zog die Aufmerksamkeit der ganzen Gegend auf sich:

> *Der ließ sich ein Schreibtäfelchen geben und schrieb zum Erstaunen aller darauf: „Sein Name ist Johannes." Im gleichen Augenblick konnte er wieder sprechen und fing an, Gott zu loben. Alle, die in jener Gegend wohnten, wurden von einem ehrfürchtigen Staunen ergriffen, und im ganzen Bergland von Judäa sprachen die Leute über das, was geschehen war. Alle, die es hörten, wurden nachdenklich und fragten sich: „Was wird wohl aus diesem Kind einmal werden?" Denn es war offensichtlich, dass der Herr etwas Großes mit ihm vorhatte. Lukas 1,63–66 (NEÜ)*

Die Aufmerksamkeit der gesamten Priesterschaft, ja von ganz Judäa war auf Zacharias, Elisabeth und das Baby gerichtet – und in aller Stille brachte Gott nun Seinen einzigen Sohn auf die Erde. Zunächst war Er im Mutterleib einer Jungfrau verborgen, dann in einer Krippe in Bethlehem, dann in Ägypten und schließlich 30 Jahre lang in Nazareth, im Hause des Zimmermanns Josef und seiner Frau Maria, also bei ganz einfachen Leuten.

Gottes Plan, sich zu verbergen, schützte den Christus vor den Augen des religiösen Systems und des Bösen. Nur durch Offenbarung konnte man wissen, wer Er wirklich war. Fleisch und Blut konnten nicht offenbaren, wer Er war; nur der Heilige Geist konnte das tun. Hätte Herodes gewusst, wo Jesus war, hätte er nicht in Judäa alle Kleinkinder unter zwei Jahren umgebracht.[9]

Auch heute hat Gott einen Sohn auf Erden, einen Sohn aus vielen Söhnen, einen körperschaftlichen Sohn, den Er vor den Augen der Religiösen verborgen hat. Und wie Johannes, der im Geist des Elia als Vorläufer kam, um dem Sohn Gottes den Weg zu bereiten, ist auch heute ein körperschaftlicher Elia auf der Erde, der als prophetische Stimme diesem körperschaftlichen Sohn Gottes den Weg bereitet. Der Christus ist dabei, in Seinen Söhnen, mitten unter ihnen und durch sie in Herrlichkeit zu erscheinen.

Und wieder wird die Welt fragen: „Was für einer ist dieser?", wenn sie durch den Leib Christi die Gnade, Wahrheit und Herrlichkeit Gottes zu sehen bekommt.

Ich stelle mich meinem Berg: Auf dem höchsten freistehenden Berg der Welt in knapp sechstausend Metern Höhe

Ende März 2012, beim Aufstieg auf den höchsten freistehenden Berg der Welt,[10] sprach Gott zu mir; ich sollte ein Buch schreiben mit dem Titel *Sein*

---

[9] „Steh auf, nimm das Kind und seine Mutter zu dir und fliehe nach Ägypten, und bleibe dort, bis ich es dir sage! Denn Herodes wird das Kind suchen, um es umzubringen" (Matthäus 2,13b).

[10] Die ganze Geschichte meiner Kilimandscharo-Besteigung finden Sie in meinem Buch *Übernatürliche Kultur – Leben aus der Dimension Gottes* (Chambersburg, eGenCo LLC, März 2015

Name ist Johannes. Dieses Erlebnis wurde einzigartig durch die Tatsache, dass ich vollständig schwieg; ich konnte kein einziges Wort sprechen. Ich hatte meine Kraft immer in meinem Bekenntnis gefunden, ich stärkte mich durch die Worte, die ich aussprach. In seiner dunkelsten Stunde stärkte David sich im Herrn, damals, als seine Männer ihn steinigen wollten. Ich glaube, das tat er, indem er den Herrn an Seine Verheißungen erinnerte und indem er Gottes Wort aussprach.[11]

Nach fünf Tagen Aufstieg blieb ich auf knapp 6000 Metern Höhe mit einem Bergführer allein zurück. Der Rest der Gruppe ging weiter, und ich blieb unter dem klaren afrikanischen Himmel allein. Auf dieser Höhe wächst nichts mehr, es ist kalt, öde und felsig. Die Luft war dünn und der Sauerstoff knapp, so lag ich nur auf einem Felsen, starrte in den Sternenhimmel hinauf und suchte dort, ob mir von oben Hilfe käme. Nichts. Kein Ton, kein Zeichen der Hilfe.

Am fünften Tag um elf Uhr nachts waren wir zum Gipfelsturm aufgebrochen, und um fünf Uhr früh ging bei mir gar nichts mehr. Ich fragte mich, ob ich jemals wieder lebendig von diesem Berg herunterkommen würde. Ich litt schon seit über einem Jahr an MND und hatte symptombedingt seit über zwei Tagen nichts mehr zu mir genommen, auch keine Flüssigkeit; zudem fiel mir auf dieser Höhe das Atmen so schwer, dass ich beim Klettern einschlief.

So lag ich auf dem einsamen und öden Kilimandscharo bei 15 Grad minus? zwischen Himmel und Erde unter den Sternen – und Gott sprach zu meinem Herzen, dass ich dieses Buch schreiben sollte. Die Bestätigung dafür und weitere Anweisungen zu diesem Buch erhielt ich in einem prophetischen Wort durch den Propheten Shaun Blignaut.[12]

Prophetie des Propheten Shaun Blignaut (28. Februar 2012):

---

[11] „Und David war in großer Bedrängnis, denn das Volk sprach davon, ihn zu steinigen. Denn die Seele des ganzen Volkes war erbittert, jeder war erbittert wegen seiner Söhne und wegen seiner Töchter. Aber David stärkte sich in dem HERRN, seinem Gott" (1. Samuel 30,6).

[12] 28. Februar 2012 im Fairmont-Hotel, Zimbali, Südafrika.

„Und dann kann Er uns übernatürlich leiten, wie Er das bei Elia tat. Frans, du weißt, dass es entscheidend wichtig ist, dass du bei Elia anfängst, wenn du dich mit Johannes befasst, denn Johannes wirkte im Geist und in der Kraft des Elia. Er verhielt sich wie Elia, allerdings hat Johannes nie ein Wunder gewirkt. Doch hatte er die gleiche Arbeitsweise; Johannes hatte die gleiche Wirkung wie Elia.

Und er brachte dieselbe Dringlichkeit; es ist wie die Dringlichkeit, die ich in meinem Geist spüre, was dich angeht. Du musst dich unbedingt darauf einstellen, dass du mehr hörst, mehr hörst. Alles wird sich darauf konzentrieren, dass du hörst, dass du Gott hörst, mehr hörst ... Dann werden die Aussprüche bestimmter werden, weil sie wirklich vom Thron Gottes kommen.

Es ist wie damals, als Elia auf Erden sprach: Es passierte etwas. Ich meine den Konflikt, den Elia auf dem Karmel mit dem Baals-System ausfechten musste. Und so spüre ich, dass die nächste Phase deines Sprechens buchstäblich einen echten Zusammenprall mit den Systemen dieser Welt herbeiführen wird. Weil du so klar hörst, wird dein Reden Dinge herausfordern, die sich Gott entgegenstellen. Gott bringt dein Hören in solch eine akute Phase, dass es deine Stimme verstärken wird wie die Stimme vieler Wasser.

Ich spüre es wirklich, dass genau hier und jetzt eine Veränderung geschieht. Ich spüre eine Dringlichkeit, und ich glaube, Gott will, dass wir uns dieser gemeinsam stellen."

Genau deshalb schreibe ich dieses prophetische Buch: im Gehorsam gegenüber Gottes Befehl.

Ein prophetisches Wort für diesen Zeitabschnitt

„Bald schon werden wir sehen, wie Gott auf der Erde sichtbar und spürbar wird wie selten zuvor – wie in all den bisherigen Zeiten von Gottes besonderem Wirken, wie in allen früheren

Bewegungen, Erweckungen und Reformationen zusammengenommen. Gottes Herrlichkeit wird so offenbar werden, dass Hunderttausende ins Reich Gottes gespült werden. Dieses Mal geschieht das durch einen körperschaftlichen Sohn Gottes, der die Schöpfung von ihrer Verderblichkeit und Vergänglichkeit befreit. Ein körperschaftlicher Sohn aus vielen Söhnen, der sich restlos Gott ausgeliefert hat und der das Ebenbild und die Herrlichkeit des erstgeborenen Sohnes Gottes widerspiegelt. Eine mächtige Stimme Gottes, die in der Schöpfung von Ihm zeugt und übernatürlich wirkt wie der Erstgeborene Gottes, Jesus. Die Nationen werden die Herrlichkeit Gottes sehen und erleben, die durch diesen körperschaftlichen Sohn sichtbar und spürbar geworden ist, der herrscht und regiert in Gerechtigkeit. Die Völker strömen zu diesem Licht und dieser Herrlichkeit hin.

Dies ist der Stein, von dem Daniel sprach, der zum Berg des Herrn wird und die ganze Erde erfüllt.[13] Dies ist das wahre Israel Gottes, über das Paulus an die Römer schrieb.[14] So kommen wir zum Zion in der heiligen Stadt, dem himmlischen Jerusalem, wovon der Schreiber des Hebräerbriefs schrieb.[15] Es ist Gott, der inmitten Seines Volkes wohnt, wie uns Johannes, der Offenbarer, mitgeteilt hat."[16]

Prophetisches Wort, gegeben durch Frans du Plessis am 19. Dezember 2012.

---

[13] Daniel 2,35

[14] Römer 11,1–36

[15] Hebräer 12,22

[16] „Und ich sah die heilige Stadt, das neue Jerusalem, aus dem Himmel von Gott herabkommen, bereitet wie eine für ihren Mann geschmückte Braut" (Offenbarung 21,2).

2

Die Rolle des Übernatürlichen in diesem Zeitabschnitt

Johannes wirkte zwar keine Wunder, aber er kündigte die Ankunft der größten und besten Erscheinung der Macht Gottes auf Erden an; sie sollte durch das Kommen des Sohnes Gottes und des Reiches Gottes geschehen.

„So gibt es auf der Erde zurzeit eine körperschaftliche Stimme (die aus vielen einzelnen Gliedern besteht); diese Stimme kündigt die Gegenwart des körperschaftlichen Christus, des Sohnes Gottes, und des Reiches Gottes an. Ihre Botschaft ruft die Kirche zur Umkehr, wie Johannes die Juden zur Umkehr rief und zum Umdenken, weil das Reich Gottes nun greifbar nahe gekommen war. Diese körperschaftliche Stimme ist wie damals Johannes der Täufer eine mächtige prophetische und apostolische Warnung an die Gemeinde Jesu, die in der Falle der Religion feststeckt: ‚Kehrt um und reformiert euch, denn die größte Erscheinung Gottes durch Seinen körperschaftlichen Sohn wird bald in Macht und Herrlichkeit die Reiche der Welt erschüttern.'"

Diese prophetische Botschaft gab ich an unserem „Open Heaven Apostolic Summit" (Apostolische Konferenz „Offener Himmel") am 2. Juli 2012 weiter (ich schrieb, mein Sohn las sie vor).

Ich spüre schon seit einiger Zeit, dass dieser gegenwärtige apostolische Zeitabschnitt einen Schub erleben wird, ein Fortschreiten von Apostelgeschichte 2,42 zu Apostelgeschichte 2,43. Das ist nur ein Vers weiter, aber ein riesiger Schritt vorwärts – mit gewaltigen Folgen.

Weitergehen

Es ist so wichtig, dass wir in die nächste Phase, den nächsten Zeitabschnitt Gottes eintreten, wichtig für unser Vorankommen und sogar für unser Überleben. Jeder Zeitabschnitt Gottes hat andere Erfordernisse und andere Taktiken, und wenn wir diese nicht kennen oder missachten, kann das unser Fortkommen ernsthaft behindern. In Kanaan hatte das Volk Israel sich ganz anders zu verhalten als in Ägypten. Es waren dieselben Leute, aber sie mussten ihr Vorgehen und ihre Denkweise ändern, um in der neuen Umgebung zu überleben und voranzukommen.

Wir dürfen auch nicht vergessen: Wenn die Wolke Gottes weiterzog und das Volk sich weigerte mitzugehen, hatte das ernsthafte Konsequenzen. Der bis dahin komfortable Lagerplatz, an dem Gott gegenwärtig war und sie versorgte und beschützte, wurde nun zur einsamen und unerträglichen, ja mörderischen Wüstenei.

Die Bibel nennt etwa vierzig Lagerplätze der Israeliten auf ihrem Zug von Ägypten nach Kanaan. Sie lernten ihre Lektion: Wenn die Wolke sich erhob und weiterzog, dann mussten sie ihren Standort wechseln. Das war ihr Erfolgsrezept; so kamen sie tatsächlich nach Kanaan. Wann sie wanderten und wo sie lagerten, das bestimmte Gott, und Er tat es ihnen kund, indem Er die Wolke Seiner Herrlichkeit sich niederlassen und stillstehen oder aber sich erheben und weiterziehen ließ.

Es gab eine Zeit für Abraham, um nach Kanaan zu ziehen, und es gab eine Zeit für Jakob, sich mit seinen Leuten nach Ägypten zu begeben – das war zur Zeit Josefs. Aber 400 Jahre später beauftragte Gott den Mose, Sein Volk nach Kanaan zurückzuführen. Alle diese Zeiten und Zeitpunkte waren Gottes Idee gewesen, sie waren Gottes *kairos*-Zeiten. Das griechische Wort *kairos* bezeichnet Zeiten, in denen Gottes Höhepunkt erreicht ist, in denen etwas zur Fülle gelangt. Ein *kairos* ist eine festgesetzte, gelegene Zeit oder ein Zeitpunkt, in dem etwas reif geworden ist. Im Gegensatz dazu ist *chronos* ein fortschreitender, messbarer Zeitraum wie eine Sekunde, eine Minute, eine Stunde usw. und keine festgelegte oder besondere Gelegenheit. Wir kennen diesen Begriff von Ableitungen wie „Chronologie" oder „Chronometer". Auf der Erde wird der Mensch beherrscht von der *chronos*-Zeit, aber Gott handelt immer in der *kairos*-Zeit.

Paulus gibt uns zwei Beispiele für den Gebrauch des Wortes *kairos*:

> ... *zur Ausführung in der Fülle der Zeiten: alles unter einem Haupt zusammenzufassen in dem Christus, sowohl was im Himmel als auch was auf Erden ist.* Epheser 1,10 (SLT)

> *Als aber die Fülle der Zeit kam, sandte Gott seinen Sohn, geboren von einer Frau, geboren unter dem Gesetz.* Galater 4,4

In der Bibel sehen wir, wie Gott zu Seiner Zeit *(kairos)* in die Zeit des Menschen *(chronos)* eingreift und Seinen Plan ausführt, Seinen Willen umsetzt. Gott sucht Menschen, die Gottes Zeiten und Zeitpunkte erkennen und dann aufbrechen und dorthin gehen, wo Er sie haben will, weil Er etwas mit ihnen vorhat. Das sind die Leute, die der Menschheit im Gedächtnis bleiben: Sie hörten Gott, sie erkannten die Zeit und den Zeitpunkt und gingen mit Gott in die nächste Phase Seines sich entfaltenden Planes.

Der Prophet Daniel sagte:

> *Gepriesen sei der Name Gottes von Ewigkeit zu Ewigkeit! Denn Weisheit und Macht, sie sind sein. Er ändert Zeiten und Fristen, er*

setzt Könige ab und setzt Könige ein; er gibt den Weisen Weisheit und Erkenntnis den Einsichtigen. Daniel 2,20–21

Das Prinzip des Wanderns und Weiterziehens kennen wir aus der Natur: Zugvögel überwintern in wärmeren Gegenden, um zu überleben, oder sie verlassen ihre Heimat während der Trockenzeit, weil die Nahrung knapp wird. Und sie wissen genau, wo sie ihre Jungen zur Welt bringen und aufziehen. Sie wandern, um ihr eigenes Überleben zu sichern und das der nächsten Generation. Wenn sie die Zeichen der Zeit und die Zeitpunkte nicht erkennen oder missachten, können ihre Jungen nicht überleben. Genau dieses Prinzip des Weiterziehens ist der Grund, warum die Gemeinde Jesu die prophetische und apostolische Stimme unserer Tage so nötig braucht.

Als ein religiöser Isebel-Geist die Propheten und Apostel aus der Kirche ausrottete und sie durch Titel und Systeme ersetzte, führte die Kirche die Welt ins „finstere Mittelalter". Gott musste mit Martin Luther und anderen Reformatoren eine apostolische und prophetische Stimme erwecken, um die Welt aus dieser zerstörerischen Finsternis zu retten, in die sie durch Unwissenheit und Verführung geraten war.

David war vor allem deshalb erfolgreich, weil er sich mit prophetischen und apostolischen Leuten umgab: „Und von den Söhnen Issaschar solche, die die Zeiten zu beurteilen verstanden und wussten, was Israel tun musste: ihre Oberhäupter 200, und alle ihre Brüder unter ihrem Befehl."[17]

Es ist erstaunlich: Gott hat immer einen Überrest, Leute wie Simeon und Hanna: Obwohl in fortgeschrittenem Alter, kamen sie doch zur richtigen Zeit in den Tempel und erkannten in dem knapp fünf Wochen alten Baby den Messias. Durch den Heiligen Geist waren sie in der Lage, zur richtigen Zeit am richtigen Ort zu sein und den Säugling Jesus als den Retter der Welt zu sehen. Sie legten dem Jungen ihre prophetischen Hände auf und segneten Ihn und prophezeiten über Ihm, *bevor* die befleckten Hände der religiösen Leiter Ihn berühren konnten.

Auch heute müssen wir wieder erkennen, was und wo Gott spricht und tut (und wo nicht), und mit Ihm gehen; andernfalls riskieren wir, in Gottes

---

[17] 1. Chronik 12,33

neuem *kairos* belanglos und überholt zu sein. Als Abram in Haran war, musste er weiterziehen nach Kanaan, um auch den noch ausstehenden Teil des Segens Gottes zu erhalten. Erst in Kanaan schloss Gott einen Bund mit ihm, erst dort wurde Isaak geboren. Gott sagte dem Propheten Jeremia einmal, Er wolle zu ihm reden, aber woanders: „Mache dich auf und geh in das Haus des Töpfers hinab, und dort werde ich dich mein Wort hören lassen!"[18]

Im Reich Gottes ist Flexibilität gefragt, denn jeder neue *kairos* Gottes erfordert etwas ganz Neues, es ist fast wie das Leben neu zu beginnen. Deshalb fällt es den Leitern des vorangegangenen Zeitabschnitts so schwer, in diese neue Zeit Gottes einzutreten. Ich habe gesehen, wie große Männer und Frauen Gottes diesen Übergang nicht vollziehen konnten, weil sie sich nicht demütigen wollten, sondern gleich wieder ganz oben beginnen wollten. Ich habe aber auch gesehen, wie ganz einfache, demütige Leute durch mehrere Zeitabschnitte gingen und jedes Mal das Neue mit dem reichen Erbe würzten, das sie aus dem vorigen Zeitabschnitt mitgebracht hatten.

Wenn wir mit Gott weitergehen wollen, müssen wir erkennen und unterscheiden können, was von Gott kommt und was von Menschen hinzugefügt wurde. Jeder neue Zeitabschnitt Gottes ist zunächst rein, aber wenn der Mensch versucht, etwas zu institutionalisieren, wird es verunreinigt. Wenn wir mit Gott fortschreiten wollen, brauchen wir den Mut, aus den vorhergehenden Zeitabschnitten nur die ewigen Prinzipien mitzunehmen, die Gott uns mitgeteilt hat.

Apostelgeschichte 2,42 zeigt uns die apostolische Kultur der Urgemeinde: Sie versammelten sich täglich in ihren Häusern, um sich mit der Lehre der Apostel zu befassen, um Gemeinschaft zu pflegen und beisammen zu sein, um das Brot zu brechen und zu beten. In den meisten „Hauskirchen" und Kleingruppentreffen ist das heute nicht der Fall. Viele treffen sich in Privathäusern und Wohnungen und tun, was ihnen gefällt, aber sie haben keine Verbindung zu geistlicher Vaterschaft. Ohne eine solch verbindlich gelebte Beziehung bleibt eine Hauskirche isoliert und abgeschnitten von wahrer apostolisch-prophetischer Gnade, die sie mit dem gesamten Leib Christi verbindet. Das wurde bei den ersten Christen anders gelebt.

---

[18]   Jeremia 18,2

Viele „Hauskirchen" sind aus Frustration entstanden, aufgrund von Enttäuschung, weil viele christliche Gemeinden zur toten religiösen Institution geworden sind; sie haben nichts mehr zu sagen und vernehmen nicht mehr, was Gott heute sagt.

Für mich ist dieses Phänomen vergleichbar mit der Zeit, als die Bundeslade im Haus Obed-Edoms aufbewahrt wurde. Obed-Edoms Haus wurde gesegnet, weil die Lade des Bundes dort stand, aber im Gesetz hatte Gott es anders angeordnet. Die Bundeslade wartete darauf, dass David sie an den richtigen Ort brachte, nach Zion. Es ist Obed-Edom und seiner Familie hoch anzurechnen, dass sie nicht protestierten, sondern mit der Bundeslade zum Haus Davids weitergingen.

Ich habe volles Verständnis für die Enttäuschung, die Frustration im Volk Gottes, die zu der „Hauskirchen"-Bewegung unserer Tage geführt hat; sie hat viele Gläubige in aller Welt dazu bewegt, die institutionalisierte Kirche zu verlassen. Sie wollten aber nicht der Kirche, der Gemeinde Jesu den Rücken zukehren, sondern nur der abgewichenen und bedeutungslos gewordenen Institution, die von vielen „Kirche" *genannt* wird. Ich glaube, dass auch auf weniger akkuraten Positionen ein gewisses Maß an Gottes Segen liegen kann, aber Segen ist nicht immer ein Beweis für optimale Positionierung und akkurate Übereinstimmung mit der Wahrheit und dem Plan Gottes.

Johannes' Botschaft vom Reich Gottes war eine herrliche Ankündigung des Messias, aber auch eine Ankündigung des kommenden Gerichts über die religiösen Systeme. Im Jahr 70 n. Chr. rief Gott die wahre Kirche aus dem religiösen Jerusalem mit seinem Tempel heraus und richtete das religiöse Sodom und Ägypten durch das römische Heer.[19]

Jetzt ist wieder einmal die Zeit gekommen, dass die Wolke der Herrlichkeit weiterzieht, jetzt nach Zion, der Stadt Gottes, die über die Völker der Welt herrscht. Zion ist nicht eine zukünftige Örtlichkeit irgendwo im Nahen Osten, sondern eine jetzt schon vorhandene geistliche Realität im

---

[19] „Und ihr Leichnam wird auf der Straße der großen Stadt liegen, die, geistlich gesprochen, Sodom und Ägypten heißt, wo auch ihr Herr gekreuzigt wurde" (Offenbarung 11,8).

Reich Gottes: „Und es wird geschehen am Ende der Tage, da wird der Berg des Hauses des HERRN fest stehen als Haupt der Berge und erhaben sein über die Hügel; und alle Nationen werden zu ihm strömen."[20]

Die Kirche ist nicht nur ein Ort der Begegnung und der Gemeinschaft; sie ist der Leib Christi, eine Stadt Gottes, die zusammen aufgebaut ist auf der Grundlage der Apostel und Propheten mit Christus als dem Haupt und dem unverrückbaren und kostbaren Eckstein. Die Kirche ist gerufen, die Familie der Söhne auf Erden zu sein. Deshalb sind apostolische Lehre und tiefe Bundesgemeinschaft unverzichtbar und absolut notwendig. Der Kirche mangelt es an Reich-Gottes-Ordnung, an Segen und Struktur, und das kommt daher, dass es in der Kirche zu wenig apostolische und prophetische Väter und zu wenig rechtmäßige Aufsicht gibt.

Kein großes oder kleines Gebäude

In Apostelgeschichte 2,42 ist nicht von einem Versammlungsgebäude die Rede; Dreh- und Angelpunkt waren vielmehr die Familientreffen der Christen, die Lebensgemeinschaften der Gläubigen. Das war für sie keine neue Idee, das kannten sie schon aus dem zweiten Buch Mose: Das ganze Volk versammelte sich damals in kleinen Gruppen, als Familie oder mit Familien aus der Nachbarschaft, um das Passahlamm zu essen, das ein Vorlage auf Christus war. Das waren nicht zufällig oder willkürlich zusammengewürfelte Kleingruppen, sondern Familien nach Anweisung des Mose, und sie standen unter der Leitung eines Vaters. Als Jesus über Zachäus sagte: „Heute ist diesem Haus Heil widerfahren, weil auch er ein Sohn Abrahams ist",[21] meinte er nicht die Luxusvilla des Zolleinnehmers, sondern dessen Familie.

Beim Auszug aus Ägypten fiel dem Hausvater die wichtigste Rolle zu: Er musste mit aller Sorgfalt ein einjähriges männliches Lamm oder Böckchen auswählen, genauestens auf etwaige Fehler untersuchen und als Passahopfer schlachten. Dann strich er das Blut sorgfältig an alle Türpfosten, schließlich stand das Leben seines Erstgeborenen auf dem Spiel. Er musste dafür

---

[20] Jesaja 2,2
[21] Lukas 19,9

sorgen, dass jeder seinem Befehl gehorchte und seinen Anweisungen folgte, so wie er selbst dem Befehl des Mose Folge leistete.

Der Hausvater hatte zu entscheiden, ob er eine andere Familie einladen sollte, wenn das Lamm für seine eigene Familie zu groß war.[22] Er musste dafür sorgen, dass seine Familie reisefertig gekleidet war und dass die Frauen das Gold und Silber und all die wertvollen Stoffe und Gewänder Ägyptens in Besitz genommen hatten, wie Mose durch den Befehl des Herrn geboten hatte. Außerdem musste er sicherstellen, dass genügend Reiseproviant für sieben Tage gebacken wurde und dass sie keinen Krümel gesäuerten Brotes mehr im Haus hatten. Es fiel auch in seine Verantwortung, das Reisegepäck auf die Familienmitglieder zu verteilen, so viel eben jeder tragen konnte. Es waren die Väter, die ihren Familien Anweisungen erteilten, und zwar gemäß der apostolischen Lehre des Mose.

Wir dürfen nie vergessen, dass wir im Reich Gottes mehr sind als nur einzelne Gläubige. Wir sind das königliche Priestertum und das heilige Volk Gottes im Neuen Bund.[23] Mose war der Befreier und patriarchalische Vater der Kirche in der Wüste.

Gott gab Israel eine göttliche Struktur; das heilige Volk bestand aus zwölf Stämmen und jeder dieser Stämme hatte als Haupt einen Stammesältesten, ebenfalls ein Vater. Dies entspricht den zwölf Aposteln des Lammes im Neuen Testament. Diese Väter hatten eine Schlüsselstellung inne, sie verbanden das ganze Volk zu einer großen Familie. Sie kamen zu Mose und nahmen seine apostolischen Anweisungen entgegen. Sie wurden gesandt, um das Land zu erkunden. Innerhalb dieser Stämme gab es Gruppen von Familien; auch diese Sippen hatten jede einen leitenden Vater, einen Ältesten. Die unterste und kleinste Einheit dieser Volksfamilie war die einzelne Familie, der jeweils ein Hausvater vorstand.

Jeder Baustein dieses heiligen Volkes – Stämme, Sippen und Familien – war einer von Gott eingesetzten Vaterschaft unterstellt. Diese Leiter waren nicht demokratisch gewählt.

In die Verantwortung der Väter fiel,

---

[22] 2. Mose 12,3–5

[23] 1. Petrus 2,9–10

- jedem Familienmitglied Identität und Weisung zu vermitteln.
- ihre Angehörigen in der Lehre der Apostel zu unterweisen (das heißt: in dem, was durch den Ältesten, dem sie unterstellt waren, vom Herrn zu ihnen kam).
- die Familie mit Nahrung zu versorgen und sie zu schützen.
- dafür zu sorgen, dass jeder im Haus sich so entwickelte, wie es seinem Lebenszweck und seiner Berufung entsprach.
- darauf zu achten, dass im Haus dieselbe Lebensweise gepflegt wurde wie die des Stammes und des Volkes, zu dem sie gehörten.
- ihrer Familie den Anschluss an den Gesamtplan Gottes für das Volk als Ganzes ermöglichen (d. h. ihre Identität zu kennen und ihren Daseinszweck im Reich Gottes zu erfüllen).
- für die Menschen, die Gott ihnen anvertraut hatte, ein Repräsentant Gottes zu sein.

Ein königliches Priestertum und ein heiliges Volk

Am Schluss des Alten Testaments prophezeite Maleachi das Kommen Elias. Derselbe Prophet beginnt seine Aufzeichnungen damit, dass der Herr die Priester Israels fragt: „Ein Sohn ehrt den Vater und ein Knecht seinen Herrn. Wenn ich nun Vater bin, wo ist meine Ehre?"[24]

Diese „Ehre" ist der Zehnte; er wurde den Leviten gegeben, sie waren Gottes Lagerhaus. Demnach ist der Zehnte die Ehre, die Gott als dem Vater gebührt. Der Zehnte muss immer nach oben gegeben werden, wie bei Abraham, der Melchisedek den Zehnten gab.[25] Dass in der Gemeinde Jesu so wenige den Zehnten geben, zeigt, dass Gott und die Väter zu wenig geehrt werden. Dass Gott Seiner Ehre beraubt wird, wird daran deutlich, dass man Ihn Seines Zehnten beraubt. Ich klage niemanden an, der seinen Zehnten nicht an Institutionen geben will. Aber das ist keine Entschuldigung dafür, Gott Seinen Zehnten vorzuenthalten. Dieses Prinzip der Ehre galt

---

[24] Maleachi 1,6a

[25] 1. Mose 14,19–20

schon vor dem Gesetz; wir sehen es bei Abraham, Isaak und Jakob mehrere Jahrhunderte, bevor Mose das Gesetz gegeben wurde. Der Zehnte ging nie an Institutionen, sondern an die Leviten als die Repräsentanten Gottes. Im Alten Testament waren sie die Diener Gottes.

Wenn die Verbindung zwischen Vätern und Söhnen abreißt, bringt das Fluch mit sich. Verunehren und Verachtung unterbrechen den Gnadenstrom, der von den Vätern auf die Söhne kommt.

Sogar Jesus hatte einen irdischen Vater, und obwohl Josef nicht Sein leiblicher Vater war, hat Er ihn doch geehrt und ihm gehorcht.

Maria, als eine enge Verwandte von Elisabeth und Zacharias, stammte wahrscheinlich aus dem Stamm Levi ab. Josef war aus dem Geschlecht Davids, aus Bethlehem und aus dem Stamm Juda[26]. Ohne Josef wäre Jesus nicht Bethlehem geboren worden, wäre nicht aus dem Stamm Juda gekommen und hätte kein Recht gehabt, als Sohn Davids oder Messias bezeichnet zu werden. Die Propheten hatten den Messias eindeutig angekündigt als aus dem Geschlecht Davids abstammend und aus Bethlehem in Juda kommend[27]. Wir wissen, dass Gott Sein Vater war, aber dreißig Jahre lang ordnete Jesus sich einem irdischen Vater unter. Warum können wir das nicht?

Kein Wunder, dass zuerst Elia gesandt wurde, um die Herzen der Väter wieder den Söhnen zuzuwenden und die Herzen der Väter ihren Söhnen, damit der Fluch gebrochen werden konnte. Denn ohne diese lebenswichtige Verbindung kann das Reich Gottes nicht wirksam werden. Das Reich Gottes ist eine königliche Familie von Vätern und Söhnen – und das ist keineswegs auf das männliche Geschlecht beschränkt; „Söhne" steht für Menschen beiderlei Geschlechts, die die göttliche Natur Jesu Christi, des Sohnes Gottes, in sich haben. Dieses Vater-Sohn-Prinzip wollte Gott der Erde vorstellen, indem Er Christus den Sohn sandte.

Gott ließ zu, dass Quirinius, der damals über Syrien regierte,[28] eine Volkszählung ausrief, während Maria mit dem Kind schwanger war. Damals lebten sie in Nazareth, aber die Propheten sagten, der Messias würde in

---

[26] Lukas 2,3-4

[27] Micha 5,1

[28] Lukas 2,1-2

Bethlehem geboren werden. Der Zeitpunkt dieser Volkszählung war absolut passend. Um sich registrieren zu lassen, musste jeder Sohn das Haus seines Vaters aufsuchen. Josefs Vaterhaus stand in Bethlehem, der Stadt Davids in Juda. So gebrauchte Gott sogar den römischen Gouverneur, um ganz konkret Väter und Söhne wieder miteinander in Verbindung zu bringen.

Auch jetzt entsteht durch Gottes Geist etwas Neues, und deshalb muss jeder Sohn erstmals oder erneut mit dem Haus seines geistlichen Vaters in Verbindung kommen. Die junge Kirche im Neuen Testament versammelte sich in den Häusern und genauso auch im Tempel.[29] In diesem gegenwärtigen Zeitabschnitt hat der Herr das Prinzip der Familien, der Väter und Söhne, wieder zur Geltung gebracht, und Er musste bei Seinem Volk anfangen.

Die letzten 16 Jahre, seit dieser gegenwärtige apostolische Zeitabschnitt andauert, habe ich in meinem eigenen Leben und bei denen, die Gott mir zur Seite gestellt hat, gesehen, dass Gott einiges wiederhergestellt hat. Ich zähle es hier auf und zwar in der Reihenfolge, wie Gott es mich erkennen ließ (einiges überlappte sich oder geschah gleichzeitig):

1. Ich entdeckte, dass ich in Christus eine neue Schöpfung, ein neuer Mensch bin, gerecht und heilig in Ihm (1983).
2. Das Reich Gottes als eine gegenwärtige Realität auf der Erde. Das begriff ich durch die Offenbarung über die Endzeit (1984).[30]
3. Weitergehen: Mein Weg führte von der Pfingstbewegung zunächst zur charismatischen und schließlich zur apostolischen Bewegung. Ich bin mit den Zeitabschnitten Gottes mitgegangen und habe gesehen, wie Gott jedes Mal den Mantel der Gnade auswechselte. Während des Auszugs aus Ägypten und der Wüstenwanderung lag der Mantel der Salbung und Gnade auf Mose vom Stamm Levi. Im Buch Josua sehen wir, dass der Mantel der Salbung und Gnade anschließend auf den Stamm Ephraim überging: Josua war gesalbt und eingesetzt, den Jordan zu überqueren und durch die Verheißung

---

[29] Apostelgeschichte 2,42
[30] Frans du Plessis, *Gottes krönender Abschluss*

Erfolg zu haben. Aber Kaleb aus dem Stamm Juda trug die Salbung, die Riesen zu schlagen. Schließlich war es David, der Jerusalem einnahm und Gottes Königreich errichtete. Um das Apostolische und den gegenwärtigen Zeitabschnitt mit seiner spezifischen Wirkungsgnade richtig zu verstehen, muss man sich mit der Gnade und dem Mantel von Juda und David befassen.[31]

4. Die Vorstellung vom Himmel und dass nach Johannes 14,2 wir die Wohnungen Gottes sind (1999).[32]
5. Göttliche Verbindungen und dass wir wieder Anschluss bekommen an die apostolische Gnade. Die Knochen rücken zusammen.[33]
6. Apostolische Lehre (1989).
7. Die Prinzipien der Erstgeburt und des repräsentativen Überrests in der Kirche.
8. Leitung der Gemeinde und das Prinzip des eingesetzten Leiters (1989).
9. Christologie: Der Christus ist eine Körperschaft – Jesus ist das Haupt, die Kirche der Leib Christi (1999).
10. Verständnis des Konzepts der „Gnaden-Träger" und wie man sie ehrt und bei ihnen Anschluss findet (2004).
11. Das Offenbarwerden der reifen Söhne auf der Erde (2005).
12. Finanzen im Reich Gottes, besonders das dreifache Prinzip Erstlingsfrucht – Zehnten – Opfergaben (2007).
13. Väter und Söhne (2008).
14. Unsterblichkeit (2009).

Gott hat mir die nächste Phase des Weitergehens der Kirche aufgetragen, die Phase, die anfängt, die Nationen der Welt zu prägen. Denn die Erde ist des Herrn. Aber anfangen musste Er mit dem Überrest in der Kirche.

---

[31] Hierzu empfehle ich wärmstens die Lehre von Thamo Naidoo „The Changing of the Mantles of Seasons" (Gate Ministries Santon, Südafrika).
[32] Frans du Plessis, Gottes krönender Abschluss.
[33] Hesekiel 37,7

3

Identität

Wer wir in Christus sind, also unsere Identität in Christus, das ist Quelle und Ursache des Übernatürlichen in unserem Leben. Johannes' Vater hatte ihm genau den richtigen Namen zu geben, sonst hätte Johannes nicht die „Stimme" eines Rufenden in der Wüste sein können. Damit Zacharias dieses wichtige Prinzip nicht vergaß, musste er verstummen, bis er seinem Sohn den richtigen Namen gegeben hatte. So wichtig waren die Identität und der Auftrag, die Gott diesem Kind zugedacht hatte.

Wenn wir Schwierigkeiten haben zu begreifen, wer wir wirklich sind – nämlich Söhne Gottes –, oder wenn wir uns als „zweifache Natur" sehen, werden wir nie von unserer Vergangenheit frei sein können. Wir schleppen den toten, stinkenden Leichnam unseres alten Lebens mit, wo auch immer wir hingehen. Aus derselben Quelle kann nicht bitteres und süßes Wasser fließen: „Die Quelle sprudelt doch nicht aus derselben Öffnung das Süße und das Bittere hervor? Kann etwa, meine Brüder, ein Feigenbaum Oliven hervorbringen oder ein Weinstock Feigen? Auch kann Salziges nicht süßes Wasser hervorbringen."[34]

---

[34] Jakobus 3,11–12

Nach siebenunddreißig Jahren im vollzeitlichen Dienst bin ich mehr denn je überzeugt, dass der Kirche das Beste noch bevorsteht. Gott bewahrt Seinen besten Wein immer bis zuletzt auf.[35]

Der Ursprung der Kirche liegt im Wunderbaren; damals lebten sie im Übernatürlichen, und ich glaube, dass wir zuletzt auch wieder dahin kommen. Manche hinterfragen die Echtheit heutiger Wunder und meinen, für diese Gnadenwirkungen Gottes zugunsten der Menschen bestünde heute weder eine Notwendigkeit noch gäbe es einen ernsthaften Grund dafür. Aber wenn wir aus den Schriften des Alten und des Neuen Testaments alles Übernatürliche und Wunderbare entfernen würden, bräuchte man sich nicht mehr die Mühe machen, sie zu lesen. Dann gäbe es keinen Isaak mehr; mit dem Tode Abrahams würde die Bibel aufhören. Es wäre wie Schokolade ohne Zucker, wie ein Lied ohne Melodie. Wie eine Glocke ohne Klang!

Das Wesen und die Identität des Menschen

Der Mensch ist ein ewiges Geistwesen, das eine Zeitlang auf der Erde lebt. In Christus war der Mensch Geist, bevor er irgendwann in der Zeit im Fleisch geformt wurde. „Gott hat uns in Christus gefunden, bevor Er uns in Adam verlor."[36] Christus ist vor Adam und der letzte Adam war vor dem ersten.

Der Mensch steht zwischen zwei Welten, zwischen zwei Dimensionen; er ist das einzige Geschöpf, das beides enthält und beides berührt: das Materielle und das Spirituelle. Im Menschen begegnen sich Himmel und Erde; sein Auftrag ist, das Übernatürliche ins Natürliche zu bringen, das Unsichtbare sichtbar und greifbar zu machen. Deshalb lehrte Jesus seine Jünger so beten: „Dein Reich komme; dein Wille geschehe, wie im Himmel, so auch auf Erden!"[37]

Alles Natürliche hat seinen Ursprung im Geist. Der Geist ist die höhere und die überlegene Dimension, und deshalb muss das Natürliche dem Geist

---

[35] Johannes 2,6–10

[36] Francoise du Toit, *The Mirror* (Mirror Word Publishers 2012), S. 8

[37] Matthäus 6,10

nachgeben. Das Natürliche ist zeitlich, aber der Geist ist ewig. Der Mensch ist dazu geschaffen, im Natürlichen der Ausdruck und das Ebenbild Gottes zu sein.[38] Das Reich Gottes ist geistlich und übernatürlich, und es herrscht über das Natürliche. Als Paulus und Silas eingesperrt wurden, bebte die Erde. Die Türen flogen auf, die Ketten fielen ab. Das Natürliche musste vor dem Übernatürlichen zurückweichen.

Es gibt eine höhere Dimension als die dreidimensionale und dem Intellekt zugängliche Welt, in der wir leben. Diese Wirklichkeit ist höher als die Wirklichkeit unserer natürlichen Welt, höher als das, was wir darin erleben. Sie ist höher und übersteuert diese, aber sie schließt die natürliche Welt, die wir mit unserem Verstand erfassen können, ein. Diese höhere Wirklichkeit ist der Bereich des Geistes Gottes. Glaube öffnet die Tür und gibt uns Anschluss an diesen Bereich. Dieser Bereich, diese Dimension wird von Gottes Wort und Gottes Geist beherrscht. Glaube ist die Fähigkeit, in die unsichtbare Realität hineinzusehen und sie sichtbar zu machen. Gottes Reich ist nicht von dieser Welt, deshalb kann man es mit der Wissenschaft und dem menschlichen Verstand weder erfassen noch steuern.

Der Schreiber des Hebräerbriefs sagt, dass Gott alles aufrechterhält durch das Wort Seiner Macht.[39] Paulus drückt es so aus: „... da wir nicht das Sichtbare anschauen, sondern das Unsichtbare; denn das Sichtbare ist zeitlich, das Unsichtbare aber ewig."[40]

Mein Wunsch ist, im Herzen der Kirche Jesu Christi einen Hunger zu wecken nach diesem Leben in und durch Gottes geistlichen Bereich. Paulus sagt: „Wenn wir durch den Geist leben, so lasst uns durch den Geist wandeln!"[41] Wir sind nicht deshalb geistlich, weil wir im Geist wandeln würden, sondern: Weil wir geistlich sind, wandeln wir im Geist. So war der Lebenswandel der frühen Kirche beschaffen. Nicht nur die Apostel erwie-

---

[38] Kolosser 2,9-10; Römer 8,29

[39] „Er, der Ausstrahlung seiner Herrlichkeit und Abdruck seines Wesens ist und alle Dinge durch das Wort seiner Macht trägt, hat sich, nachdem er die Reinigung von den Sünden bewirkt hat, zur Rechten der Majestät in der Höhe gesetzt" (Hebräer 1,3).

[40] 2. Korinther 4,18

[41] Galater 5,25

sen die übernatürliche Kraft des Reiches Gottes, sondern auch die Ältesten, Diakone und alle anderen Gläubigen.

Jesus sagte:

> *Wenn ich nicht die Werke meines Vaters tue, so glaubt mir nicht! Wenn ich sie aber tue, so glaubt den Werken, wenn ihr auch mir nicht glaubt, damit ihr erkennt und versteht, dass der Vater in mir ist und ich in dem Vater!* Johannes 10,37–38

Dreißig Jahre lang tat Jesus kein einziges Wunder, aber Er war trotzdem Gottes Sohn. Wunder erregen die Aufmerksamkeit der Ungläubigen sowie der Namenschristen und helfen ihnen, dem Boten zu glauben.

Manchmal, so ging es Mose bei dem brennenden Busch, erhält Gott unsere Aufmerksamkeit und zieht uns näher zu sich, damit wir Sein Wort empfangen können. Unsere Veränderung geschieht durch Gottes Wort, nicht durch Wunder. Alles, was Gott tut, ist für uns ein Wunder, aber für Ihn ist das etwas ganz Normales, denn das ist nun mal Seine Arbeitsweise. Ich glaube, dass Gott will, dass auch wir ganz natürlich im Übernatürlichen leben.

Paulus schrieb an die Epheser:

> [Gott hat] *auch uns, die wir in den Vergehungen tot waren, mit dem Christus lebendig gemacht – durch Gnade seid ihr gerettet! Er hat uns mitauferweckt und mitsitzen lassen in der Himmelswelt in Christus Jesus.* Epheser 2,5–6

Das ist unsere Position, das ist unsere Identität. Alles, was wir tun, muss aus dem herausfließen, wer wir sind und welche Stellung wir innehaben.

Für uns als Söhne Gottes sollten Wunder nicht etwas allzu Besonderes sein. Wunder tun und erleben sollte zu unserer Lebensweise gehören, denn wir sind keine gewöhnlichen Menschen, wir sind eben nicht „auch nur ein Mensch". Dies muss für uns zur Realität werden: In Christus sind wir kein konventioneller Mensch. In Christus sind wir nämlich nicht fleischlich, sondern geistlich. Als Einzelpersonen und als Körperschaft tragen wir das Ebenbild des himmlischen Menschen, nicht das des Menschen, der irdisch ist.[42]

Römer 8,2 sagt: „Denn das Gesetz des Geistes des Lebens in Christus Jesus hat dich frei gemacht von dem Gesetz der Sünde und des Todes." Wir müssen uns die Frage stellen und sie beantworten: Sind wir, die neue Schöpfung, im Fleisch – oder sind wir im Geist? Lassen wir das Wort Gottes antworten, damit wir nicht unsere eigene Meinung vertreten:

> *Ihr aber seid nicht im Fleisch, sondern im Geist, wenn wirklich Gottes Geist in euch wohnt. Wenn aber jemand Christi Geist nicht hat, der ist nicht sein. Ist aber Christus in euch, so ist der Leib zwar tot der Sünde wegen, der Geist aber Leben der Gerechtigkeit wegen.* Römer 8,9–10

Der Apostel Johannes bestätigt das: „Hieran erkennen wir, dass wir in ihm bleiben und er in uns, dass er uns von seinem Geist gegeben hat."[43]

Wir sollten nicht zulassen, dass unsere Umstände und Verhältnisse oder unser Verhalten bestimmen, wer wir sind. Christus bestimmt, wer wir sind. Dass Er in uns lebt, und das, was Er bereits für uns getan hat, das bestimmt, wer wir sind. Diese Wahrheit zu kennen, befreit uns von unserem alten unliebsamen Verhalten.

Der verlorene Sohn, der die Schweine hütete, war immer noch ein Sohn seines Vaters. Aber er musste „zu sich kommen", um von seinem Umherirren frei zu werden. In dem Moment, in dem er zu sich selbst sagte: „Ich will mich aufmachen und zu meinem Vater gehen", war er von seiner Sklavenmentalität befreit. Deshalb lief der Vater auf ihn zu und küsste ihn – nicht, weil der Sohn dies und das getan oder nicht getan hatte, sondern weil er der war, der er war. Das wahre Ich des verlorenen Sohnes war „Sohn des Vaters".

Was Gott über mich sagt, das bestimmt, wer ich bin.

---

[42] 1. Korinther 15,49

[43] 1. Johannes 4,13

Wenn Er sagt, dass ich in Christus die Gerechtigkeit Gottes bin, dann bin ich genau das.[44]

Wenn Er sagt, dass ich heilig bin, dann bin ich es auch.

Wenn Er sagt, dass ich Sein Sohn bin und dieselbe göttliche Natur habe wie Er, dann ist das so.

Wenn Er sagt, dass ich ein Erbe Gottes bin und ein Heiliger, dann bin ich genau das.

Wir sind in Ihm und Er ist in uns. Er ist der Mensch vom Himmel, und das sind auch wir, das ist unsere Identität, weil wir ein Teil dieses himmlischen Menschen sind.[45]

Der Apostel Johannes sagt: „Hierin ist die Liebe bei uns vollendet worden, dass wir Freimütigkeit haben am Tag des Gerichts, denn wie er ist, sind auch wir in dieser Welt."[46]

Er schreibt das in der Mehrzahl: „uns", „wir". Das bedeutet aber nicht, dass diese Bibelstelle nur für den Leib Christi als Ganzes gilt. Aus dem Textzusammenhang können wir erkennen, dass der Apostel die Gemeinde Jesu anspricht, die aus vielen Einzelpersonen besteht. Schon im übernächsten Vers schreibt Johannes nämlich: „Wir lieben ihn, weil er uns zuerst geliebt hat."[47]

Schon wieder schreibt der Apostel in der Mehrzahl: „Wir lieben Ihn", aber das bedeutet doch ganz sicher nicht, dass Einzelpersonen Gott *nicht* lieben könnten oder sollten! Johannes schreibt auch: „Er hat uns zuerst geliebt", und auch das bedeutet nicht, dass Er uns nur als Ganzes, als Körperschaft lieben würde. In Johannes 3,16 heißt es: „Denn so hat Gott die Welt geliebt, dass er seinen eingeborenen Sohn gab, damit jeder, der an ihn glaubt, nicht verloren geht, sondern ewiges Leben hat." Ja, Gott liebt die ganze Welt, aber Seine Liebe gilt jedem Einzelnen, der an Jesus Christus glaubt. Ein besseres Verständnis, eine bessere Übertragung von 1. Johannes

---

[44]   1. Korinther 1,30

[45]   1. Korinther 15,49

[46]   1. Johannes 4,17

[47]   1. Johannes 4,19 (SLT)

4,17 wäre: „Denn wie er ist, so sind auch wir, also wir alle und jeder Einzelne von uns, in dieser Welt."

Aber die Hauptsache in dieser Aussage ist, dass sie in der Gegenwart steht; schon im Griechischen heißt es: „Wie er ist, sind auch wir in dieser Welt." Das ist also nicht irgendein frommer Wunsch für irgendwann, wenn die Kirche endlich erwachsen ist, sondern es ist heute, hier und jetzt wirklich und wahrhaftig Realität.

Wie Er ist, so <u>*sind*</u> *wir in dieser Welt! Und nicht: Wie Er war, so werden wir einmal sein.*

Der Geist der Religion verlangt immer Leistung und verschiebt das, was doch jetzt schon Realität ist, auf irgendwann, er vertröstet auf den Sankt-Nimmerleins-Tag und die selige Ewigkeit. Johannes sagt, dass wir so *sind*, wie Er in der Welt *ist*. Der Apostel Johannes hat den auferstandenen, siegreichen, heiligen und sündlosen Christus berührt. „Denn sowohl der, welcher heiligt, als auch die, welche geheiligt werden, sind alle von einem; aus diesem Grund schämt er sich nicht, sie Brüder zu nennen."[48]

Die Gnade Gottes macht es möglich, auch wenn wir nicht in dieser Wirklichkeit gelebt haben, ihr nicht gerecht geworden sind; Gnade überbrückt die Diskrepanz zwischen meinem generellen Stand der Heiligkeit und Gerechtigkeit und dem praktischen Leben. Jesus wurde für uns zur Sünde, aber nicht, weil Er gesündigt hätte. Am Kreuz machte Gott Ihn zur Sünde, Ihn, der nie eine Sünde getan hatte. „Den, der Sünde nicht kannte, hat er für uns zur Sünde gemacht, damit wir Gottes Gerechtigkeit würden in ihm."[49]

Jesus sagt im Buch der Offenbarung, Er habe die Schlüssel des Todes und des Totenreichs. Das bedeutet, dass Er jetzt Autorität über sie hat, sie sind bereits in Seiner Gewalt. Nun müssen wir uns fragen: Wie erhielt Er diese Macht? Um den Tod zu überwinden, musste Er doch zunächst in ihn eingehen? Ja, Er ging in den Tod – durch die Sünde. Unsere Sünde gab Ihm den rechtmäßigen Zutritt, denn sterben kann nur, wer gesündigt hat, und Jesus hatte selbst nie gesündigt. So wurde unsere Sünde zu Seinem Schlüssel, mit

---

[48] Hebräer 2,11

[49] 2. Korinther 5,21

dem Er mit Fug und Recht in den Tod eintreten konnte. Der Unterschied zu Adam war, dass Jesus nicht aufgrund von Rebellion in den Tod ging, sondern aufgrund Seines Gehorsams gegenüber Gott. Adam starb wegen seiner Auflehnung gegen Gott und weil er gesündigt hatte, deshalb konnte er aus dem Tod nicht wieder herauskommen.

Ganz anders Jesus; Seine Sünde kam auf Ihn, weil Er Gott gehorsam war: Er „ward den Menschen gleich und der Erscheinung nach als Mensch erkannt. Er erniedrigte sich selbst und ward gehorsam bis zum Tode, ja zum Tode am Kreuz."[50] Weil Jesus gehorsam gewesen war, deshalb weckte Gott Ihn aus den Toten auf, und mit Ihm auch uns. Jesus, der keine Sünde kannte und keine Sünde tat, wurde für uns zur Sünde gemacht. Das geschah nach Gottes Plan und Willen. Und genauso, also ohne dass wir wie Jesus Gerechtigkeit geübt hätten, machte Gott uns so gerecht wie Jesus – durch unseren Glauben an Ihn und durch unseren Gehorsam Ihm gegenüber.

Gott sieht Sünde nicht an erster Stelle als eine Handlung, sondern als einen Zustand, einen Status. Genauso ist Gerechtigkeit für Gott zuallererst nicht das, was jemand tut, sondern eine Position, ein Status. Wir müssen die Wirklichkeit unserer Position bekennen, als Ergebnis werden wir dann auch Werke der Gerechtigkeit hervorbringen.

Solange wir diesen oder jenen Sohn Gottes als „noch im Fleisch" oder als „Sünder" sehen, werden wir nie einen geistlichen und körperschaftlichen Christus sehen, der auf Erden die Herrlichkeit Gottes sichtbar und spürbar macht. Ich kenne die Dynamik der Körperschaft und weiß sehr wohl, wie wichtig der Leib Christi ist. Aber ein königliches Priestertum, ein heiliges, besonderes Eigentumsvolk muss aus lauter heiligen, besonderen Einzelpersonen bestehen, die Könige und Priester sind.

Der Christus, solang er auf der Erde war, war eine Einzelperson, erst danach wurde Er zum Leib, zur Körperschaft. Aber wie kann ein sündloser körperschaftlicher Christus aus vielen einzelnen sündigen Christen bestehen? Wenn viele Körperteile krank sind, kann man auch nicht von einem gesunden Körper sprechen; so kann auch der körperschaftliche Christus

---

[50] Philipper 2,8 (LUT)

nur dann heilig sein, wenn die Einzelpersonen in Seinem Leib heilig und sündlos sind.

Ich betone es noch einmal: Die entscheidende Zutat ist die Gnade Gottes; sie macht diese Wahrheit zur Realität, und zwar im einzelnen Christen genauso wie im gesamten Leib Christi. Gott sieht uns anders. Er benennt uns nach unserer Natur und nicht nach unserem Verhalten. Er nannte Gideon, der sich versteckte und Angst hatte, einen tapferen Helden: „Da erschien ihm der Engel des HERRN und sprach zu ihm: Der HERR ist mit dir, du tapferer Held!"[51] Er bezeichnet uns als heilig und sündlos und glaubt daran, dass unser Handeln früher oder später dem entsprechen wird, wer wir bereits sind. Er sieht unsere Vollständigkeit von Anfang an, und damit ruft Er die unsichtbaren Realitäten unseres Neugeschaffenseins ins Sichtbare, macht sie greifbar.

Das macht Abraham zu solch einem bemerkenswerten Menschen und zum Vater aller, die glauben. Paulus sagt, wir sollten in seinen Fußstapfen wandeln. Abraham hatte keine sichtbaren Beweise dafür, dass das, was Gott ankündigte, sich bereits im Stadium der Umsetzung befand. Wenn er auf die Tatsachen seiner Lebenswirklichkeit schaute, sah er den erstorbenen Mutterleib Saras und seinen eigenen Körper, der gleichfalls so gut wie erstorben war.[52] Aber hören Sie, wie Abraham auf Gottes Ankündigung reagierte:

> *Denn wenn Abraham aus Werken gerechtfertigt worden ist, so hat er etwas zum Rühmen, aber nicht vor Gott. Denn was sagt die Schrift? „Abraham aber glaubte Gott, und es wurde ihm zur Gerechtigkeit gerechnet."* Römer 4,2–3

Hier sehen wir eindeutig, dass es Abrahams Glaube an Gott war – Abraham glaubte, was Gott sagte –, der ihn gerecht machte, und nicht seine Werke. Diesen Glauben rechnete Gott ihm als Gerechtigkeit an. Aber ich will umgehend ergänzen: Dem wahren Glauben folgen immer echte Werke,

---

[51] Richter 6,12b

[52] Römer 4,19

denn Gehorsam und Vertrauen auf das Wort Gottes äußern sich immer in Taten.

Das griechische Wort für „zurechnen" ist *logizomai*, was bedeutet: rechnen, in Betracht ziehen, zuschreiben, akkreditieren.[53] Paulus gebraucht dieses Wort, um unsere Stellung in Christus zu erklären: „Es ist aber nicht allein seinetwegen geschrieben, dass es ihm zugerechnet worden ist, sondern auch unsertwegen, denen es zugerechnet werden soll, die wir an den glauben, der Jesus, unseren Herrn, aus den Toten auferweckt hat."[54]

Ein wenig später verkündet Paulus ebenfalls im Römerbrief:

> *Denn wenn durch die Übertretung des einen der Tod durch den einen geherrscht hat, so werden viel mehr die, welche den Überfluss der Gnade und der Gabe der Gerechtigkeit empfangen, im Leben herrschen durch den einen, Jesus Christus.* Römer 5,17

Mit diesem Gedanken hatte sogar der Apostel Petrus seine liebe Mühe, als er die Vision mit den Tieren im Leintuch hatte, von der in Apostelgeschichte 10 die Rede ist. Drei Mal musste ihm diese Vision gezeigt werden, denn er weigerte sich, dem Herrn zu gehorchen und die Handlung auszuführen, die ihm befohlen wurde; zu ungeheuerlich war ihm, was er da sah. Er sah das Getier mit den Augen des Gesetzes, der jüdischen Kultur und seiner eigenen Seele, und deshalb konnte er es einfach nicht „gereinigt" nennen, wie Gott das tat.[55]

Im Gesetz hatte der Herr diese Tiere „unrein" genannt, doch nun, im Neuen Testament, nannte er sie „geheiligt" und „rein". Dabei hatten sie ihr Verhalten kein bisschen verändert. Das Schwein war noch das gleiche alte Schwein.

> *Denn ich bin der HERR, euer Gott. So heiligt euch und seid heilig, denn ich bin heilig! Und ihr sollt euch selbst nicht unrein*

---

[53] *Strong's*, G3049, „logizomai"

[54] Römer 4,23–24

[55] Apostelgeschichte 10,14

machen durch all das Kleingetier, das sich auf der Erde regt. 3. Mose 11,44

Genau solche Lebewesen wurden Petrus in der Vision gezeigt. Wie konnte der Herr von ihm erwarten, den eindeutigen Vorschriften des Gesetzes so offensichtlich zuwiderzuhandeln? Nicht, weil die Tiere etwas getan hätten, sondern was Jesus Christus getan hatte und wie der Herr sie bezeichnete, das war entscheidend. Nun, wir wissen, dass diese Vision eine Metapher für die nichtjüdischen Völker war, die Heiden genannt wurden und nach dem Gesetz als unrein galten. Das gleiche Prinzip gilt für den Sünder: Wir sind gerecht, weil Jesus Christus tat, was Er tat; wir nehmen es lediglich aus Gnaden im Glauben an. „Und wieder erging eine Stimme zum zweiten Mal an ihn: Was Gott gereinigt hat, mach du nicht gemein!"[56]

Hüten wir uns, Gottes Leute als „Sünder" zu bezeichnen, wenn Gott diese Menschen „Söhne" nennt. Ebenso wenig sollten wir sie als „halbe Sünder" oder „halbe Heilige" sehen. Unser Ursprung, unsere Abstammung bestimmen, welcher Natur wir sind, nicht unser Verhalten. Jede andere Denkweise ist eine Beleidigung des am Kreuz vergossenen Blutes Jesu Christi. Paulus sagt, dass wir eine neue Schöpfung, ein neuer Mensch sind, dass das Alte vergangen und dass alles neu geworden ist – und zwar in der Zeitform der vollendeten Gegenwart, nicht etwa in der Zukunftsform![57]

Wir sollten nicht zulassen, dass unsere Umgebung bestimmt, wer wir sind. Natürlich müssen wir Tag für Tag ganz konkret in dieser Realität der „neuen Schöpfung" leben, um an ihren Vorteilen in vollem Umfang teilzuhaben. Wenn wir nicht ausüben, wer wir sind, leben wir neben der Realität und außerhalb der Wahrheit, die in Christus ist. Und doch sind wir selbst dann immer noch gerecht und zwar aufgrund Seiner Gnade und aufgrund Seines am Kreuz vollbrachten Erlösungswerks, nicht aufgrund dessen, was wir getan oder nicht getan haben.

Paulus sagt in Galater 4, „als die Zeit erfüllt war", sei Christus gekommen, um uns zu erlösen; bis dahin waren wir unter dem Gesetz gewesen,

---

[56] Apostelgeschichte 10,15
[57] 2. Korinther 5,17

doch nun konnten wir zu Söhnen Gottes angenommen werden. Das bedeutet, dass wir jetzt keine Sklaven der Sünde oder des Gesetzes mehr sind. Und weil wir Söhne sind, lebt in unseren Herzen der Geist Gottes, der uns dazu bewegt, „Abba, Vater!" zu rufen.

Paulus setzt hier voraus, dass im Alten Bund die Söhne Gottes sich nicht von Sklaven unterschieden; im Neuen Bund aber gibt es keine Kinder mehr, die gleichzeitig noch Sklaven wären, es gibt nur Söhne. Der Beleg dafür ist das Kommen des Heiligen Geistes:

> *Als aber die Fülle der Zeit kam, sandte Gott seinen Sohn, geboren von einer Frau, geboren unter dem Gesetz, damit er die loskaufte, die unter dem Gesetz waren, damit wir die Sohnschaft empfingen. Weil ihr aber Söhne seid, sandte Gott den Geist seines Sohnes in unsere Herzen, der da ruft: Abba, Vater! Also bist du nicht mehr Sklave, sondern Sohn; wenn aber Sohn, so auch Erbe durch Gott.* Galater 4,4–7

> *Und Mose war zwar in seinem ganzen Hause als Diener treu ... Christus aber als Sohn über sein Haus.* Hebräer 3,5–6a

Wenn ich mit einem Schlüssel in meinem Ohr herumkratze, verändert das den Schlüssel kein bisschen. Er ist und bleibt ein Schlüssel. Solange ich nicht weiß, dass es ein Schlüssel ist, komme ich auch nicht dahinter, wozu dieses Ding gut eigentlich sein soll – und werde ihn wohl kaum bestimmungsgemäß und nutzbringend einsetzen können. Entweder ich lege ihn weg und vergesse ihn oder er (bzw. in diesem Fall mein Ohr) wird durch Missbrauch beschädigt. Wenn man einen Schlüssel nicht als solchen erkennt, wird er nichts aufschließen und nichts zuschließen. Erst wenn seine wahre Identität festgestellt wurde, kann er das tun, wozu er gemacht wurde. Das Gleiche gilt für uns: Erst wenn ich durch die Offenbarung des Wortes Gottes erkenne, dass ich in Christus sündlos und untadelig bin, kann ich bestimmungsgemäß und sinnvoll fungieren.

Nicht unser Verhalten definiert unsere Identität; unsere Identität bestimmt unser Verhalten! Wir sind die Gerechtigkeit Gottes, weil Christus uns schon dazu gemacht hat.[58]

Diese Offenbarung bekam ich eines Abends im Oktober 1983, als ich in der Schrift suchte, und sie revolutionierte mein ganzes Leben und meinen Dienst. Sie befreite mich von meinem ständigen Kampf mit der Sünde und dem Teufel. Ich werde nie vergessen, welche Auswirkung das auf meinen Dienst hatte. Ich war schon sieben Jahre lang im vollzeitlichen Dienst für Gott, aber an diesem Tag erlebte ich eine neuerliche Wiedergeburt, ein ganz neues Leben begann. Und plötzlich wurde durch mein Leben das Übernatürliche sichtbar und greifbar. Nicht nur ich wusste, wer ich war, sondern auch der Feind, und der wusste, dass ich wusste, dass er besiegt war. Erstaunlicherweise geschah das nicht, weil ich fastete und betete, sondern durch eine Offenbarung darüber, wer ich bereits *war*. Die Entdeckung dieser Wahrheit befreite mich von dem ständigen Bemühen und Versagen, so zu leben, wie es die Bibel von mir verlangte: „Denn es steht geschrieben: ‚Seid heilig, denn ich bin heilig.‘"[59]

Wunder sind keine Belohnung

Wunder sind nicht eine Belohnung für Wohlverhalten; das würde uns unter das Gesetz von Leistung und Lohn oder Versagen und Strafe zurückbringen. Nur eines zählt: wer wir durch die Gnade Gottes sind, die Gott uns in Christus gegeben hat vor Anbeginn der Zeit.

Als das in meinem Leben wiederhergestellt war, floss die Macht der Liebe Gottes durch mich. Wo diese Identität unbekannt ist oder in Frage gestellt wird, kann die Macht der Liebe nicht voll wirksam werden. Aber sobald wir wissen, wer wir in Christus sind, und darin zu leben beginnen, hilft uns diese unsere Identität zu entdecken, wie wertvoll wir in Gottes Augen sind. Als gerechte Söhne sind wir der Gegenstand Seiner Liebe. Seine Gedanken

---

[58] „Den, der Sünde nicht kannte, hat er für uns zur Sünde gemacht, damit wir Gottes Gerechtigkeit würden in ihm" (2. Korinther 5,21).

[59] 1. Petrus 1,16

kreisen ständig um uns, weil Er uns in Seinem Ebenbild erschaffen hat, Ihm gleich.

Den wahren Wert von etwas erkennt man erst, wenn man es akkurat identifiziert hat. Fälschungen oder Kopien haben keinen wirklichen Wert. Welchen Preis jemand für einen Gegenstand zu zahlen bereit ist, das bestimmt seinen Wert. Was ließ Gott es sich kosten, den Menschen zu sich zurückzuholen? Gott *war* bereit, für unsere Versöhnung zu bezahlen. Paulus drückte es so aus: „Alles aber von Gott, der uns mit sich selbst versöhnt hat durch Christus und uns den Dienst der Versöhnung gegeben hat."[60]

Das griechische Wort für „Versöhnung" ist *katallage* – „austauschen, anpassen, justieren, wieder zu Gnaden annehmen."[61] Wieder zu Gnaden annehmen, das bedeutet, dass der frühere Zustand der Harmonie wiederhergestellt wird. Austausch bedeutet hier, dass man Gleichwertiges untereinander austauscht.

Versöhnung ist solch ein erstaunliches Wort; es beinhaltet, dass wir zuvor für Gott einen echten Wert hatten. Der Preis, den Gott bereit ist zu zahlen, um uns wiederhaben zu können, zeigt unseren Wert. Ist es nicht wunderbar: Er gab Sein Blut für uns!

Liebe ist die stärkste Macht der Welt, eine größere Macht gibt es nicht. Liebe war die Macht hinter der Schöpfung und hinter den Wundern Jesu. Viele von uns haben eine Menge Leidenschaft und Ehrgeiz. Manchmal sind wir leidenschaftlich, aber wir haben zu wenig Mitgefühl. Doch genau das brauchen wir als Ergänzung zu unserer Leidenschaft, denn wir werden die Welt nur dann prägen können, wenn wir sie mit Augen des Erbarmens sehen. Barmherzigkeit ist Leidenschaft, die von Liebe motiviert, geleitet und gezügelt ist. Zuneigung reicht nicht; Sympathie wird nicht wirklich etwas verändern. Doch Barmherzigkeit, Mit-Leid ist die Fähigkeit, in den Schuhen dessen zu gehen, der in Not ist; gleichzeitig können und wollen wir etwas gegen sein Elend tun.

Gott liebte die Welt so, dass Er sich selbst in sie hineinbegab, um sie zu retten. Jesus ist Gott, der in den Schuhen der Menschen geht. Er wurde oft

---

[60] 2. Korinther 5,18

[61] *Strong's*, G2643, „katallage"

von Erbarmen bewegt – und dann handelte Er. Ich denke daran, wie Er alle heilte und Lazarus von den Toten auferweckte. Durch ein demütiges und umkehrbereites Herz, das voll der Liebe Gottes und der Kraft des Heiligen Geistes ist, fließen Wunder.

Jesus wusste genau, wer Er war. Einige sagten, Er hätte einen Dämon; andere nannten Ihn einen Fresser und Weinsäufer. Manche bezeichneten Ihn als Verrückten. Aber Jesus ließ sich durch nichts dergleichen aus der Ruhe bringen, denn für Ihn galt nur, was Sein Vater über Ihn sagte. Er wusste, dass Er der Sohn war und dass Sein Vater Ihn liebte – und das war Seine Macht. Kein einziges Mal machte Er sich die Mühe, sich zu verteidigen.

Das habe ich gelernt und mein Leben lang praktiziert: Ich habe mich nie verteidigt. Mich in Schutz zu nehmen, das ist die Aufgabe des Heiligen Geistes. Wer einmal verstanden hat, dass er durch das Gesetz dem Gesetz gestorben ist, und das glaubt, braucht nicht mehr zu reagieren, wenn andere ihn beschuldigen.

Jesus Christus lädt uns ein, von Ihm zu lernen und Sein Joch auf uns zu nehmen. Das Joch, unter dem Er mit Seinem Vater zusammengespannt war, war Liebe, und diese Liebe prägte Sein Leben. Wenn wir nicht sicher sind, wer wir sind, werden wir immer zum Gesetz oder zur Religion zurückkehren, um uns zu vergewissern. Aber das Gesetz wirft uns in die Zeit vor dem am Kreuz vollbrachten Erlösungswerk Christi zurück.

4

Ein neuer Mensch

Was heißt das, dass wir in Christus „eine neue Schöpfung" sind, „ein neuer Mensch"? Wie ist dieses neue Geschöpf beschaffen, was ist die wahre Identität dieses neuen Menschen?

In Römer 6, 7 und 8 gibt uns Paulus einige wunderbare Einsichten. Er zeigt, wer wir in Christus sind und was das für uns bedeutet, heute auf dieser Erde und im zukünftigen Leben. In diesen Kapiteln beschreibt Paulus das Prinzip von Christi Tod, Begräbnis und Auferstehung und dass wir mit Ihm mitgestorben, mitbegraben, mitauferstanden sind.

Doch schauen wir zunächst einige Stellen aus dem ersten Korintherbrief an, in denen Paulus den ersten Menschen Adam dem Christus, dem „letzten Adam", gegenüberstellt. Paulus sagt uns zuerst, dass das, was mit Christus durch Seinen Gehorsam am Kreuz geschah, allen Menschen zugerechnet wird, weil Jesus die ganze Menschheit repräsentierte: „Denn wie in Adam alle sterben, so werden auch in Christus alle lebendig gemacht werden."[62]

Dieses Prinzip gilt auch für Adams Sünde, nur andersherum: Was Adam bei dieser einen Tat des Ungehorsams im Garten tat, wurde der ganzen Menschheit zur Last gelegt, denn damals waren wir alle in unserem Vorvater

---

[62]   1. Korinther 15,22

Adam: „Wie der Irdische, so sind auch die Irdischen; und wie der Himmlische, so sind auch die Himmlischen."[63]

Als Adam geschaffen wurde, war er ein Mensch im Ebenbild Gottes und ganz wie Er. Adam war ein Mensch, aber kein Sünder. Die wahre Natur seiner Seele war Geist, weil er vom Geist beherrscht war. Sein Körper, sein Fleisch, war ohne Sünde. Sein Wesen war „Adam ... Sohn Gottes".[64]

Wir dürfen nicht vergessen: Materie an sich ist nicht sündig. Das Fleisch, von dem Paulus spricht, ist nicht der menschliche Körper, denn er hat uns ja gesagt, dass unser Körper der Tempel des Heiligen Geistes ist. Paulus spricht über den „Leib der Sünde", das „Fleisch", den „alten Menschen", und nie meint er damit den menschlichen Körper aus Knochen, Fleisch und Blut, sondern die alte und sündige Natur oder Mentalität des Menschen, die von Adam auf uns kam.

Was Paulus „Fleisch" nennt, äußert sich in Götzendienst, Zauberei, Hass, Streitereien, Neidereien, Zornausbrüchen, egoistischen Bestrebungen, Spaltereien, Irrlehren und so weiter. Und dann sagt er: „Die aber dem Christus Jesus angehören, haben das Fleisch samt den Leidenschaften und Begierden gekreuzigt."[65]

Nach Jesu Auferstehung forderte Er Seine Jünger auf, Ihn zu berühren; so konnten sie sich selbst davon überzeugen, dass Er Fleisch und Knochen hatte und kein Gespenst war. Als weiteren Beweis bat Er sie auch um etwas zu essen:

> *Seht meine Hände und meine Füße, dass ich es selbst bin; betastet mich und seht! Denn ein Geist hat nicht Fleisch und Bein, wie ihr seht, dass ich habe. Habt ihr hier etwas zu essen? Sie aber reichten ihm ein Stück gebratenen Fisch; und er nahm und aß vor ihnen. Lukas 24,39.41b–43*

---

[63] 1. Korinther 15,48

[64] Lukas 3,38 (NLB)

[65] Galater 5,24

So werden auch wir in der Auferstehung einen Körper haben, ohne deshalb fleischlich zu sein.

Die Sünde veränderte die Natur des Menschen, sein Wesen; nun war er nicht mehr Geist, sondern Fleisch; er war nicht mehr Sohn, sondern Sklave; aus Leben wurde Tod. Der Mensch hatte immer Fleisch und Knochen gehabt, aber die wahre Natur seiner Seele war Geist gewesen. Gott hatte nie gewollt, dass der Mensch in den Niederungen einer vom Fleisch beherrschten Seele leben sollte.

Als Gott den Menschen erschuf, war der Mensch kein Sünder. Zum Sünder wurde der Mensch nicht durch sein Menschsein, sondern durch eine Wesensveränderung aufgrund einer Handlung des Ungehorsams. Diese sündige Natur Adams übertrug sich auf die gesamte Menschheit. Der Mensch wurde zum „Sündenmensch" oder, wie Paulus es ausdrückt, er war „fleischlich".[66] Das bedeutet, dass der Mensch beherrscht und dominiert wird von dem Prinzip der Sünde und des Todes und der natürlichen, geschaffenen Welt um ihn herum.

In Christus ist die gerechte Natur Christi uns zugeschrieben. Jesus war wahrer Mensch, aber kein Sünder. In Jesus war Er der „Gottmensch", Gott im Fleisch (in menschlicher Gestalt), ohne ein Sünder zu sein. Er war Mensch, aber das machte Ihn nicht zum Sünder. So wie Er war, hätte Adam als Mensch auf Erden sein sollen. Jesus war das Exempel. Er war nicht nur unser Vorbild (dem wir nacheifern sollten), sondern das Exempel, der Prototyp: Er trat an unsere Stelle und zeigte uns, was Gott sich gedacht hatte, als Er die Menschen schuf – „voller Gnade und Wahrheit"[67]. Die Bibel sagt eindeutig, dass Jesus ein sündloser Mensch war: „Denn wir haben nicht einen Hohenpriester, der nicht Mitleid haben könnte mit unseren Schwachheiten, sondern der in allem in gleicher Weise wie wir versucht worden ist, doch ohne Sünde."[68]

---

[66] Römer 8,8–9.

[67] Johannes 1,14.

[68] Hebräer 4,15.

Jesus wurde an unserer Stelle zur Sünde. Doch wurde Er das erst, als Er den Kelch der Sünde austrank, der Ihm von Seinem Vater gereicht wurde, als Er ans Kreuz ging. Deshalb rief Er aus: „Mein Gott, mein Gott, warum hast du mich verlassen?"[69] Am Kreuz behandelte Gott Christus als einen ebensolchen Sünder wie wir es waren, und deshalb kann Er uns jetzt als den gerechten Christus behandeln.[70]

John G. Lake sagte, durch Seinen Sohn sei Gott in den Menschen hinabgestiegen, damit der Mensch zu Gott auffahren könne. Das sind wir in Christus: ein „Gott-Mensch", wie Dr. William es zutreffend ausdrückt.[71] Man kann auch „Sohn Gottes" sagen.

Das ist nicht Dualität, denn in Christus sind wir wie Er.

Jesus war nicht halb Mensch und halb Gott. Er war der „Gott-Mensch", wahrer Gott und wahrer Mensch in Einem:

> *Denn in ihm wohnt die ganze Fülle der Gottheit leibhaftig; und ihr seid in ihm zur Fülle gebracht. Er ist das Haupt jeder Gewalt und jeder Macht.* Kolosser 2,9–10

Das ist das Geheimnis um Christus Jesus. Er kam, um uns zu zeigen, dass nicht der Mensch das Problem war, sondern die Sünde. Als das Gesetz dazukam, löste es das Sünden-Problem des Menschen nicht, es bestätigte nur, dass Sünde tatsächlich Sünde war. Als Mose das Gesetz einführte, wurde die Sünde erst so richtig lebendig. Paulus erklärte es so: „Wozu nun das Gesetz? Der Übertretungen wegen wurde es hinzugefügt, bis der Same käme, dem die Verheißung gilt, und es ist durch Engel übermittelt worden in die Hand eines Mittlers."[72] An einer anderen Stelle sagte er: „Der Stachel des Todes aber ist die Sünde, die Kraft der Sünde aber das Gesetz."[73] Christus hat

---

[69] Matthäus 27,46b.

[70] 2. Korinther 5,21.

[71] Dr. William Hinn, „Repent", Predigt am Apostolic Summit in Pretoria im September 2012.

[72] Galater 3,19a (SLT)

[73] 1. Korinther 15,56

unsere sündige *Natur* abgetan, nicht nur unsere Sünden, unser Fehlverhalten. Sünde trennte Mensch und Gott voneinander; Jesus kam, um beide wieder zusammenzubringen. Er versöhnte uns mit Gott.

Für mich liegt die Antwort auf diese schwierige Frage der Dualität in unserem Ursprung. Wer waren wir vor der Zeit, in Christus, bevor wir in Zeit und Raum eintraten und fielen und Versöhnung brauchten? Schon vor unserer Geburt, vor unserer Zeugung, waren wir Auserwählte und Berufene Gottes: „Er hat uns selig gemacht und berufen mit einem heiligen Ruf, nicht nach unsern Werken, sondern nach seinem Ratschluss und nach der Gnade, die uns gegeben ist in Christus Jesus vor der Zeit der Welt."[74]

Hier ein Auszug aus dem hohepriesterlichen Gebet Jesu, wie es im Johannesevangelium aufgezeichnet ist:

> *Ich bete aber nicht nur für sie, sondern auch für die Menschen, die auf ihr Wort hin an mich glauben werden. Ich bete darum, dass sie alle eins sind – sie in uns, so wie du, Vater, in mir bist und ich in dir bin. Dann wird die Welt glauben, dass du mich gesandt hast.*
> Johannes 17,20–21 (NGÜ)

Ich glaube, wenn wir dieses „Einssein" begreifen, haben wir den Schlüssel gefunden, der diese Dualität überwindet.

Das Gesetz ist keine Lösung für die sündige Natur des Menschen. Das wird in der Geschichte Israels im Alten Testament deutlich genug. Das Gesetz war rund 1600 Jahre lang in Kraft, aber es hat das Volk nicht verändert. Das Gesetz hat einen wunderbaren Inhalt, aber es kann dem Menschen nur seine Sünde vorhalten, ihn seiner Sünde bewusst machen.

Ganz anders Jesus: Er zeigte nicht mit Fingern auf den Sünder und hat ihn nicht verdammt, sondern wurde an seiner Stelle zur Sünde; am Kreuz wurde Er mit unserer sündigen Natur fertig. Das Kreuz Jesu war nicht nur das Ende der Sünde und die Erfüllung des Gesetzes, sondern auch der Anfang der Neuschöpfung, des neuen Menschen. Als der von Gott verheißene Same, dem alle Verheißungen galten, kam, hatte das Gesetz seinen

---

[74] 2. Timotheus 1,9 (LUT)

Zweck erfüllt. Es war ja nur zwischenhineingekommen, bis der Verheißene kommen sollte.

All das tat Jesus, indem Er am Kreuz durch Sein eigenes Fleisch die Sünde verurteilte und richtete. Jetzt ist keinerlei Strafe mehr übrig, die uns wegen unserer Sünde noch auferlegt werden könnte; Er hat die ganze Strafe auf sich genommen. Jesus hat für alles bezahlt, ein für alle Mal, und wir können nichts mehr dazu beitragen. Darum starb Jesus nur ein einziges Mal. Im Alten Testament mussten die Opfer regelmäßig und ständig dargebracht werden, um uns an unsere sündige Natur zu erinnern; aber sie konnten uns nicht von dieser Natur befreien, ja noch nicht einmal von unserem belasteten Gewissen. Ganz anders das Blut Jesu: Nicht nur reinigt es und nimmt unsere Sünde weg, es entfernt auch das Sündenbewusstsein:

> *Also gibt es jetzt keine Verdammnis für die, die in Christus Jesus sind. Denn das Gesetz des Geistes des Lebens in Christus Jesus hat dich frei gemacht von dem Gesetz der Sünde und des Todes. Denn das dem Gesetz Unmögliche, weil es durch das Fleisch kraftlos war, tat Gott, indem er seinen eigenen Sohn in Gestalt des Fleisches der Sünde und für die Sünde sandte und die Sünde im Fleisch verurteilte, damit die Rechtsforderung des Gesetzes erfüllt wird in uns, die wir nicht nach dem Fleisch, sondern nach dem Geist wandeln.*
> Römer 8,1–4

Jesus war der Menschensohn, aber das machte Ihn nicht zum Sünder. Auch uns, die wir in Christus ein neuer Mensch sind, macht das Menschsein nicht zum Sünder. Der ewig gültige Entwurf für den Menschen war in Christus, lange bevor Adam erschaffen wurde. Deshalb konnte Johannes der Täufer sagen: „Der nach mir kommt, ist vor mir gewesen, denn er war eher als ich."[75] Und Jesus sagte zu den Pharisäern: „Ehe Abraham war, bin ich."[76] Das ist die „Frohe Botschaft", das „Evangelium", die „Gute Nachricht", die

---

[75]   Johannes 1,15b

[76]   Johannes 8,58b

ewige Wahrheit, die wir der Menschheit verkündigen müssen. Sie befreit uns von Sünde und Tod.

Das „Paradox" in Römer 7

Wenn Gottes Gesetz ewig ist, wie können wir dann seinem rechtmäßigen Anspruch auf unser Leben entkommen? In Römer 7 gewährt Paulus uns einen kostbaren Einblick in diese Frage. Dabei sind die ersten Verse der Schlüssel für das ganze Kapitel. Paulus spricht zu Juden, die einst unter dem Gesetz gewesen waren. Nun sind sie zu Christus gekommen, aber sie schlagen sich immer noch mit der Frage herum, was das Gesetz zu ihrer Lebensweise zu sagen hat. Das ist vollkommen verständlich, hatte das Gesetz doch jede Kleinigkeit ihres frommen jüdischen Lebens geregelt. Paulus beschreibt ihnen meisterhaft, wie Christus sie völlig legal vom Gesetz der Sünde und des Todes und seiner Forderung an sie errettet und frei gemacht hat.

Zunächst vergleicht er den, der unter dem Gesetz lebt, mit einer verheirateten Frau, die an ihren Mann gebunden ist, so lange dieser lebt. Wenn sie einen anderen heiraten will, so lange ihr Mann am Leben ist, macht sie sich des Ehebruchs schuldig. Aber wenn ihr Mann stirbt, ist sie frei von ihrem Mann und kann einen anderen heiraten, ohne dass sie dadurch zur Ehebrecherin würde.

Paulus betont, man könne nicht gleichzeitig mit Christus und mit dem Gesetz verheiratet sein. Und da das Gesetz ewig sei, sei der Tod der einzige Ausweg. Unser Tod ist die einzige legitime Möglichkeit, von dem rechtmäßigen Anspruch des Gesetzes frei zu werden: „Denn alle haben gesündigt, und in ihrem Leben kommt Gottes Herrlichkeit nicht mehr zum Ausdruck."[77] „Denn der Lohn der Sünde ist der Tod."[78]

Der Mensch Jesus Christus hat dieses Problem für uns gelöst. Erstens dadurch, dass Er das Gesetz einhielt und alle seine gesetzlichen Forderungen erfüllte, und zweitens, indem Er durch Sein Sterben die Strafe auf sich genommen hat, die jedem drohte, der das Gesetz brach: „Den Schuldschein,

---

[77] Römer 3,23 (NGÜ)

[78] Römer 6,23a

der auf unseren Namen ausgestellt war und dessen Inhalt uns anklagte, weil wir die Forderungen des Gesetzes nicht erfüllt hatten, hat er für nicht mehr gültig erklärt. Er hat ihn ans Kreuz genagelt und damit für immer beseitigt."[79]

Paulus macht klar: Es gibt nur einen Ausweg, und der ist, in Christus zu sein. Wer von Christus getrennt ist, der befindet sich außerhalb der Gnade Gottes und ist damit unter dem Gesetz. In Römer 6 schreibt Paulus, als Christus starb, seien wir mit Ihm gestorben. Dadurch wurden wir von der Forderung des Gesetzes befreit; also können wir nun mit Fug und Recht mit Christus verheiratet sein. Und das bringt ein anderes Gesetz in unser Leben: das Gesetz des Geistes des Lebens in Christus Jesus.

In Christus gibt es kein Gesetz der Sünde und des Todes. Das Gesetz des Geistes verurteilt uns nicht, wie es das Gesetz der Sünde und des Todes getan hatte, sondern es befreit uns und macht uns stark, damit wir lieben können. Es sagt uns nicht nur, dass wir Gott lieben sollten, sondern das Gesetz des Geistes befähigt uns auch dazu, Ihn zu lieben – mit der Liebe, die Er durch den Heiligen Geist in unsere Herzen ausgegossen hat.

Paulus war selbst unter dem Gesetz aufgewachsen, und er kannte den Kampf, durch das Gesetz gerecht werden zu wollen. In Römer 7 beschreibt er, was geschah, als das Gesetz gegeben wurde. Bevor Mose das Gesetz gegeben hatte, wurde dem Menschen Sünde nicht zugerechnet, aber nachdem es gegeben worden war, erinnerte es den sündigen Menschen daran, dass er ein Sünder war. Das Gesetz war heilig und gut, ja geistlich; das Problem war die sündige Natur des gefallenen Menschen. Das Gesetz schrieb dem Menschen vor, was er tun sollte, aber es half ihm nicht, es zu halten. Dabei hat das Gesetz bis heute seine Gültigkeit behalten, aber nur für diejenigen, die nicht in Christus sind.

Einige der Erklärungen des Paulus in Römer 7 sind schwierig und missverständlich, weil er in der ersten Person und in der Gegenwart schreibt; es hört sich an, als spräche er über seinen aktuellen Zustand:

> *Denn wir wissen, dass das Gesetz geistlich ist, ich aber bin fleischlich, unter die Sünde verkauft; denn was ich vollbringe,*

---

[79] Kolosser 2,14 (NGÜ)

erkenne ich nicht; denn nicht, was ich will, das tue ich, sondern was ich hasse, das übe ich aus. Römer 7,14–15

Ich finde also das Gesetz, dass bei mir, der ich das Gute tun will, nur das Böse vorhanden ist. Denn ich habe nach dem inneren Menschen Wohlgefallen am Gesetz Gottes. Aber ich sehe ein anderes Gesetz in meinen Gliedern, das dem Gesetz meines Sinnes widerstreitet und mich in Gefangenschaft bringt unter das Gesetz der Sünde, das in meinen Gliedern ist. Römer 7,21–23

Ich danke Gott durch Jesus Christus, unseren Herrn! Also diene ich nun selbst mit dem Sinn dem Gesetz Gottes, mit dem Fleisch aber dem Gesetz der Sünde. Römer 7,25

Man könnte wirklich meinen, Paulus spräche von sich als von einem Menschen, der als Christ mit der Sünde zu kämpfen hat. Doch macht er es sonst überall klar, dass er der Sünde gestorben ist und nun durch den Glauben in Christus lebt. Worüber sprach Paulus hier? Über seine *aktuelle* Lage und Position in Christus – oder von der Zeit, *bevor* er Christus begegnete, als er noch versucht hatte, durch die Werke des Gesetzes gerecht zu werden?

Paulus schrieb den jüdischen Gläubigen in Rom, die das Gesetz kannten und nun Probleme hatten, weil sie nicht wussten, was sie jetzt mit dem Gesetz anstellen sollten, jetzt, wo sie durch den Glauben an Jesus Christus Gnade empfangen hatten. In diesem und anderen Briefen machte Paulus ihre (und unsere) Position in Christus verständlich, er zeigte ihren (und unseren) Status in Christus auf, was die Sünde angeht:

> *Wir wissen ja, dass unser alter Mensch mit ihm gekreuzigt ist, damit der Leib der Sünde vernichtet werde, sodass wir hinfort der Sünde nicht dienen. Denn wer gestorben ist, der ist frei geworden von der Sünde.* Römer 6,6–7 (LUT)
>
> *So auch ihr: Haltet euch der Sünde für tot, Gott aber lebend in Christus Jesus!* Römer 6,11
>
> *Frei gemacht aber von der Sünde, seid ihr Sklaven der Gerechtigkeit geworden.* Römer 6,18

Jetzt aber, von der Sünde frei gemacht und Gottes Sklaven geworden, habt ihr eure Frucht zur Heiligkeit, als das Ende aber ewiges Leben. Römer 6,22

Ich wüsste zwar nicht, dass ich mir etwas hätte zuschulden kommen lassen, aber damit bin ich noch nicht gerechtfertigt. Entscheidend ist das Urteil, das der Herr über mich spricht. 1. Korinther 4,4 (NGÜ)

Und euch, die ihr einst entfremdet und Feinde wart nach der Gesinnung in den bösen Werken, hat er aber nun versöhnt in dem Leib seines Fleisches durch den Tod, um euch heilig und tadellos und unsträflich vor sich hinzustellen. Kolosser 1,21–22

Denn in ihm wohnt die ganze Fülle der Gottheit leibhaftig; und ihr seid in ihm zur Fülle gebracht. Er ist das Haupt jeder Gewalt und jeder Macht. Kolosser 2,9–10

Denn ich bin durchs Gesetz dem Gesetz gestorben, damit ich Gott lebe; ich bin mit Christus gekreuzigt, und nicht mehr lebe ich, sondern Christus lebt in mir; was ich aber jetzt im Fleisch lebe, lebe ich im Glauben, und zwar im Glauben an den Sohn Gottes, der mich geliebt und sich selbst für mich hingegeben hat. Galater 2,19–20

Ist es bei euch nicht genauso? Dass ihr mit Jesus Christus verbunden seid, verdankt ihr nicht euch selbst, sondern Gott. Er hat in Christus seine Weisheit sichtbar werden lassen, eine Weisheit, die uns zugutekommt. Denn Christus ist unsere Gerechtigkeit, durch Christus gehören wir zu Gottes heiligem Volk, und durch Christus sind wir erlöst. 1. Korinther 1,30 (NGÜ)

Die Aussagen des Paulus in Römer 7, wenn man sie aus der Gesamtaussage aller Paulusbriefe herausreißt, könnten wirklich als Grundlage für fromme Ausreden dienen. Wenn nicht einmal der große Apostel Paulus mit der Sünde in sich fertigwerden konnte, was können wir dann schon erwarten? Unsere Hoffnung ist dieselbe wie seine: Befreiung in Christus durch die Kraft des Heiligen Geistes.

Zweifellos bezeugte Paulus, der Pharisäer unter den Pharisäern, dass er vor dem Gesetz untadelig gewesen war. Durch seine eigene kompromisslose Entschlossenheit und Willenskraft hatte er etwas erreicht, was die meisten Juden für religiösen und moralischen Erfolg halten würden. Er hatte das Gesetz gehalten, aber sein Sieg gewährte ihm keine innere Befriedigung:

> *Dabei hätte gerade ich allen Grund, mich auf Vorrechte und Leistungen zu verlassen. Wenn andere meinen, sie könnten auf solche Dinge bauen – ich könnte es noch viel mehr: Ich wurde, wie es das Gesetz des Mose vorschreibt, acht Tage nach meiner Geburt beschnitten. Ich bin meiner Herkunft nach ein Israelit, ein Angehöriger des Stammes Benjamin, ein Hebräer mit rein hebräischen Vorfahren. Meine Treue zum Gesetz zeigte sich darin, dass ich zu den Pharisäern gehörte, und in meinem Eifer, für das Gesetz zu kämpfen, ging ich so weit, dass ich die Gemeinde verfolgte.*
>
> *Ja, was die vom Gesetz geforderte Gerechtigkeit betrifft, war mein Verhalten tadellos. Doch genau die Dinge, die ich damals für einen Gewinn hielt, haben mir – wenn ich es von Christus her ansehe – nichts als Verlust gebracht. Mehr noch: Jesus Christus, meinen Herrn, zu kennen, ist etwas so unüberbietbar Großes, dass ich, wenn ich mich auf irgendetwas anderes verlassen würde, nur verlieren könnte. Seinetwegen habe ich allem, was mir früher ein Gewinn zu sein schien, den Rücken gekehrt; es ist in meinen Augen nichts anderes als Müll. Denn der Gewinn, nach dem ich strebe, ist Christus.* Philipper 3,4–8 (NGÜ)

In Römer 6, 7 und 8 beschreibt Paulus zwei einander entgegengesetzte Zustände:

1. Sklave des Fleisches *oder* tot für die Werke des Fleisches.
2. Gefangener des Gesetzes der Sünde *oder* frei vom Gesetz der Sünde und des Todes.

3. Sklave der Sünde *oder* frei von der Sünde und Sklave der Gerechtigkeit.[80]

Das eine beschreibt den Paulus unter dem Gesetz, das andere beschreibt ihn in Christus, als eine neue Kreatur. Er versucht hier nicht, uns den Konflikt des neuen Menschen zu schildern, in dem zwei Naturen miteinander im Kampf liegen würden, sondern er beschreibt für die jüdischen Gläubigen (und für uns), wie sinnlos es ist, dem Gesetz *und* Christus zu dienen. Er erklärt, wie Christus ihn von dem Gesetz rettete, und wie er jetzt nach dem Gesetz des Geistes des Lebens in Christus Jesus lebt. Und er sagt uns, dass wir das genauso können.

Wenn wir predigen, der in Christus neu geschaffene Mensch hätte zwei Naturen, zum einen das Fleisch und zum anderen den Geist, und dann sagen, wie wir uns verhalten sollten, und dass Gott uns strafe, wenn wir uns nicht benähmen, dann bringt uns das nur wieder unter das Gesetz zurück. Solche Predigten werden in den Hörern niemals ein siegreiches Leben bewirken können, denn sie motivieren durch Angst, Strafe und Belohnung. Und das macht gesetzlich.

Das Gesetz des Geistes des Lebens in Christus Jesus hat uns von diesem Lebensstil befreit, denn sein Antrieb ist die Liebe Gottes in uns. Natürlich gehört zur Sohnschaft auch Disziplin, das war schon immer so und das wird immer so sein, aber nicht so, wie das Gesetz sie ausübt. Daryl Wood erklärt:

> Aber wenn der alte Mensch nicht mehr da ist, wenn der neue Mensch geworden ist, wie ist dann zu erklären, dass ein Christ immer noch gelegentlich sündigt? Zuallererst: Um frei von Sünde zu leben, muss man wissen, dass das am Kreuz vollbrachte Erlösungswerk Christi diese Freiheit erworben hat. Leider hat viel irrige Lehre ein genau entgegengesetztes Denken befördert und verstärkt – mit weitreichenden Folgen: Wenn ich glaube, dass

---

[80] Daryl Wood, „Dual Nature or a New Creation?" 8. Juli 2009, http://www.darylwood. org/index.php?option=com_content&view=article&id=36:dual-nature-or-a-new-creation&catid=4:christian-maturity&Itemid=7. (Zugriff am 07.04.2014)

ich eingesperrt bin, dann bleibe ich im Käfig, selbst wenn die Tür ausgehängt ist. Viele leben deshalb nicht in Freiheit, weil sie nicht glauben, dass sie wirklich frei sind.

Zweitens beweisen gelegentliche Sünden noch lange nicht die Existenz einer zweifachen Natur im Gläubigen, einer alten und einer neuen. Sie beweisen nur, dass wir volle Entscheidungsfreiheit haben. Im Moment der Versuchung und Ablenkung kann ich durch meinen eigenen freien Willen zu meinem alten Lebensstil zurückkehren. Aber das heißt doch nicht, dass ich das Alte *und* das Neue in mir tragen würde. Gegen diese Idee hat die Bibel einen ziemlich einfachen Einwand: Man kann an dem neuen Leben in Christus keinen Anteil haben, wenn man nicht zuerst das Alte ablegt.[81]

Gott sei Dank hat Christus uns vom Gesetz der Sünde und des Todes gerettet, denn Er starb nicht nur *für* uns, sondern „als uns". Deshalb gibt es für die, die in Christus Jesus sind, keine Verdammnis, keine Verurteilung mehr. Diejenigen, die in Christus sind, leben durch den Geist und nicht mehr durch das Fleisch. Die in Christus sind, üben Gerechtigkeit, denn Gerechtigkeit fließt von allein aus denen, die von Neuem geboren sind und in dieser Wahrheit leben.

In diesem Zusammenhang sind folgende Aussagen des Apostels Johannes von Bedeutung:

> *Wenn ihr wisst, dass er gerecht ist, so erkennt, dass auch jeder, der die Gerechtigkeit tut, aus ihm geboren ist.* 1. Johannes 2,29
> *Hieran sind offenbar die Kinder Gottes und die Kinder des Teufels: Jeder, der nicht Gerechtigkeit tut, ist nicht aus Gott, und wer nicht seinen Bruder liebt.* 1. Johannes 3,10

Johannes nennt also den Beweis dafür, dass jemand von Neuem geboren ist: Er übt Gerechtigkeit. Wer das nicht tut, der ist auch nicht von Gott.

---

[81] Daryl Wood, „Dual Nature or a New Creation?"

Aber das heißt nun nicht, dass die, die Gerechtigkeit üben, nicht auch ab und zu daneben liegen könnten. Nur: Wenn ein Schaf in den Dreck fällt, ist es deshalb noch lange kein Schwein. Der Dreck beweist nur, dass es tatsächlich ein Schaf ist! Ich denke, das ist der Kern der Sache. Viele, die sich Christen nennen, sind es aus religiöser Überzeugung und nicht, weil sie die göttliche Natur in sich tragen. Sie haben sich unbemerkt und unerkannt eingeschlichen. Judas beschreibt sie so:

> *Denn gewisse Menschen haben sich heimlich eingeschlichen, die längst zu diesem Gericht vorher aufgezeichnet sind, Gottlose, welche die Gnade unseres Gottes in Ausschweifung verkehren und den alleinigen Gebieter und unseren Herrn Jesus Christus verleugnen.* Judas 1,4
>
> *Diese sind Flecken bei euren Liebesmahlen, indem sie es sich ohne Furcht mit euch gut gehen lassen und sich selbst weiden; Wolken ohne Wasser, von Winden fortgetrieben; spätherbstliche Bäume, fruchtleer, zweimal erstorben, entwurzelt.* Judas 1,12

Sie sind wie Simon der Zauberer, dem Petrus ins Gesicht sagte: „Du hast weder Teil noch Recht an dieser Sache, denn dein Herz ist nicht aufrichtig vor Gott."[82] Wir mühen uns mit diesen „Christen" ab und versuchen ihnen beizubringen, sich wie Christus zu verhalten, aber sie sind eben nicht von Neuem geboren. Gefährlich wird es dann, wenn wir auf ihr Leben schauen und ihre „Gerechtigkeit" falsch einordnen. Es könnte sogar passieren, dass wir daraufhin eine eigene Ansicht von Gerechtigkeit entwickeln und aus den Augen verlieren, was Jesus am Kreuz für uns erworben hat.

Was das Wort Gottes über etwas sagt, sollte uns mehr gelten als das, was wir um uns herum sehen und erleben. Ich kann auch nicht vollständig erfassen oder verstehen, was der Apostel Johannes sagt, und dennoch glaube ich es: „Wer Gott zum Vater hat, sündigt nicht, weil das Erbgut

---

[82] Apostelgeschichte 8,21

seines Vaters in ihm wirkt. Ein solcher Mensch kann gar nicht sündigen, weil er von Gott stammt."[83]

Das griechische Verb „sündigt nicht" steht in der Gegenwart, deshalb könnte hier auch übersetzt werden: „Wer auch immer aus Gott geboren ist, der wird nicht andauernd sündigen." Und das ist genau der Punkt. Jemand, der aus Gott geboren ist, kann nicht andauernd sündigen, weil Gottes Same in ihm bleibt. Ein Samenkorn trägt eine ganz bestimmte Natur in sich, einen genetischen Code, eine DNA. Es kann nicht zur Hälfte Mais und zur Hälfte Apfel sein. Gottes Same ist der Christus, und der ist nun mal nicht halb Sünder und halb Gott. Die Bibel sagt uns klar, wer Jesus Christus war, als er auf der Erde lebte: Er war der Mensch vom Himmel. Nicht zur Hälfte Sünder und zur Hälfte Gott, sondern Gott und Mensch zugleich. Paulus spricht von „einer neuen Schöpfung", in der alles Alte vergangen ist. Der Apostel Johannes geht noch weiter: „Daran wird offenbar, welche die Kinder Gottes und welche die Kinder des Teufels sind: Wer nicht recht tut, der ist nicht von Gott, und wer nicht seinen Bruder lieb hat."[84]

Für Johannes ist also der Beweis dafür, dass jemand von Gott geboren ist, wenn diese Person Gerechtigkeit übt, zum Beispiel Bruderliebe. Man kann nicht von Gott geboren sein und seine Mitmenschen nicht lieben. Das wäre, als würde ein Schaf sagen: „Ich bin ein Schaf, aber Wolle gibt's bei mir keine." Es ist ein bezeichnendes Kennzeichen eines Schafes, Wolle hervorzubringen, ein Schaf kann gar nicht anders. So ist Gerechtigkeit ein wichtiges Kennzeichen dafür, dass jemand aus Gott geboren ist. Auch wenn ich es nicht ganz begreife, habe ich das zu glauben und zu akzeptieren, und es macht mich frei, so zu leben, wie Gott mich ursprünglich gedacht und gemacht hat. Vergessen Sie nicht: Bevor die Menschheit in Adam verloren ging, war sie in Christus.

---

[83]   1. Johannes 3,9 (GNB)

[84]   1. Johannes 3,10 (LUT)

5

Im Übernatürlichen leben

Ein Leben im Übernatürlichen fließt aus der festen Gewissheit unserer neuen Identität, die wir in Christus haben. Das ist der Schlüssel!

1984 zeigte Gott mir die Folgen der Lehre von einer der Wiederkunft Christi vorangehenden „Entrückung": Sie hält Seine Kirche davon ab, Reich Gottes zu leben. Diese Lehre trug dazu bei, der Gemeinde Jesu eine defätistische Mentalität einzuflößen, die immer nach einem Fluchtweg Ausschau hält. Seit jenem Tage, als der Herr mir dies offenbarte, sehe ich es als meine Lebensaufgabe, diese falsche Lehre anzufechten.

Nun spüre ich die nächste Themenstellung: Identität. So lange wir nicht verstehen, wer wir als neue Schöpfung in Christus sind, werden die Söhne Gottes die Herrlichkeit Gottes nicht auf die Erde bringen; und entsprechend wird auch das Offenbarwerden der Söhne Gottes, auf das die Schöpfung so sehnlich wartet,[85] nicht zustande kommen.

---

[85]   „Denn das sehnsüchtige Harren der Schöpfung wartet auf die Offenbarung der Söhne Gottes" (Römer 8,19).

Die Geburt Johannes' des Täufers zeigt, wie wichtig es für Gott ist, wer wir sind. Es konnte für ihn keinen anderen Namen geben. Schon der bloße Gedanke daran, dass Johannes eine unzutreffende, falsche Identität gegeben werden könnte, ließ seinen Vater verstummen – so lange, bis er mit Gott übereinstimmte.

Ich habe einen guten Freund, er ist im Reisedienst und besucht als Teil eines apostolischen Teams viele Länder. Seine erstaunliche Geschichte über die Geburt seines zweiten Sohnes Paul unterstreicht, wie wichtig es ist, dass die Identität genau passt.

Die Eltern konnten keinen Namen für das Kind finden. Der Arzt sagte, es sei ein Mädchen, also ging der Vater in die Bücherei und suchte nach einem schönen Namen. Doch die Mutter Yvonne, eine echte Prophetin, spürte, dass der Herr ihr sagte, das Kind sei ein Sohn und sie sollten ihn Paul nennen, denn er wäre in den vollzeitlichen geistlichen Dienst berufen. Paul bedeutet „Von Gott berufenes Werkzeug".

Dann wurde das Kind geboren und es war ein Junge, genau wie der Herr es gesagt hatte. Später gab Yvonne zu, der Name Paul sei ihnen „zu gewöhnlich" gewesen. Sie wollten einen „kultivierteren" Namen für ihren Sohn, deshalb nannten sie ihn Justin Paul O'Neill. Zunächst entwickelte er sich ganz normal und begann zu sprechen wie andere Kinder in seinem Alter auch. Seine Eltern riefen ihn mit seinem ersten Vornamen Justin. Mit 21 Monaten hörte er plötzlich auf zu reden und sich mitzuteilen. Monatelang war er praktisch stumm, er schwieg. Keiner wusste, warum, und die Familie war sehr besorgt. Die Gemeinde schlug den Eltern vor, das Kind zu testen, um die Ursache herauszufinden. Die Familie betete darüber und hatte Frieden darüber, nichts zu unternehmen.

Justin hatte einen 13 Jahre älteren Bruder. Eines Tages, es war in der Küche, sagte der verzweifelte Edwyn zu seinem schweigenden kleinen Bruder: „Du bist Paul." Augenblicklich war die Zunge des Zweijährigen gelöst und er antwortete: „Ich bin Paul." Seine Mutter erzählte mir, er hätte tagelang in jedem Satz seinen Namen genannt: „Paul essen, Paul schlafen, Paul spielen" und so weiter.

Von da an nannten sie ihn nur noch Paul; nach einigen Jahren beschlossen sie, eine Namensänderung vorzunehmen und „Paul" zu seinem ersten

Vornamen zu machen. Als sie ihrem Sohn diese Entscheidung mitteilten, freute er sich sehr und sagte: „Und lasst den zweiten Namen gleich ganz weg, den mag ich gar nicht."

Yvonne, die Mutter, erzählte, sie hätte den Herrn gefragt, was da geschehen sei und warum. Der Herr antwortete: „Der Stolz in eurem Herzen wollte einen schickeren Namen für ihn." Yvonne weiter: „Der Feind wollte sich einmischen und ihm seine Bestimmung rauben." Nach einer schweren Schlacht ist Paul inzwischen im geistlichen Dienst. Ich kenne ihn persönlich. Welch ein Mann Gottes! Er hasst Religion und tote Tradition aus tiefstem Herzensgrund!

Das kann kein bloßer Zufall sein. Falsche, unzutreffende Identität beraubt die Kirche ihrer Stimme und macht sie uneffektiv!

Letztes Jahr in der Schweiz erzählte mir ein italienisches Ehepaar, das ebenfalls im geistlichen Dienst steht, eine noch erstaunlichere Geschichte über die Geburt ihres Sohnes. Als die Mutter in den Kreißsaal ging, hatten sie schon einen Namen für ihren Jungen ausgesucht. Stunden lag sie in den Wehen. Als es lebensgefährlich wurde, kam eine Hebamme herein, die bewusste Christin war, und fragte sie: „Wie soll das Kind heißen?" Die Mutter nannte den Namen, für den sie sich entschieden hatten, worauf die Hebamme erwiderte: „Das ist der Knackpunkt. Dieses Kind ist ein Joshua" (Name geändert).

Die Mutter war so fertig, dass sie einfach zustimmte: „Okay, sein Name ist Joshua." Nun rief die Hebamme: „Joshua, komm!", und im nächsten Moment kam zur allgemeinen Verwunderung Joshua herausgeschossen. Irgendwie bekam er dabei das Skalpell des Arztes zu fassen und schnitt ihn damit in die Hand.

Welch eine Ouvertüre!

Einer unserer Pastoren in Durban hatte eine Tochter, die jahrelang nicht schwanger werden konnte. Sie und ihr Mann hatten bereits alle möglichen teuren Behandlungen ausprobiert und dachten über Alternativen nach. In ihrer Verzweiflung zogen sie sogar eine Leihmutterschaft in Betracht.

Nach dem letzten Open Heaven Apostolic Summit verließ ich die Bühne, ging auf die beiden zu und schrieb auf meinem iPad: „Sein Name ist Zion." Was ich nicht wusste: Der Vater der Frau hatte ihnen gesagt, ihr erstes Kind würde Zion heißen. Das nahmen sie als Bestätigung dessen, was ihr Vater schon vor vielen Jahren gesagt hatte. Inzwischen ist die Frau schwanger, und bei der nächsten jährlichen Apostolischen Konferenz wird der kleine Zion geboren sein.

Identität ist so wichtig! Deshalb änderte Gott Jakobs Namen zu Israel. Identität ist so entscheidend, denn sie bestimmt das Schicksal und den Lebenszweck.[86] Jakob wusste das und änderte den Namen seines jüngsten Sohnes Ben-Oni zu Benjamin.[87]

Identität ist Natur, Natur ist Identität! In Sprüche 22,1 heißt es: „Ein guter Name ist vorzüglicher als großer Reichtum, besser als Silber und Gold ist Anmut.“

> Shakespeares Frage „Was ist in einem Namen?“ hätten die alten Hebräer sehr ernst genommen, denn der Name war unabdingbarer Teil der Persönlichkeit. Man pflegte zu sagen: „Der Mensch besteht aus Leib, Seele und Name“, und: „Wie jemand heißt, so ist er auch“.[88]

Wenn wir uns vor Augen führen, wo unsere eigenen Kinder herkommen, löst sich das ganze Problem der irrtümlich angenommenen Zwei-Naturen-Identität des Christen in Wohlgefallen auf. Als unsere Kinder zur Welt kamen, waren sie noch unreif und sie verhielten sich nicht wie Erwachsene. Doch das änderte nichts an ihrer Natur. Ihr Verhalten änderte sich mit der Zeit, nicht aber ihre Natur. Ich liebe sie nicht wegen ihres Verhaltens, sondern wegen ihrer Natur: Sie sind meine Söhne und Töchter, „Bein von meinem Bein und Fleisch von meinem Fleisch“[89]. Die unreifen Söhne leben

---

[86] „Da sprach er: Nicht mehr Jakob soll dein Name heißen, sondern Israel; denn du hast mit Gott und mit Menschen gekämpft und hast überwältigt“ (1. Mose 32,28).

[87] „Und es geschah, als ihre Seele ausging – denn sie musste sterben –, da gab sie ihm den Namen Ben-Oni; sein Vater aber nannte ihn Ben-Jamin“ (1. Mose 35,18).

[88] R. T. Kendall, *Meekness and Majesty* (Ross-shire, Schottland, Großbritannien: Christian Focus Publications, 1992, 2000)

[89] 1. Mose 2,23 (LUT)

auf ihre Identität des Sohn-Seins hin, und die erwachsenen Söhne leben auf der Grundlage ihrer Sohnschaft.

Und bei beiden, bei den reifen und bei den unreifen Söhnen, ist zu erwarten, dass Wunder fließen, wenn sie nur wissen, wer sie sind. Gottes Verheißung an die Gemeinde Jesu gilt immer noch: „Wahrlich, wahrlich, ich sage euch: Wer an mich glaubt, der wird auch die Werke tun, die ich tue, und wird größere als diese tun, weil ich zum Vater gehe."[90] Diese „größeren Werke" sind das rechtmäßige Erbe der Gläubigen, all derer, die aus dem System dieser Welt in das Reich Gottes hineingerufen worden sind.

Aber warum sehen und hören wir dann so wenig von Wundern? Ein Grund dafür ist sicher, dass es in der Gemeinde Jesu Segmente gibt, die glauben, die Zeit der Wunder sei vorbei. Andere meinen, Gläubige bräuchten keine Wunder, nur Ungläubige müssten Wunder sehen. Ich glaube: Unser Gott ist ein Gott, der Wunder tut. Und Er verändert sich nicht: „Jesus Christus ist derselbe gestern und heute und in Ewigkeit."[91] Die Frage ist ja nicht, ob wir bei Wundern zuschauen dürfen. Was wir heute brauchen, ist ein *Lebensstil* der Wunder, wie ihn Jesus Seinen Nachfolgern versprochen hat:

> *Diese Zeichen aber werden denen folgen, die glauben: In meinem Namen werden sie Dämonen austreiben; sie werden in neuen Sprachen reden; werden Schlangen aufheben, und wenn sie etwas Tödliches trinken, wird es ihnen nicht schaden; Schwachen werden sie die Hände auflegen, und sie werden sich wohl befinden.* Markus 16,17–18

Das hat Jesus allen denen versprochen, die an Ihn glauben. Warum dann gestehen so viele dem Teufel mehr Macht zu? Weil für einige religiöse Menschen alles Übernatürliche von vornherein dämonisch, böse, Hypnose oder New-Age ist.

In diesen großen Tagen der apostolischen Reformation können wir erwarten, dass wahre Apostel aufstehen, die nicht nur einen wahrhaft

---

90   Johannes 14,12

91   Hebräer 13,8

übernatürlichen Lebensstil haben, sondern auch die Gemeinde Jesu in eine solche Lebensweise hineinführen. So lebten die ersten Apostel und die frühe Kirche. Der Apostel Paulus war einer der größten Reformer aller Zeiten, und er hatte wahrlich Christi Sinn. Sein Dienst beinhaltete Lehre, Offenbarungen und Wunder. Gott hatte ihm Einsicht gegeben über Gesetz und Gnade, die Kirche und das Geheimnis des Christus und Seines Leibes.

Übernatürliches muss nicht immer sensationell und spektakulär sein. Wir sollten nicht Zeichen und Wunder suchen, um Sensationen zu erleben oder bieten zu können; Wunder sollten bei uns zum Alltag gehören.

Stellen Sie sich ruhig darauf ein: Die Kirche Jesu Christi, insofern sie weiß, wer sie in Christus ist, tritt gerade in das Übernatürliche ein wie nie zuvor. Gott bezeugt die Auferstehung Seines Sohnes, indem Er durch Sein Volk mächtige Zeichen und Wunder tut.

Ich sage es nochmals in aller Deutlichkeit: Wunder verändern uns nicht, das kann nur das Wort Gottes. Wunder sind eine ganz natürliche Auswirkung des Glaubenslebens, und zwar eines jeden Gläubigen und nicht nur einiger besonders „geistlicher" Christen. Wunder stärken unseren Glauben an das Wort Gottes. Sie helfen auch dem Ungläubigen, dem Botschafter Glauben zu schenken, und das ist ein wichtiger Aspekt. Wenn man dem, der die Botschaft verkündet, nicht traut, wie soll dann seine Botschaft Glauben finden? Jesus hat von den Menschen um Ihn herum immer Glauben gefordert. Die Ihn nicht akzeptierten und Ihn nicht ehrten, die glaubten Ihm auch nicht.

Jesus sagte:

> *Wenn ich nicht die Werke meines Vaters tue, so glaubt mir nicht! Wenn ich sie aber tue, so glaubt den Werken, wenn ihr auch mir nicht glaubt, damit ihr erkennt und versteht, dass der Vater in mir ist und ich in dem Vater!* Johannes 10,37–38

Allerdings muss uns klar sein, welche Folgen solch ein übernatürlicher Lebensstil haben kann – er wird uns gewaltigen Druck einbringen. Hier folgen einige Aspekte dieser Herausforderung:

Öffentlichkeitswirkung

Wenn Übernatürliches geschieht, erweckt das die Aufmerksamkeit der Öffentlichkeit. Das sollten wir nutzen und das Reich Gottes öffentlich verkündigen und demonstrieren. Als Jesus Seine Jünger zu zweit aussandte, beauftragte Er sie, Kranke zu heilen, Aussätzige zu reinigen, Tote aufzuwecken und Dämonen auszutreiben als Demonstration dessen, dass das Reich Gottes gekommen war.[92]

Disziplin

Um mit diesem allgemeinen Interesse gut zurechtzukommen, müssen wir unsere Zeit und Kraft diszipliniert einteilen und wie Jesus Prioritäten setzen. Die meiste Zeit verbrachte Er mit Seinen Söhnen, Er lehrte sie und unterwies sie im Wort Gottes. Paulus machte es Jesus nach: In Ephesus verbrachte er zwei Jahre mit zwölf Jüngern, die er Tag und Nacht lehrte und im Wort Gottes unterwies (Apostelgeschichte 19). Erst anschließend tat er große und außerordentliche Wunder, woraufhin ganz Kleinasien das Wort Gottes hörte.

Verfolgung

a. Durch die Religion:

Jesus und die frühe Kirche erlitten schwere Verfolgung wegen der Menschenmengen, die zu ihnen hingezogen wurden. Unsichere und leblose religiöse Institutionen verfolgen diejenigen, die sich im Übernatürlichen bewegen, weil diese Dimension ihre Erbärmlichkeit aufdeckt und zeigt, wer sie tatsächlich sind. Sie fürchten, Menschen und Geld zu verlieren. Für die Religiösen sind Menschen gleich Geld, wenn ihnen die Leute wegbleiben, verlieren sie an Macht, und das bringt sie auf. Als die religiösen Pharisäer sahen, dass das Volk Jesus nachlief, beschlossen sie, Ihn umzubringen.

Babylon, die Mutter der Huren, wird in Offenbarung 17 „Geheimnis" genannt. Dieses Geheimnis wird aufgedeckt durch den Kelch, den sie in der Hand hält: Er ist gefüllt mit dem Blut aller Propheten und der Heiligen.

---

[92] Matthäus 10,7–8

Es gibt nur eine Stadt, die alle Propheten tötete; in Matthäus 23 offenbart Jesus, welche Stadt das war: Das religiöse Jerusalem tötete alle Propheten, die Gott zu ihr gesandt hatte. Das war das Weltzentrum aller Religion und deshalb die „Mutter" aller religiösen Huren.

Die Offenbarung des Johannes nennt Jerusalem „geistliches Sodom und Ägypten": „Und ihr Leichnam wird auf der Straße der großen Stadt liegen, die, geistlich gesprochen, Sodom und Ägypten heißt, wo auch ihr Herr gekreuzigt wurde."[93]

b. Durch die Politik:

Auch die Politik wird bösartig reagieren, und zwar aus dem gleichen Grund wie das religiöse System. Daniel 2 sagt uns, dass das Tier für das politische System dieser Welt steht. Die Hure und das Tier haben denselben Ursprung, deshalb sitzt die Hure immer auf dem Tier, wie wir im Buch der Offenbarung sehen. Sie arbeiten immer zusammen in ihrem Versuch, die wahre Kirche auszulöschen. Seien Sie nicht überrascht, wenn das wieder geschieht.

c. Durch Angriff von innen:

Im Reich Gottes wachsen Unkraut und Weizen gemeinsam.[94] Die Söhne des Bösen und die Söhne des Reiches Gottes stehen auf ein und demselben Acker. Der Verräter Judas gehörte zum engen Jüngerkreis. Wenn Wunder beginnen zu fließen, brauchen wir uns nicht zu fragen, warum interne Opposition aufkommt.

d. Die Herausforderung des Wohlstands:

Bisher war der Mangel an Finanzen für die Kirche die größere Herausforderung. Deshalb beruhten viele Entscheidungen auf der Menge des verfügbaren Geldes. Die meisten Gemeindeleitungen konsultieren vor ihren Beschlüssen Mammon und nicht Gott; bei ihren Beratungen geht es hauptsächlich um Finanzen.

---

[93] Offenbarung 11,8

[94] Matthäus 13,24–30

Wenn jedoch das Übernatürliche in der Kirche natürlich wird, gibt es Geld im Überfluss. Und ich kann Ihnen versichern: Die Herausforderung des Wohlstands ist schwieriger zu meistern als die des Mangels; hier besteht die Gefahr, dass wir es nicht mehr für nötig halten, Gott zu fragen, denn das Geld wird's schon richten. Bewältigen können wir diese Herausforderung, indem wir dem Heiligen Geist gehorsam sind; die Frage ist ja nicht mehr, ob wir uns etwas leisten können (oder eben nicht).

Das weiß ich sicher: Ganze Städte werden sich zum Herrn wenden, und dann kommt Überfluss. Wenn Sie mich nach Mangel und Wohlstand fragen, ich könnte über beides Bände schreiben. Aber wenn ich wählen kann, habe ich lieber Überfluss als Mangel, denn das ist Gottes Wille für uns.

Mangel ist wie Wüste. Mangel lehrt uns, auf Gott zu vertrauen und auf Ihn allein. Wenn dann Überfluss die Verwirklichung der Pläne und Absichten Gottes in unserem Leben beschleunigt, tun wir gut daran, weiterhin nur Ihm zu vertrauen, nur Ihn für unsere Quelle zu halten. In meinem Buch *Übernatürliche Kultur – Leben aus der Dimension Gottes*[95] habe ich viel darüber geschrieben.

Das apostolische Team von Paulus und Silas gehorchte einer Vision, die Paulus über Mazedonien hatte. So kamen die beiden nach Philippi, wo sie ein Mädchen vorfanden, das Wahrsagerei trieb:

> *Es geschah aber, als wir zur Gebetsstätte gingen, dass uns eine Magd begegnete, die einen Wahrsagegeist hatte; sie brachte ihren Herren großen Gewinn durch Wahrsagen. Diese folgte dem Paulus und uns nach und schrie und sprach: Diese Menschen sind Knechte Gottes, des Höchsten, die euch den Weg des Heils verkündigen.*
>
> *Dies aber tat sie viele Tage. Paulus aber wurde unwillig, wandte sich um und sprach zu dem Geist: Ich gebiete dir im Namen Jesu Christi, von ihr auszufahren! Und er fuhr aus zu derselben Stunde.* Apostelgeschichte 16,16–18

---

[95] Frans du Plessis, Übernatürliche Kultur – Leben aus der Dimension Gottes (Chambersburg: eGenCo, 2015).

Das bedeutete für die Eigentümer der Sklavin schwere finanzielle Verluste. Paulus und Silas wurden angeklagt, verprügelt und ins Gefängnis geworfen, wo Gott in derselben Nacht ein mächtiges Wunder tat: Die Türen des Gefängnisses flogen weit auf und Menschen wurden gerettet und getauft. Die ganze Stadt wurde berührt.

Im Neuen Testament ist jedes Kapitel voll von Übernatürlichem, besonders nach der Ausgießung des Heiligen Geistes am Pfingsttag. Das Reich Gottes besteht nicht nur aus Worten, sondern aus Kraft.

Unser Maßstab ist die Bibel

Auch die ägyptischen Zauberer verwandelten ihre Stäbe in Schlangen und Wasser in Blut, aber Aarons Stab verschlang ihre Stäbe, und die Zauberer konnten das Wasser nicht wieder genießbar machen. Mit den Fröschen wurden sie auch nicht fertig. Sie flehten Mose an, die Frösche zu beseitigen, und mussten dem Pharao gegenüber zugeben: „Das ist der Finger Gottes!"[96]

Wie machten es die ägyptischen Zauberer denn? Nun, zuerst hatte Gott es getan. Die Zauberer machten es Ihm nur nach mit ihren Beschwörungen und geheimen Künsten und taten, als wären ihre Tricks echt. Aber warum konnten sie nicht das Blut aus dem Wasser entfernen oder die Frösche aus dem Land jagen? Warum flehte der Pharao den Mose an, all das wegzunehmen? „Da rief der Pharao Mose und Aaron zu sich und sagte: Betet zum HERRN, dass er die Frösche von mir und meinem Volk wegschafft! Dann will ich das Volk ziehen lassen, und sie mögen dem HERRN opfern."[97]

Pharao, der sich selbst für einen Gott hielt, glaubte nicht an die Zauberkünste seiner Magier. Er wusste, dass es nur Schwindeleien waren und geheime Künste. Er hatte das alles ja auch selbst gelernt. Und damals, in den Tagen Josefs, hatte keiner der dämonischen Zauberer die Träume des Pharaos deuten können.

Zur Zeit des Propheten Daniel hatte König Nebukadnezar einen Traum. Er weigerte sich, den Traum seinen Wahrsagern und–Sterndeutern–zu

---

[96]   2. Mose 8,15

[97]   2. Mose 8,4

erzählen, weil er wusste, dass sie den Traum auslegen würden, wie es für sie vorteilhaft war. Keiner konnte ihm sagen, was er geträumt hatte, noch was sein Traum bedeutete. Nur Daniel kannte den Traum und seine Auslegung.

Nirgends in der Bibel sehen wir, dass der Teufel Menschen geheilt hätte. Er ist ein Lügner, ein Dieb und ein Mörder von Anfang an. Ich glaube, wann auch immer durch eine Hexe oder durch weiße Magie oder andere dämonische Aktivitäten eine sogenannte Heilung erfolgt, handelt es sich um eine Täuschung des Teufels: Er nimmt vorübergehend etwas weg, was er zuvor dort platziert hat. Die Gefahr bei Heilungen und Wundern durch dämonische Mächte besteht darin, dass man sich für noch Schlimmeres öffnet.

Nur Gott heißt „Jahwe Rapha" – der Herr, unser Heiler. Und Er wird Seine Ehre mit niemandem teilen, auch nicht mit dem Teufel! Die dämonischen Mächte in den Baalspriestern konnten kein Feuer vom Himmel fallen lassen.[98] In diesen Zeiten der Verunsicherung, Angst, Verwirrung und Täuschung denken die Menschen immer noch wie damals bei Elia: „Dann ruft ihr den Namen eures Gottes an, und ich, ich werde den Namen des HERRN anrufen. Und der Gott, der mit Feuer antwortet, der ist der wahre Gott. Da antwortete das ganze Volk und sagte: Das Wort ist gut."[99]

In der Apostelgeschichte lesen wir von einem gewissen Simon. Dieser Magier begegnet dem Evangelium des Königreichs und erlebt die Macht des Heiligen Geistes. Hier ist der biblische Bericht von dieser Konfrontation:

> *Philippus aber ging hinab in eine Stadt Samarias und predigte ihnen den Christus. Die Volksmengen achteten einmütig auf das, was von Philippus geredet wurde, indem sie zuhörten und die Zeichen sahen, die er tat. Denn von vielen, die unreine Geister hatten, fuhren sie aus, mit lauter Stimme schreiend; und viele Gelähmte und Lahme wurden geheilt. Und es war große Freude in jener Stadt.*
>
> *Ein Mann aber, mit Namen Simon, befand sich vorher in der Stadt, der trieb Zauberei und brachte das Volk von Samaria außer*

---

[98] 1. Könige 18,23–29

[99] 1. Könige 18,24

sich, indem er von sich selbst sagte, dass er etwas Großes sei; dem hingen alle, vom Kleinen bis zum Großen, an und sagten: Dieser ist die Kraft Gottes, die man die große nennt. Sie hingen ihm an, weil er sie lange Zeit mit den Zaubereien außer sich gebracht hatte. Apostelgeschichte 8,5–10

Die einzige Macht des Teufels ist der Betrug. Wir sind gerufen, diesen Betrug aufzudecken, indem wir Gottes echte Macht und Autorität sichtbar machen. Wenn die Gemeinde Jesu mit ihren religiösen Spielchen aufhören und in der Macht und Autorität Gottes auftreten würde, könnte der Teufel die Leute nicht mehr mit seiner Fälschung unterhalten.

Paulus folgte dem Muster und der Strategie Jesu, wenn er Städte und Länder für das Reich Gottes einnahm. In Ephesus begann er damit, dass er zweieinhalb Jahre lang jeden Tag das Evangelium des Reiches Gottes lehrte, und zwar im geschützten Rahmen mit nur zwölf Jüngern, denen er seine ganze Zeit widmete.

Ich frage mich oft, wie die „moderne" Kirche mit ihren Gemeindewachstumsprogrammen Paulus und seine Gemeindearbeit bewerten würde: Über zwei Jahre lang keine Neuzugänge, jeden Tag nur Unterricht, und keinerlei attraktive Programmpunkte, mit denen man Außenstehende anlocken könnte. Sein Programm war das Wort Gottes, einfach nur die Lehre der Apostel. Aber in Apostelgeschichte 19 lesen wir, dass die Menschen ihre Zauberbücher brachten und verbrannten und frei wurden.

Das ist die richtige apostolische Abfolge:

Er ging aber in die Synagoge und sprach freimütig drei Monate lang, indem er sich mit ihnen unterredete und sie von den Dingen des Reiches Gottes überzeugte. Als aber einige sich verhärteten und ungehorsam blieben und vor der Menge schlecht redeten von dem Weg, trennte er sich von ihnen und sonderte die Jünger ab und redete täglich in der Schule des Tyrannus. Dies aber geschah zwei Jahre lang, so dass alle, die in Asien wohnten, sowohl Juden als auch Griechen, das Wort des Herrn hörten. Apostelgeschichte 19,8–10

Oberste Priorität hatte bei Paulus das Wort Gottes von Christus und dem Reich Gottes. Das Reich Gottes besteht nicht nur in Worten, sondern auch in Kraft. Aber man kann nicht das Reich Gottes predigen, ohne auch seine Kraft sichtbar zu machen. Früher oder später erweist sich die Überlegenheit des Reiches Gottes und des Übernatürlichen.

Es begann mit dem Lehren über das Reich Gottes in jener Schule, doch dann wurde die Macht des Reiches Gottes über die Mächte der Finsternis auch außerhalb der Schulmauern offenbar. Paulus ging mit seinen zwölf Schülern an die Öffentlichkeit und zeigte dort die Macht des Reiches Gottes, das er nun in der Stadt und im übrigen Kleinasien predigte und lehrte.

Wir haben nicht die Wahl, ob wir im geschützten Rahmen das Wort Gottes lehren wollen oder ob wir in der Öffentlichkeit Wunder tun; wir sollen beides: im Haus die Söhne lehren *und* auf der Straße die Verlorenen evangelisieren. Nicht entweder das Wort vom Reich Gottes oder die Erweisung seiner Macht, sondern beides! Ich schreibe jetzt unter der Anweisung des Heiligen Geistes und ich sage Ihnen: Es ist Zeit, dass wir dem gepredigten Wort die Machterweisung folgen lassen!

> *Und ungewöhnliche Wunderwerke tat Gott durch die Hände des Paulus, so dass man sogar Schweißtücher oder Schurze von seinem Leib weg auf die Kranken legte und die Krankheiten von ihnen wichen und die bösen Geister ausfuhren.* Apostelgeschichte 19,11–12

Die Kombination des Wortes Gottes mit der Erweisung des Geistes und der Kraft hatte dieses Ergebnis:

1. Zwölf gewöhnliche, kraftlose Gläubige wurden aus dem religiösen System gerettet und wurden zu dynamischen Jüngern, die ihre Stadt und ganz Kleinasien veränderten.
2. Die herrschenden religiösen Geister wurden in den jüdischen Teufelsaustreibern bloßgestellt.
3. Das Übernatürliche zog die Aufmerksamkeit der ganzen Stadt auf sich, sowohl der Juden als auch der Griechen.

Das Ergebnis machte Gott alle Ehre:

> *Dies aber wurde allen bekannt, sowohl Juden als auch Grie-*
> *chen, die zu Ephesus wohnten; und Furcht fiel auf sie alle, und*
> *der Name des Herrn Jesus wurde erhoben. ... So wuchs das Wort*
> *des Herrn mit Macht und erwies sich kräftig.* Apostelgeschichte
> 19,17.20

Das Finanzsystem von Ephesus wurde erschüttert. Dann wandte sich
Paulus der Stadt zu und dann der Region, und schließlich hörte ganz Kleinasien das Wort Gottes. In diesem Stadium tat Paulus die besonderen Wunder, durch die Menschen aus der Macht Satans befreit wurden.

Seit 15 Jahren folgt der gegenwärtige apostolische Zeitabschnitt genau
diesem von Gott gegebenen Muster. Die Kultur des Wortes Gottes wurde
wieder zum Leben erweckt.

> *Sie verharrten aber in der Lehre der Apostel und in der*
> *Gemeinschaft, im Brechen des Brotes und in den Gebeten.* Apostel-
> geschichte 2,42

In dieser Beschreibung der Urgemeinde in der ersten Zeit nach dem
Pfingsttag sehen wir vier praktische Lebensaspekte in der Gemeinschaft der
Gläubigen:

1. Lehre der Apostel – das bedeutet nicht, dass nur die Apostel gepre-
    digt hätten; hier ist die Rede von einem Wort, das Gott den Apos-
    teln gab und das sie weitergaben.
2. Gemeinschaft
3. Brotbrechen
4. Gebet

All das waren unverzichtbare Elemente, um neue Gläubige zu lehren und
in der Nachfolge Jesu anzuleiten. Soweit Apostelgeschichte 2,42. Aber jetzt
ist die Zeit, zu Apostelgeschichte 2,43 weiterzugehen:

Es kam aber über jede Seele Furcht, und es geschahen viele Wunder und Zeichen durch die Apostel. Alle Gläubiggewordenen aber waren beisammen und hatten alles gemeinsam; und sie verkauften die Güter und die Habe und verteilten sie an alle, je nachdem einer bedürftig war. Täglich verharrten sie einmütig im Tempel und brachen zu Hause das Brot, nahmen Speise mit Jubel und Schlichtheit des Herzens, lobten Gott und hatten Gunst beim ganzen Volk. Der Herr aber tat täglich hinzu, die gerettet werden sollten. Apostelgeschichte 2,43.46–47*

Die Wunder wurden ihnen zur Kanzel und öffneten die Tür für ganze Städte und Länder. Durch sie wurden die Menschen zu den Aposteln und den anderen Gläubigen hingezogen, weil sie sie für glaubwürdig hielten, und sie hörten ihnen zu.

Die Gläubigen gingen in den Tempel, um zu beten, und die Wunder geschahen. Am Tempel sehen wir die nächste Ebene: Versammlungen der Kirchen der Stadt; die Menschenmengen kamen herbei.

Egal wie viele Tausende die eine oder andere christliche Gemeinde in einer Stadt zählen mag, sie allein kann niemals *die* Kirche der Stadt sein. Dazu braucht es die Ältesten (Väter) von mehr als zwei oder drei Gemeinden vor Ort; sie müssen zusammenkommen, um die Gemeinde Jesu in der Stadt zu vertreten oder zu konstituieren. Es waren die Apostel, die die Kirche in der Stadt zu einer Einheit machten. Ihre Lehre wurde täglich in den Häusern verkündigt. Die Gemeinden waren untereinander gleichgesinnt, ohne einander Konkurrenz zu machen. Jede brachte ihre einzigartige Gnadengabe ein, um dem gesamten Leib Christi in der Stadt zu dienen und das weiterzugeben, was sie vom Herrn empfing.

Der Auslöser dafür, dass in der Kirche Übernatürliches geschah, war das Gebet – und das Ergebnis war, dass über jeden in der Stadt die Furcht des Herrn kam. Gott bewirkte, dass die Gemeinde Jesu bei den Sündern und in der Stadt Gunst hatte, und täglich fügte Er hinzu, die gerettet wurden.

Wir brauchen mehr als nur Erweckung. Wir wollen nicht das, was man früher Erweckung nannte. Wir brauchen eine Reformation, die die Kirche wieder nach dem ursprünglichen Plan baut und die Fülle Christi auf die

Erde bringt. Wir brauchen Christus in Seinem Leib, der Kirche, damit sie ihren Dienst ausüben und die Welt zur Versöhnung mit Gott führen kann. Damit wir wieder die Kirche werden, wie Christus sie haben will, brauchen wir eine gute apostolische Leitung. Dann kann sie herrschen und regieren als Haushalter des Reiches Gottes auf Erden.

In diesen atemberaubenden Tagen bete ich:

> Gott, erschüttere uns, damit Selbstgefälligkeit, Unwissen und Nicht-Wissen-Wollen, Unglaube und Fleischlichkeit weichen und Platz machen für ein Leben, das vom Heiligen Geist verändert wurde. Möge in unseren Herzen Glauben wachsen, und mögen wir gesinnt sein wie Jesus Christus, der Gesalbte.

Wir suchen keine Wunder, wir suchen Christus, den Wunderwirker. Unser Wunsch sollte sein, ein Leben voller Wunder zu führen. Gott braucht nur Werkzeuge, die bereit sind, einer leidenden Welt Seine Liebe und Freundlichkeit zu bringen! Gott kann es wieder tun! Er vermag das Unmögliche, Er heilt das Unheilbare, Er tut das Unfassbare und Unerklärliche.

Der Herr will sogar noch mehr tun als das. Ja, Er will die Wunder tun, die Sie in Ihrem Leben brauchen. Aber Er will noch mehr: Er will *uns* zum Zeichen und Wunder machen, zum Träger des Wunders. Er will, dass wir Träger Seiner Herrlichkeit sind! Er will uns zu Seiner Erscheinung auf der Erde machen und zum Grund, warum die Welt glaubt, dass Gott der Vater Seinen Sohn Jesus Christus gesandt hat!

6

Wenn Gott in Erscheinung tritt

Es ist etwa fünfzehn Jahre her. Ich lag auf meinem Bett, schlief aber nicht. Plötzlich hörte ich eine Stimme, so deutlich, dass ich dachte, ich hätte sie mit meinen Ohren gehört. Ich schaute zu Netta neben mir und fragte, ob sie die Stimme auch gehört habe. „Nein, ich habe nichts gehört", erwiderte sie. „Und? Was hat die Stimme gesagt?"

„Sie sagte: ‚Was passiert, wenn ich in Erscheinung trete?'"
„Und?", meinte Netta. „Was passiert dann?"
Ich antwortete: „Keine Ahnung."

Ich legte mich wieder hin und fragte im Stillen: „Herr, was würde dann passieren?" Wieder erscholl die Stimme hörbar: „Man wird meine Herrlichkeit sehen und spüren, wenn ich in meinem Volk in Erscheinung trete. Ich erschüttere alles, was nicht zu meinem Reich gehört, und nur mein Reich wird bestehen. Dann tue ich schnell, was ich auf Erden tun will, mit Lichtgeschwindigkeit."

„Was musst Du tun, um zu kommen, was braucht es dazu?", fragte ich den Herrn, und der antwortete umgehend:

„Bund, Treue und eine Sache. Diese drei Dinge verlange ich von meinem Volk, wenn ich mich ihnen offenbare und durch sie für die Welt sichtbar und spürbar werde."

Kolosser 3,4 sagt: „Wenn der Christus, euer Leben, offenbart werden wird, dann werdet auch ihr mit ihm offenbart werden in Herrlichkeit." Jesus hat nie gesagt, dass Er „ein zweites Mal kommen" würde[100] Die beiden Engel in Apostelgeschichte 1,11 sagten, dieser selbe Jesus würde so zur Erde zurückkommen, wie Seine Jünger gesehen hätten, dass Er die Erde verließ – die Wolke hatte Ihn aufgenommen. Wenn Jesus zurückkommt, geschieht das Gleiche, nur in umgekehrter Reihenfolge: Die Wolke wird Ihn freigeben und die Erde und Sein Volk werden Ihn aufnehmen.

Aber Jesus ist im Lauf der Kirchengeschichte oft in Erscheinung getreten. In jener Nacht sagte mir der Herr, Er sei die ganze Menschheitsgeschichte hindurch immer gekommen, wo und wenn Menschen Seinen Bund ehrten, sich daran erinnerten und dementsprechend lebten.

Zweitens: Ein Volk, das treu zu Gott hält, wird immer Seine Herrlichkeit erleben – wie David, Gideon und seine Leute sowie Daniel und seine drei Freunde. Den drei Freunden Daniels Schadrach, Meschach und Abed-Nego erschien Gott im brennenden Ofen als vierter Mensch mitten im Feuer und befreite sie, weil sie Ihm treu geblieben waren.

Als Letztes sagte der Herr zu mir, Er würde überall dort auf den Plan treten, wo Menschen Seine Sache hätten (engl. *cause*). Das verstand ich nicht, ich wusste nicht, was „Sache" hier bedeuten sollte. Ich hatte keine Ahnung, was der Herr damit wohl meinen könnte.

Ich weiß noch, dass ich aufstand und in meiner dicken Strong's-Konkordanz im Alten Testament das Wort *cause* nachschlug. Ich fand die Stelle, wo David seine Brüder hinterfragte, weil sie sich vor dem Riesen Goliat

---

[100] Die Verfechter der Entrückungstheologie lehren, dass „das erste Kommen" bei der Entrückung stattfindet und „das zweite Kommen" dann die Wiederkunft Christi sei. In seinem Buch „Gottes krönender Abschluss" beschreibt Frans du Plessis seine Überzeugung, dass es nur ein Kommen des Herrn gibt - nämlich seine Wiederkunft. Anm. d. Hrsg.

fürchteten, anstatt mit diesem zu kämpfen; dafür unterstellten sie ihrem jüngsten Bruder falsche, eigennützige und kindische Motive. David erwiderte ihnen mit einer Frage: „Was habe ich denn getan? Ist das denn nicht eine Sache?"[101]

Hier steht im Hebräischen das Wort *dabar*. Dies ist ein erstaunliches Wort, es bedeutet „Rede, Wort, Worte, sprechen, sagen, Ausspruch, Äußerung, Wort, Wörter".[102]

In diesem Sinne und Sprachgebrauch bedeutet *dabar* ein gesprochenes Wort, ein hervorgehendes Wort – und zwar eins, das gehört wird (Glaube kommt vom Hören). Dieses Wort kommt im Gesetz des Mose vor und auch Jesus hat es gebraucht; deshalb ist es äußerst wichtig, dass die Gemeinde Jesu und die Söhne Gottes es vernehmen und verstehen. Im Gesetz heißt es: „Der Mensch lebt nicht nur von Brot, sondern er lebt zuerst und zuletzt von dem Wort, jedem einzelnen Wort, das aus dem Mund des Herrn kommt."[103] „Sondern ganz nahe ist dir das Wort, in deinem Mund und in deinem Herzen, um es zu tun."[104]

In Römer 10 zitiert der Apostel Paulus diese Stelle und sagt, Christus sei dieses Wort, dieses *dabar*, das wir mit unseren Lippen bekennen und mit unserem Herzen glauben.

Aus der Perspektive des Neuen Testaments betrachtet, besagte Davids Frage an seine Brüder also: „Wo ist in all dem der Gesalbte (der Christus) und das lebendige Wort Gottes?"

Aufgrund des biblischen Gebrauchs dieses Wortes ist mir klar, dass Gott in Erscheinung tritt, wenn Menschen gemeinsam auf Christus ausgerichtet sind und leben von jedem einzelnen Wort, das von dem Mund Gottes ausgeht. Und nun frage ich Sie wie damals David, der von seinen Brüdern wissen wollte, was Gott über diesen Riesen Goliat gesagt hatte: „Haben Sie in dieser Sache Gott gehört?"

---

[101] 1. Samuel 17,29: „What have I done now? *Is there* not a cause?" (New King James Version®. Copyright © 1982 by Thomas Nelson, Inc.).

[102] *Strong's*, H1697, „dabar".

[103] 5. Mose 8,3 (GNB).

[104] 5. Mose 30,14.

e in Israel keiner dieses von Gott hervorkommende Wort, kei-
avid. Doch weil David es hatte, trat Gott auf den Plan und
besiegte den Riesen durch einen jungen Mann, der Christus kannte und der
das *rhema*-Wort Gottes, das von Gottes Mund ausgegangen war, in diese
Situation hineinsprach.

Dieses *dabar hörte David von Gott, dieses dabar* hielt er Goliat entgegen:
„Des HERRN ist der Kampf, und er wird euch in unsere Hand geben!"[105]
Als David mit dem Riesen in der Bundessprache Klartext redete und ihn
fragte, wer er, ein unbeschnittener Philister, denn sei, dass er Gottes Volk
verhöhne, da trat Gott auf den Plan. Gott kam, weil David als Träger des
rhema-Wortes Gottes seinem Gott die Treue hielt, und so konnte David den
Riesen besiegen.

Das ist apostolische Lehre, ein Jetzt-Wort, ein Wort, das hervorgeht. Dies
ist die Speise der Söhne Gottes: Sie essen jedes Wort, das aus dem Mund
Gottes hervorkommt. „Jesus spricht zu ihnen: Meine Speise ist, dass ich
den Willen dessen tue, der mich gesandt hat, und sein Werk vollbringe."[106]

Diese Speise, das ist die Sache, die Gott dazu bringt, in Erscheinung zu
treten.

Gott sucht nach einem Volk, das in Christus lebt und in Ihm sich bewegt
und in Ihm sein Wesen hat, das ein aktuelles, frisches und von Gott ausge-
hendes Wort hat und das bereit ist, jedem Befehl Gottes zu gehorchen.

---

[105] 1. Samuel 17,47b.

[106] Johannes 4,34

76

7

Was es braucht, um Völker zu Jüngern zu machen

Johannes der Täufer kündigte den lang erwarteten Messias an: „Am folgenden Tag sieht er Jesus zu sich kommen und spricht: Siehe, das Lamm Gottes, das die Sünde der Welt wegnimmt!"[107] Vor einiger Zeit las ich *Der Ruf* von Rick Joyner. In diesem Buch schildert er etwas, das einem Erlebnis sehr nahekommt, das ich eines Nachts hatte. In tiefen Schlaf gefallen, hatte ich geträumt:

> Ich stand in der Innenstadt von Durban, Downtown Durban würde man in Amerika sagen.
> Ich schaute mich um und was ich da sah, berührte mich tief. Manche Menschen gingen schnell, andere schlenderten einfach durch die Straßen. Sie alle schwammen in der Geschäftigkeit des

---

[107] Johannes 1,29.

Stadtlebens, aber sie gingen nirgendwo hin. In ihren Augen standen Leere und Verzweiflung.

Ich sah die Prostituierten an den Ecken stehen und sich zum Verkauf anbieten. In ihren Augen war kein Leben, keine Freude. An jeder Ampel lauerten schmutzige Straßenkinder, und wenn die Autos standen, bettelten sie – und sie nahmen alles, was sie kriegen konnten. Ich sah alte Menschen auf den Bänken im Stadtpark sitzen, mit hängenden Schultern starrten sie ins Nichts. Die Alkoholiker und die Drogensüchtigen schwankten umher wie vom Sturm gebeutelte Schiffe auf hoher See.

Ich sagte mir: „Das ist keine wunderbare Welt!" Was ich sah, berührte mich so, dass ich nur noch weg wollte, diese Hoffnungslosigkeit und Verzweiflung konnte ich nicht ertragen. Aber egal, welche Straße ich wählte, ich landete immer wieder in Downtown Durban. Das ärgerte mich, denn diesen herzzerreißenden Anblick konnte ich wirklich nicht mehr aushalten.

Dann hörte ich eine Stimme, die mir deutlich sagte: „Du hast noch gar nichts gesehen. Komm, ich zeige dir das Herz dieser Stadt!"

Im nächsten Augenblick fand ich mich wieder an einem Ort, ich kann es nur so beschreiben, es war „unterhalb der Stadt". Ich begriff, dass das die Seele der Stadt war, die geistliche Dimension, die das steuerte, was in der Öffentlichkeit sichtbar wurde. Der Heilige Geist brachte mich in die unsichtbare Welt der Stadt.

Ich kam an eine Stelle, die wie ein riesiges Gefängnis war, die Leute dort waren alle hinter riesigen eisernen Gitterstäben eingesperrt.

Wie ich so vor diesen riesigen Gefängnistoren stand, spürte ich Verzweiflung, und Angst wollte mich packen. Jung und Alt streckte durch die Gitter die Hände nach mir aus, und schleimtriefend schrien sie mich an: „Ist das wieder einer, den der Geist der Stadt gefangen hat?"

Ohne nachzudenken antwortete ich sofort: „Nein, ich bin ein Prophet Gottes des Herrn, und ich bin gekommen, um euch zu befreien." Diese Antwort überraschte mich selber, denn ich habe mich nie für einen Propheten gehalten und ich hatte so etwas noch nie zuvor gesagt.

Erst als er mit mir redete, bemerkte ich den Engel, der neben mir stand. „Hör ihnen gut zu", wies er mich an, „denn darin liegt der Schlüssel zu ihrer Befreiung."

Also blieb ich stehen und hörte zu, wie Jung und Alt Gott und einander die Schuld gaben an ihrem Zustand. Die Kinder machten den Eltern Vorwürfe und die Eltern gaben Gott die Verantwortung für alles Schlechte, das sie erlebt hatten:

„Wo war Gott, als ich Ihn brauchte?" – „Warum hat Gott meine Eltern umgebracht?" – „Warum haben meine Eltern mich nicht geliebt?" „Warum hasst Gott mich?" – „Warum ...?" – „Warum ...?" – „Warum ...?"

Unter dieser Flut bitterer Anklagen begann ich zu weinen, und mein Herz wurde erfüllt von tiefem Erbarmen. Jemand musste diesen Leuten eine Fehlinformation gegeben haben – nein, viel schlimmer: Jemand musste sie *belogen* und sie über Gott getäuscht haben.

Nun sagte der Engel neben mir: „Die Wahrheit wird sie frei machen, die Wahrheit über den Menschen und die Wahrheit über den Teufel. Aber sie kennen die Wahrheit nicht, denn die Religion hat sie über Gott, den Menschen und den Teufel angelogen."

Als ich von diesem Traum erwachte, weinte ich wie ein kleines Kind. Ich wusste, das war nicht nur ein Traum. Gott hatte mir den Schlüssel gezeigt, wie man Städte und Nationen zu Jüngern Jesu machen kann.

Seltsam, aber irgendwie fühlte ich mich hinterher wie an dem Tag, an dem ich von Neuem geboren worden war. Damals, an jenem Samstagabend 1969, überflutete die Freude des Heiligen Geistes mein Herz, und gleichzeitig weinte ich tagelang über verlorene Menschen, über die Menschen, die ich auf der Straße sah und die Liebe brauchten, Angenommensein und Befreiung aus den Klauen von Armut, Krankheit, Sünde, Angst und Tod.

Menschenfischer

Als Jesus Seine ersten Jünger berief, die meisten von ihnen waren Fischer, sagte Er ihnen, Er würde sie zu Menschenfischern machen. Irgendwie habe ich das Gefühl, dass wir die Kunst des Menschenfischens verlernt haben.

Zunächst zeigte Jesus ihnen, wie wertvoll der gefallene Mensch ist – durch Seine Liebe, Seine Fürsorge und Sein Erbarmen. Wer Fisch nicht liebt und schätzt, aus dem wird nie ein richtiger Fischer. Liebe zu Menschen, das ist eine Schlüsselqualifikation, wenn man evangelisieren will. Wahre, von Gott gegebene, bedingungslose Liebe ist der Schlüssel, um ein guter Menschenfischer zu sein.

Zweitens zeigte Jesus ihnen, wie man die Aufmerksamkeit sündiger Menschen weckt, wie man sie fängt, putzt und aus dem Meer der Sünde und des Todes befreit.

Und schließlich machte er die Fische zu Fischern. Als Er sie mit Seiner Stimme und Seinem Befehl fing, waren sie selber wie Fische. Er fing sie und lehrte sie – und dann gab Er ihnen den Auftrag, hinzugehen und es Ihm gleichzutun.

Aber es gibt einen Unterschied zwischen Angeln und Fischen mit dem Netz.

Ich bin selbst Fischer. Seit dreißig Jahren lebe ich am Indischen Ozean und ich sehe das Meer fast jeden Tag. Das hat mich eine Menge über das Fischen gelehrt. Angeln ist eine sehr anspruchsvolle Tätigkeit. Für jede Art braucht man den richtigen Köder und das richtige Werkzeug. Man muss ihr Verhalten kennen und wissen, was sie mögen, sonst hat man nicht die geringste Chance, auch nur einen einzigen an den Haken zu bekommen. Es gibt noch andere Faktoren wie Temperatur und Hunger. Das Vergnügen einen Fisch so zu fangen, kann durch nichts überboten werden. Wenn ein Fisch angebissen hat, zeigt sich erst, wer sein Handwerk wirklich versteht: Nun beginnt das delikate Spiel des Heranziehens und Loslassens, bis der Fisch erschöpft ist und sicher eingeholt werden kann. Schon viele dicke Fische konnten entkommen, weil der Angler sich zu früh gefreut hat und erst noch seine Erfahrungen machen musste.

Ich persönlich glaube, dass Leute, die auf diese Weise gefangen wurden – wie Petrus, Johannes, Jakobus und die übrigen aus dem Zwölferkreis – die besten Fischer werden und dann auch die besten Fischer ausbilden.

Jesus hatte ihnen aufgetragen, zu den Völkern zu gehen und aus ihnen Jünger zu machen und dabei Seine Methode anzuwenden: Sie sollten sie fangen, lehren und in den Namen und in die Natur des Vaters und des Sohnes und des Heiligen Geistes hineintaufen. Wir dürfen nie vergessen, dass auch wir einst Fische und im „Meer der Sünde und des Todes" verloren waren, doch dann mit der Liebe Gottes gefangen, befreit und zu Menschenfischern gemacht wurden. Jesus musste nicht alle Fische selbst fangen, Er machte aus denen, die Er gefangen hatte, gute Fischer.

Seine Vision gilt immer noch: die Nationen zu Jüngern machen und „das Meer" leerfischen. Das Buch der Offenbarung zeigt die Erlösung und die Fülle der Schöpfung und stellt dann fest, dass es kein Meer mehr braucht. Das Meer ist ein biblisches Symbol für die nicht erneuerten Völker der Welt: „Und ich sah einen neuen Himmel und eine neue Erde; denn der erste Himmel und die erste Erde waren vergangen, und das Meer ist nicht mehr."[108]

Wir brauchen eine neue Sicht von Sündern. Wir müssen sie mit den Augen Gottes sehen, mit den Augen des Gottes, der die Welt liebt. Für Gott sind sie kostbar und wertvoll, sie sind es wert, Seine Söhne zu sein. Durch das kostbare Blut Seines Sohnes Jesus hat Er bereits den vollen Preis bezahlt, das Lösegeld entrichtet, um sie mit sich selbst zu versöhnen.

Das Problem ist nur: Sie wissen es nicht.

Sie brauchen jemanden, dem sie Glauben schenken können, der mit lieblichen Füßen kommt und ihnen die Wahrheit sagt über Gott und über Seine Liebe und Seine Güte, die ihnen gilt. Nur so können sie sich für die Botschaft öffnen; nur so können sie eine freie Entscheidung treffen, ob sie die Gute Nachricht annehmen oder ablehnen wollen. Religion hingegen predigt nicht die Gute Nachricht, sondern vielmehr das Verdammungsurteil. Das ist das Problem bei Religion. Sie richtet den Blick immer auf die Sünde anstatt auf die Lösung. Religion meint, die Frohe Botschaft des Evangeliums bringe den Sündern bei, dass sie in die Hölle kommen.

---

[108] Offenbarung 21,1.

Religion stellt Gott als zornig und rachsüchtig dar, als jemanden, der unsere Lieben umbringt und uns die Kinder oder die Eltern wegnimmt und unseren Körper mit Krankheit schlägt, als jemanden, der auf dem Richterstuhl sitzt und es nicht erwarten kann, jedem, der sündigt, seine verdiente Strafe zu verpassen.

Liebliche Füße

Die Nachricht der Frohen Botschaft, des Friedens und der erfreulichen Neuigkeiten kommt am besten an, wenn sie durch liebliche Füße überbracht wird. Welch ein Segen, wenn man die Füße des Botschafters von seiner Botschaft nicht mehr unterscheiden kann. Das geschieht, wenn wir nicht nur *von* Jesus zeugen, sondern zu Seinen Zeugen, Seinen lebenden Beweisen *geworden* sind.

Das war die Methode Jesu. Er selbst war die Botschaft vom Reich Gottes, die Er verkündete. Es fiel den Menschen leicht, Seine Botschaft zu glauben, weil der Bote glaubwürdig war. Sie brauchten sich nur den Lebenswandel des Boten anzusehen, um die Botschaft zu glauben, die Er überbrachte. Sie glaubten Ihm, was Er über Gott sagte, denn Gott der Vater war in Ihm. Wenn sie mehr wissen wollten über den Vater, brauchten sie nur Jesus anzuschauen. Wenn sie die Güte und Herrlichkeit Gottes kennenlernen wollten, brauchten sie nicht lange zu suchen, Jesus war das leuchtende Abbild.

> *„Denn jeder, der den Namen des Herrn anrufen wird, wird gerettet werden." Wie sollen sie nun den anrufen, an den sie nicht geglaubt haben? Wie aber sollen sie an den glauben, von dem sie nicht gehört haben? Wie aber sollen sie hören ohne einen Prediger? Wie aber sollen sie predigen, wenn sie nicht gesandt sind? Wie geschrieben steht: „Wie lieblich sind die Füße derer, die Gutes verkündigen!"* Römer 10,13–15

Johannes der Täufer war solch ein Mensch der lieblichen Füße. Er war gesandt, um die Frohe Botschaft vom Reich Gottes zu verkünden und auf das Lamm Gottes hinzuweisen, dessen Kommen das Reich Gottes auf

Erden eröffnen und Sündenvergebung und die Reinigung von Sünde bringen würde:

> *Am folgenden Tag sieht er Jesus zu sich kommen und spricht: Siehe, das Lamm Gottes, das die Sünde der Welt wegnimmt.* Johannes 1,29
>
> *Und ich habe gesehen und habe bezeugt, dass dieser der Sohn Gottes ist.* Johannes 1,34

Unsere Aufgabe ist nicht, Sünder zu verdammen, sondern sie durch die Gute Nachricht in die Freiheit zu führen. Die Wahrheit über Gottes Güte macht frei. Es ist das Werk des Heiligen Geistes, uns davon zu überzeugen. Der Heilige Geist überführt den Sünder nur von einer einzigen Sünde, nämlich von der Sünde, nicht zu glauben, nachdem man die Wahrheit gehört hat über die Errettung, die Gott uns in Jesus Christus schenkt. Das ist die Sünde des Nicht-Glaubens und Ungehorsams.

Das Gift der Religion hat die Welt wirklich zu Gefangenen gemacht. Es ist eine traurige Tatsache, dass viele sogenannte „Gemeinden" und „Kirchen" nur religiöse Institutionen sind, die sich dieser groben Fehlinformation schuldig machen. Anstatt dass sie Gott helfen und Menschen fischen, sind sie ein Stolperstein und hindern die Menschen daran, Gott zu finden. Das hat die Menschen dazu gebracht, dass sie Gott die Schuld daran geben; dabei ist Er doch der Einzige, der sie wirklich liebt und den vollen Preis für ihre Befreiung von Sünde und Tod bezahlt hat. Anstatt Ihm dankbar zu sein und sich Ihm vertrauensvoll zuzuwenden, klagen sie Ihn an wegen all dessen, was in ihrem Leben schiefgegangen ist. Sie sagen: „Ich glaube nicht an Gott", und als Grund geben sie an, an einen so grausamen Gott, der nicht eingreift, wenn ein Angehöriger ermordet oder vergewaltigt wird oder krank wird und stirbt, könnten sie einfach nicht glauben. Und wer hat es ihnen beigebracht, dass es Gott war, der ihnen das angetan hat? Die Religiösen. Wer kann es ihnen verdenken, dass sie nicht an einen so grausamen und hartherzigen Gott glauben wollen!

Andere haben die Heuchelei der Menschen bemerkt, die Wasser predigen und Wein trinken, Menschen, die sich heilig geben und alle beeindrucken und von allen geschätzt und bewundert werden – außer von denen, die ihnen am nächsten stehen: ihre Ehepartner und Kinder, die ihre Schattenseiten und ihre Geheimnisse kennen. Dann braucht der Feind nur noch die Lüge in die Welt zu setzen, alle Christen seien so.

So lange Religion durch Lug und Trug eine unüberbrückbare Kluft schafft zwischen einem heiligen Gott und einem schrecklichen Sünder, haben die Sklaven wenig Aussichten auf Befreiung.

Jesus kam nicht, um eine neue Religion namens Christentum zu gründen, eine weitere Religion auf der Grundlage von Wohlverhalten und Belohnung unter dem Knüppel der Angst. Nein, Er kam, um auf der Erde eine Gottes-Familie von Königen und Priestern zu gründen, eine Familie, deren Vater im Himmel ist und der Sein Reich auf der Erde ausbreiten will. Jesus ist der erste herrliche Sohn und König, und Er führt viele Söhne zur Herrlichkeit. Jesus kam voll von Gnade und Wahrheit, um die Kluft zwischen Gott und dem Sünder zu überbrücken. Er kam nicht nur, um uns etwas über Gott zu erzählen; Er kam, um uns die Herrlichkeit und die Güte Gottes erleben zu lassen, die Güte eines liebenden Vaters.

Jesus, der Sohn Gottes, ist die Sprache Gottes des Vaters. Außerhalb von Jesus Christus gibt es keine Möglichkeit, Gott wirklich kennenzulernen. Was Gott sagen wollte, hat Er in Seinem Sohn gesagt, der das personifizierte Wort Gottes ist. Denn in Christus Jesus wohnt die Fülle der Gottheit leibhaftig.

Jesus hat Seine Jünger in den Namen und die Natur Gottes des Vaters, des Sohnes und des Heiligen Geistes eingetaucht (getauft). Das tat Er durch Sein Wort, Seine Taten und den Heiligen Geist. Seine Jünger fragten Ihn, wessen Sünde diesen Mann als Blinden zur Welt habe kommen lassen, seine eigene oder die seiner Eltern, und Jesus antwortete, das sei keine Strafe Gottes, sondern Gott wolle in Seiner Güte diesen Mann heilen, um durch ihn Seine Herrlichkeit und Güte zu offenbaren.

Eine Frau wurde im Ehebruch ergriffen. Man brachte sie zu Jesus in den Tempel und bat Ihn, das Urteil über sie zu fällen – nicht ohne Ihn ausdrücklich darauf hinzuweisen, dass das Gesetz die Todesstrafe durch Steinigung forderte. Jesus antwortete: „Auch ich verurteile dich nicht. Geh hin und sündige von jetzt an nicht mehr!"[109]

Als ein Leprakranker Jesus bat, ihn zu heilen, wenn es Sein Wille sei, bestätigte Er dies und heilte ihn.

In Jesus gab es nur Gnade, Güte, Freundlichkeit und Barmherzigkeit. Doch als jemand Ihn mit „guter Meister" anredete, antwortete Er umgehend: „Niemand ist gut als Gott allein!"[110] Damit sagte Er im Prinzip: „Du hast noch gar nichts gesehen, mein Vater übertrifft mich noch weit." Jesus machte Gott für den Sünder liebenswert und attraktiv.

Liebe ist die größte Macht im ganzen Universum, eine größere gibt es nicht. Liebe vertreibt die Angst, abgelehnt zu werden. Sie lässt die härtesten Herzen dahinschmelzen. Ich sah eine Dokumentation über einen Serienmörder, der über zwanzig Mädchen vergewaltigt und ermordet hatte. Er bekam „Lebenslänglich", zeigte aber auch nach der Urteilsverkündung keinerlei Gefühle, von Reue ganz zu schweigen. Der Richter gab den Familien, die ihre Töchter und Schwestern verloren hatten, das Wort. Unbeweglich hörte der Mann sich an, wie sie ihn anschrien und verfluchten: „In der untersten Hölle sollst du verfaulen!", ohne auch nur eine Miene zu verziehen. Dann trat ein alter Mann in den Zeugenstand.

Ich hielt den Atem an, als dieser mit gesenktem Haupt und unter Tränen dem Mörder von seiner einzigen Tochter erzählte, der Liebe seines Lebens, und wie dieser Mann sie ihm entriss, als ihr Leben gerade erst begonnen hatte. Dann richtete er sich auf, sah dem Mörder in die Augen und fuhr fort: „Sie haben sie uns weggenommen, aber ich möchte Ihnen sagen, dass ich Ihnen vergeben habe, was Sie getan haben, denn Gott hat mir meine Sünden auch vergeben."

Da plötzlich änderte sich der Gesichtsausdruck des Vergewaltigers und Serienmörders. Er vergrub sein Gesicht in den Händen und begann, hemmungslos zu weinen. Man musste ihn aus dem Gerichtssaal tragen. Es war, als wäre in ihm eine Fontäne aufgebrochen.

Güte berührte ihn; Liebe öffnete sein verhärtetes Herz.

---

[109] Johannes 8,11b

[110] Matthäus 19,17 (SLT)

Liebe ist stärker als der Tod, denn Gott ist die Liebe. Die Güte Gottes ist Seine Herrlichkeit, Seine Ehre: „Oder betrachtest du seine große Güte, Nachsicht und Geduld als selbstverständlich? Begreifst du nicht, dass Gottes Güte dich zur Umkehr bringen will?"[111]

In meinem Weg mit Gott hob ich geradezu ab, als ich die Güte Gottes entdeckte. Damals las ich *Die Vierte Dimension* von Dr. David Yonggi Cho. Seitdem habe ich wahrlich geschmeckt und gesehen, dass der Herr gütig ist!

Mose wollte einmal die Herrlichkeit des Herrn sehen. Der sagte ihm, Sein Angesicht könne er nicht sehen, aber Er würde an ihm vorübergehen und Mose dürfte Ihn von hinten sehen.

> *Mose bat: „Lass mich dich in deiner Herrlichkeit sehen!" Der Herr erwiderte: „Ich will an dir vorüberziehen, damit du sehen kannst, wie gütig und barmherzig ich bin."* 2. Mose 33,18–19a (HFA)
>
> *Und der HERR ging vor seinem Angesicht vorüber und rief: Jahwe, Jahwe, Gott, barmherzig und gnädig, langsam zum Zorn und reich an Gnade und Treue.* 2. Mose 34,6

Wenn wir den Menschen sagen und zeigen, dass Gott gut ist, werden sie aus dem Gefängnis von Sünde und Tod befreit. Am besten tun wir das so, wie Jesus es tat: indem wir ihnen die Güte und Herrlichkeit Gottes zeigen, die in uns ist, weil der Heilige Geist in uns wohnt, und sie heilen und von der Bedrückung durch den Teufel befreien.

Religion ist der Bösewicht, der die Menschheit belogen hat über Gott, den Menschen und den Teufel.

Die Lüge über den Teufel

Die Lüge über den Teufel besagt, er sei mächtig und gefährlich.

Die Wahrheit über den Teufel ist, dass er im Alten Testament zwar mächtig gewesen sein mag, aber jetzt ist er ein besiegter Teufel. Jesus hat ihn vor

---

[111] Römer 2,4 (NGÜ)

zweitausend Jahren besiegt, als Er am Kreuz hing. Mein guter Freund Kelley Varner pflegte zu sagen: „Ich glaube an einen echten Teufel, an einen echt *besiegten* Teufel."[112]

Auch wenn viele Christen etwas anderes glauben: Das Buch der Offenbarung schildert eine Zeit, die inzwischen der Vergangenheit angehört. Der Apostel Johannes, der diese Vision erhielt und aufschrieb, war damals auf der Insel Patmos, Kaiser Nero hatte ihn vor 68 n. Chr. dorthin verbannt. Der größte Teil von Johannes' Aufzeichnungen erfüllte sich nur wenig später bei der Zerstörung Jerusalems im Jahr 70.

Wegen der Lügen des Teufels und der Mitschuld seiner Verbündeten, der institutionalisierten Religion, sitzen die Menschen in großen Scharen in der Falle der Unwissenheit und Angst. Aber Jesus kam, um sie zu befreien:

> *Weil nun die Kinder Blutes und Fleisches teilhaftig sind, hat auch er in gleicher Weise daran Anteil gehabt, um durch den Tod den zunichte zu machen, der die Macht des Todes hat, das ist den Teufel, und um alle die zu befreien, die durch Todesfurcht das ganze Leben hindurch der Knechtschaft unterworfen waren.* Hebräer 2,14–15

Von Anfang an versprach Gott, dass Satan am Kreuz besiegt werden würde. Direkt nachdem Adam und Eva gesündigt hatten, noch bevor sie aus dem Garten vertrieben wurden, gab Gott ihnen eine herrliche Verheißung: „Und Gott, der HERR, sprach zur Schlange: ... Ich werde Feindschaft setzen zwischen dir und der Frau, zwischen deinem Samen und ihrem Samen; er wird dir den Kopf zermalmen, und du, du wirst ihm die Ferse zermalmen."[113]

Das wurde am Kreuz erfüllt, als der Christus, der Same der Frau, dem Teufel den Kopf zertrat. Paulus schrieb über dieses Geschehen: „Er hat die

---

[112] Die Bücher von Kelley Varner kann ich ausnahmslos wärmstens empfehlen; sie sind erschienen bei Destiny Image, Shippensburg (USA). Sie sind nur auf Englisch erhältlich. Anm. des Hrsg.

[113] 1. Mose 3,14a–15

Gewalten und die Mächte völlig entwaffnet und sie öffentlich zur Schau gestellt. In ihm hat er den Triumph über sie gehalten."[114]

Jesus selbst sagte, dass der Teufel gerichtet und hinausgeworfen worden ist: „Jetzt ist das Gericht dieser Welt; jetzt wird der Fürst dieser Welt hinausgeworfen werden."[115] Und: „Was das Gericht betrifft, wird er ihnen zeigen, dass der Herrscher dieser Welt verurteilt ist."[116]

Nun fragen viele: Wenn der Teufel besiegt ist, warum gibt es dann so viel Böses in der Welt und warum nimmt es noch überhand?

Die Antwort ist eine zweifache:

Erstens wurde der Teufel nicht umgebracht; er wurde entmachtet und entwaffnet durch das am Kreuz vollbrachte Erlösungswerk Jesu Christi. Der Teufel hat keine Autorität und keine Macht mehr, aber er hat seine Agenten und seine Systeme, die die Wahrheit über seine Niederlage verschleiern. Der größte Agent Satans ist Religion; sie propagiert die Lüge, der Teufel sei immer noch mächtig.

Zweitens kommt die Gemeinde Jesu ihrem Auftrag nicht richtig nach. Ihr wurden im Namen Jesu Macht und Autorität über Satan gegeben, aber sie hat diese nicht ausgeübt, weil sie davon nicht wusste oder es nicht glaubte. Jesus hat der Kirche Autorität gegeben, die bösen Werke und Pläne des Teufels bloßzustellen und zu vereiteln. Aber Religion und falsche Lehre haben die Gemeinde Jesu gelähmt und deshalb übt sie ihre Macht und Autorität nicht aus.

Der Teufel hat nur so viel Macht, wie die Kirche als Ganzes und wir einzelnen Gläubigen ihm zugestehen. Aber das Wissen über seine am Kreuz errungene Niederlage macht die Gefangenen frei. Wir brauchen eine neue Offenbarung darüber, was Jesus gemeint hat, als Er am Kreuz ausrief: „Es ist vollbracht!"[117]

PD Le Roux, mein verstorbener Vater im Herrn, erzählte mir eine unvergessliche Geschichte dazu, mit welcher Methode der Teufel arbeitet.

---

[114] Kolosser 2,15

[115] Johannes 12,31

[116] Johannes 16,11 (NGÜ)

[117] Johannes 19,30

PD wuchs auf einem Bauernhof auf, er hatte zwei Schwestern. PD war der Älteste und sollte auf die jüngeren Geschwister aufpassen. Wenn seine Eltern in die Stadt fuhren, damals noch mit dem Pferdekarren, waren sie zwei Tage weg. Die beiden Mädchen nutzten die Gelegenheit und versuchten, ins Elternschlafzimmer einzudringen, was ihnen nicht erlaubt war. PD erzählte mir, wie sehr er es hasste, wenn seine Eltern in die Stadt fuhren, denn dann konnte er das Haus nicht verlassen.

Also ließ er sich etwas einfallen, um seine Schwestern in Schach zu halten: Er sagte ihnen, ihre Mutter hätte ihm anvertraut, im Schlafzimmer würde es spuken, aber er sollte es keinem weitersagen. Diese Lüge hielt seine Schwestern vom Elternschlafzimmer fern und PD konnte sich wieder frei bewegen, ohne dass die beiden ins Schlafzimmer gegangen wären.

Bis die beiden eines Tages allen Mut zusammennahmen und die Mama fragten, warum es im Schlafzimmer spukte.

Überrascht fragte sie: „Wo habt ihr denn das her?"

„PD hat es gesagt", antworteten sie.

PD wurde gerufen und für seine Lüge zurechtgewiesen, und das war das Ende seiner Macht über seine Schwestern. Die Wahrheit hatte sie frei gemacht von der Lüge, die er erfunden hatte. Genau so macht es der Teufel auch: Er steuert und herrscht durch seine Lügen und Täuschungen und weil die Leute es nicht besser wissen. Es ist Zeit, dass jemand aufsteht und die Wahrheit verkündet, die Wahrheit über ihn, und die Gefangenen befreit, wie Jesus es tat.

Leider war die Religion die treibende Kraft bei der Verbreitung der Lüge über den Teufel. Den Teufel für alles zu beschuldigen, gibt ihm Macht. Er hat nichts dagegen, angeklagt zu werden, denn in unserer Anklage verleihen wir ihm Macht. Wenn wir uns seiner Waffen bedienen, erheben wir ihn aus seiner besiegten Position.

Wir sollten das Denken und das Bewusstsein der Menschen füllen mit der Frohen Botschaft über den Sieg Gottes in Christus, aber zu oft füllen wir sie mit Furcht vor dem Teufel und mit Schuldbewusstsein. Kein Wunder, dass sie in Angst und Unwissenheit verhaftet sind.

Der Name von Johannes dem Täufer bedeutet: „Gott ist gnädig." Das musste so sein, denn Johannes hatte den Messias akkurat anzukündigen und vorzustellen, den Einen, der voller Gnade ist und voller Wahrheit.

8

Johannes, der „Gnadengeber"

„Da war ein Mensch, von Gott gesandt, sein Name: Johannes."[118] Der Name „Johannes" (griechisch *Ioannes*, hebräisch *yochanan*) bedeutet: „Dem Jahwe gnädig ist"[119] oder, anders ausgedrückt, „Gnadengeber".

Als das Kind acht Tage alt war, kamen sie zu seiner Beschneidung zusammen. Sie wollten ihm den Namen seines Vaters Zacharias geben. Doch die Mutter des Kindes widersprach. „Nein", sagte sie, „er soll Johannes heißen." – „Aber es gibt doch in deiner Verwandtschaft keinen, der so heißt!", wandten die anderen ein. Sie fragten deshalb den Vater durch Zeichen, wie er das Kind nennen wollte. Zacharias ließ sich ein Schreibtäfelchen geben und schrieb darauf: „Sein Name ist Johannes."

---

[118] Johannes 1,6

[119] Joseph H. Thayer, *Thayer's Greek-English Lexicon of the New Testament* (Peabody: Hendrickson Publishers), S. 309–310, „Ioannes".

> *Während sich alle noch darüber wunderten, konnte Zacharias mit einem Mal wieder reden. Seine Zunge war gelöst, und er pries Gott. Furcht und Staunen ergriff alle, die in jener Gegend wohnten, und im ganzen Bergland von Judäa sprach sich herum, was geschehen war. Alle, die davon hörten, wurden nachdenklich und fragten sich: „Was wird wohl aus diesem Kind einmal werden?" Denn es war offensichtlich, dass die Hand des Herrn mit ihm war.*
>
> *Zacharias, der Vater des Neugeborenen, wurde mit dem Heiligen Geist erfüllt und begann, prophetisch zu reden.* Lukas 1,59–67 (NGÜ)

In dieser Bibelstelle kann man eine interessante Beobachtung machen: Die Familie und die Priester waren sich so sicher, wie das Kind heißen sollte, dass sie ihn kurzerhand nach seinem Vater Zacharias nannten. Wahrscheinlich dachten sie, dass sie dem armen stummen Zacharias damit einen Liebesdienst erwiesen. Völlig überrascht durch den Protest der Kindesmutter baten sie Zacharias, den Namen auf eine Tafel zu schreiben. Natürlich erwarteten sie, dass er bestätigen würde, was sie bereits vollzogen hatten.

Ganz sicher machte Gott auf sich aufmerksam, als dieser Junge zur Welt kam. Als Zacharias schrieb: „Sein Name ist Johannes", in demselben Augenblick wurde sein Mund aufgetan, er wurde mit dem Heiligen Geist erfüllt und begann zu prophezeien.

Wenn man diese Prophetie, den Lobgesang des Zacharias, aufmerksam liest, zeigt sich: Das ist keine Prophetie über seinen Sohn Johannes, sondern über den Christus. Zacharias bezeugte, dass die Zeit für den verheißenen Samen Abrahams gekommen war. Ich persönlich glaube, dass Zacharias hier alles prophezeite, was Gott ihm in der Zeit des Schweigens mitgeteilt hatte. Der schweigende Priester wurde nun zum Propheten und verkündete, dass die Zeit des Christus gekommen war, die Zeit, von der alle Propheten gesprochen hatten, die Zeit, die festgesetzt worden war vor Anbeginn der Welt. Zacharias sagte:

> *Gepriesen sei der Herr, der Gott Israels, dass er sein Volk angesehen und ihm Erlösung geschaffen hat. Er hat uns ein Horn des Heils aufgerichtet im Hause Davids, seines Knechtes, wie er geredet hat durch den Mund seiner heiligen Propheten von Ewigkeit her:*

Rettung von unseren Feinden und von der Hand aller, die uns has-sen; um Barmherzigkeit zu üben an unseren Vätern und seines heili-gen Bundes zu gedenken, des Eides, den er Abraham, unserem Vater, geschworen hat. Lukas 1,68–73

Als Zacharias dann doch noch über seinen Sohn prophezeite, führte er nur aus, *wie* Johannes dem Herrn den Weg bereiten würde. So wurde durch diese Prophetie der Vater Zacharias zur ersten Stimme, die seinem Sohn und dem Christus den Weg bereitete. Und nicht nur die Priester und die Verwandten hörten zu, sondern seine Botschaft erscholl in ganz Judäa.

Man stelle sich einmal vor: Vierhundert Jahre, nachdem der letzte Pro-phet des Alten Testaments gesprochen hatte, nach vierhundert Jahren des Schweigens sprach Gott plötzlich durch einen stummen Menschen, Zacha-rias, und alle religiösen Leiter und Priester hörten es. Zacharias nannte sei-nen Sohn „Gott gibt Gnade" und prophezeite anschließend die Ankunft des Christus Gottes. So füllte er das Land mit Furcht und Erstaunen.

Dieses ganze Geschehen mit Zacharias und seinem Sohn Johannes im Lauf eines Jahres hat große Bedeutung, besonders wenn man bedenkt, dass der Vater seine Stimme verlor und der Sohn zur Stimme des Rufenden in der Wüste wurde, der dem Christus den Weg bereitete.

Laut Maleachi war die Hauptaufgabe des Johannes, die Herzen der Väter und der Söhne einander zuzuwenden. Zuallererst zeigte Gott uns Sein lie-bendes Herz, indem Er Seinen Sohn sandte, zu den Menschen und für sie. Damit setzte Er den Prozess in Gang, dass der Mensch sein Herz Gott zukehrte – und so wurde der Fluch von der Erde genommen.

Als Adam sündigte, verlor er nicht nur das Reich Gottes und die Eben-bildlichkeit mit Gott, sondern er wurde von Gott, seinem Vater, getrennt. Er wurde zur Waise. Es gab keinen, der sie von nun an beschützen oder verteidigen würde. Dieser Waisengeist ging auf seine Kinder über und auf deren Kinder und so weiter. Der Mensch wurde zum Enterbten und Versto-ßenen, zum Heimatlosen, der sich immer behaupten und um Anerkennung kämpfen musste. Er kämpfte ums Überleben – mit dem Wissen im Hinter-kopf, dass nur der Starke überlebt. Er musste seinen Besitz horten, weil er keinen Vater hatte, der für ihn sorgte. Die Angst ließ ihn töten, stehlen und andere Menschen kaputtmachen, um als Waise in einer gnadenlosen Welt überleben zu können.

Jesus kam als der Sohn Gottes, um den Fluch einer vaterlosen Generation zu brechen und den Menschen mit Seinem Vater zu vereinen. Dazu musste Er dem Menschen Seinen Vater zeigen. Der Apostel Johannes stellte fest: „Niemand hat Gott jemals gesehen; der eingeborene Sohn, der in des Vaters Schoß ist, der hat ihn kundgemacht."[120] Der Sohn ist das Herz des Vaters. Indem Er Seinen Sohn zur Erde sandte, wandte Gott Sein Herz den Söhnen der Menschen zu. Und nun erwartet Er von den Söhnen, dass sie ihre Herzen Gott, dem Vater, zuwenden.

Gnade und das Anbrechen eines neuen Tages

Johannes lebte noch im Alten Bund, aber sein Name zeigte, dass ein neuer Tag anbrach. Schon allein der Name „Johannes" war eine Botschaft Gottes, um die Menschen auf die kommende Gnade Gottes vorzubereiten, die durch Seinen Sohn erscheinen sollte. In Johannes dem Täufer vereinten sich Prophet und Priester und proklamierten den Christus als König. Gott war drauf und dran, durch Seinen Sohn Jesus Christus in die Welt zu kommen, der Gottes Liebe und Gnade in Person war.

Der Prophet Samuel salbte Saul zum ersten König Israels mit einem *Krug* voll Öl, aber David, den zweiten König, salbte er mit einem *Horn* voller Öl. Öl ist in der Bibel oft ein Symbol für den Heiligen Geist. Ein Horn voller Öl enthielt viel mehr Öl als der Krug mit Öl. Entsprechend war Davids Salbung mit dem Geist Gottes größer als die Sauls.

Kein Mensch hat Jesus mit Öl gesalbt, aber Gott, Sein Vater, salbte Ihn mit dem Heiligen Geist. Deshalb hatte Jesus den Geist ohne Maß. Johannes hatte das selbst miterlebt und bezeugte:

> *Und ich kannte ihn nicht; aber der mich gesandt hat, mit Wasser zu taufen, der sprach zu mir: Auf welchen du sehen wirst den Geist herabfahren und auf ihm bleiben, dieser ist es, der mit Heiligem Geist tauft. Und ich habe gesehen und habe bezeugt, dass dieser der Sohn Gottes ist.* Johannes 1,33–34

---

[120] Johannes 1,18

Johannes 1,17 sagt uns, das Gesetz sei durch Mose gekommen, Gnade und Wahrheit jedoch durch Jesus Christus. Wir wissen, dass Mose an den Jordan kam, aber er durfte ihn nicht überqueren. Doch in Jesus kam die Gnade Gottes in Christus zum Jordan und durchquerte ihn, hinein in die Verheißungen Gottes. An jenem Tag begegneten sich im Jordan das Gesetz und die Gnade; nun muss das eine abnehmen, während das andere zunimmt. In Christus ist das Gesetz erfüllt und die Gnade Gottes wurde angenommen.

Darin liegt für mich alles, was über Gnade und Gesetz zu sagen ist. Was das Gesetz nicht erreichen konnte wegen des sündigen Fleisches des Menschen, das hat die Gnade vollbracht – durch die Liebe Gottes in Christus Jesus, Seinem Sohn. Er war voller Gnade und Wahrheit: „Denn aus seiner Fülle haben wir alle empfangen, und zwar Gnade um Gnade."[121]

Der Übergang vom Gesetz zur Gnade war gewaltig, er machte aus Dienern Söhne. Deshalb war die Namensänderung für Zacharias so eine große Sache. „Zacharias" bedeutet „Jahwe erinnert sich an ihn".[122] Wenn Gott etwas verändert von „Gott erinnert sich an mich" zu „Gott gibt Gnade", ist das eine radikale Veränderung. Das Gesetz war der Beweis, dass Gott sich an Sein Volk erinnerte. Aber die Gnade Gottes, die dem Menschen ohne jede Gegenleistung geschenkt wird, offenbart uns, wie und was und wer Gott wirklich ist: Gott ist Liebe.

Das Gesetz sagt, dass man Gott, den Herrn, lieben muss. Gnade sagt, dass Gott uns mehr geliebt hat als sich selbst. Deshalb triumphiert Liebe immer über das Gesetz.

Wenn das Gesetz, das die Grundlage des Alten Bundes war, den Menschen hätte verändern können, hätte es lange genug Zeit dazu gehabt. Dann hätte es keinen anderen Bund gebraucht. Paulus bringt diese Unzulänglichkeit des Gesetzes klar zur Sprache: „Ist denn das Gesetz gegen die Verheißungen Gottes? Auf keinen Fall! Denn wenn ein Gesetz gegeben worden wäre, das lebendig machen könnte, dann wäre wirklich die Gerechtigkeit aus dem Gesetz."[123]

---

[121] Johannes 1,16

[122] *Thayer's*, S. 269, „Zacharias"

[123] Galater 3,21

Das Gesetz zeigt uns, was richtig ist, aber es kann uns nicht befähigen, es zu befolgen. Zum Beispiel sagt es uns, wir sollten Gott und unseren Nächsten lieben, aber es kann uns in unserem sündigen Zustand nicht die Kraft geben, das auch zu tun. Eines Tages zerrten die Pharisäer eine Frau zu Jesus, die im Ehebruch ergriffen worden war. Das Gesetz bestimmte eindeutig, was mit ihr geschehen sollte, aber sie wollten es von der Gnade höchstpersönlich hören: „Was sagst du?" Das Problem war nur, dass keiner von ihnen (ausgenommen Jesus) dafür qualifiziert war, diese Gesetzesbestimmung auszuführen, weil sie alle das Gesetz übertreten hatten. Jesus wusste das, deshalb sagte Er: „Wer von euch ohne Sünde ist, werfe als Erster einen Stein auf sie."[124] Jeder der Ankläger wusste genau, dass auch er schuldig war; sie alle verdammte ihr eigenes Herz, und so gingen sie davon. Schließlich standen nur noch die Sünderin und die Gnade Gottes im Tempel.

Jesus aber richtete sich auf und sprach zu ihr: Frau, wo sind sie? Hat niemand dich verurteilt? Sie aber sprach: Niemand, Herr. Jesus aber sprach zu ihr: Auch ich verurteile dich nicht. Geh hin und sündige von jetzt an nicht mehr! Johannes 8,10–11

An jenem Tag zeigte Jesus, dass die Gnade nicht gekommen war, um den Menschen zu verurteilen, sondern um ihn stark zu machen und ihn von der Sünde zu befreien.

Mose und das Gesetz

Mose und das Gesetz sind praktisch Synonyme. Gott rief Mose in der Wüste und gab ihm das Gesetz. Das Gesetz ist ein Bild für das Leben in der Wüste. Deshalb konnte Mose die Wüste nicht verlassen; außerhalb der Wüste kann das Gesetz nicht existieren, es kann die Söhne nicht zu ihrem wahren Erbe bringen. Bevor Israel durch den Jordan in das verheißene Land zog, nahm Gott den Mose mit auf den Berg Pisga und ließ ihn von ferne das Land der Verheißung sehen. Und dann kam Gott allein vom Berg herunter

---

[124] Johannes 8,7b

und gab bekannt: „Mein Knecht Mose ist gestorben. So mache dich nun auf und gehe über diesen Jordan, du und dieses ganze Volk, in das Land, das ich ihnen, den Söhnen Israel, gebe!"[125]

Die Bibel sagt, dass Gott den Mose irgendwo auf dem Berg begrub, wo er nie gefunden werden konnte. Gott will nicht, dass Seine Söhne zurückgehen und das Gesetz wieder ausgraben. Wer einmal als Sohn Gottes von Neuem geboren worden ist, der kann nicht mehr zum Gesetz zurück.

Paulus und das Gesetz

Der Apostel und ehemalige Gesetzeslehrer Paulus gibt seine Offenbarung der Gnade Gottes an uns weiter und erklärt, wie dumm und sinnlos es ist, Gnade und Gesetz kombinieren zu wollen. Er sagt uns sehr deutlich, dass der Mensch durch Gesetzeswerke nicht gerecht werden kann: „Da wir wissen, dass der Mensch nicht aus Gesetzeswerken gerechtfertigt wird, sondern nur durch den Glauben an Christus Jesus, haben wir auch an Christus Jesus geglaubt, damit wir aus Glauben an Christus gerechtfertigt werden und nicht aus Gesetzeswerken, weil aus Gesetzeswerken kein Fleisch gerechtfertigt wird."[126] Er warnt uns auch davor, der Gnade das Gesetz beizugesellen: „Ich mache die Gnade Gottes nicht ungültig; denn wenn Gerechtigkeit durch Gesetz kommt, dann ist Christus umsonst gestorben."[127] Schließlich kann das Gesetz kein Leben geben; Leben kommt nur durch die Gnade durch den Geist Gottes: „Wenn wir durch den Geist leben, so lasst uns durch den Geist wandeln!"[128]

Genau so funktioniert es, wenn wir in Christus von Neuem geboren sind: Wir müssen erstens unsere neue Natur kennen und wissen, wer wir in Christus durch Seine Gnade sind, und zweitens darin wandeln – und nicht andersherum. Wir leben nicht gerecht, um gerecht zu werden. Wir sind

---

[125] Josua 1,2

[126] Galater 2,16

[127] Galater 2,21

[128] Galater 5,25

gerecht, deshalb leben wir gerecht. Wenn wir unser Vertrauen auf Christus setzen, macht Er uns gerecht. Das Gesetz gilt nicht den Gläubigen.

Das Gesetz sagt: Lebe gerecht, dann bist du auch gerecht.

Die Gnade sagt: Wir sind gerecht, weil Christus gerecht ist. Deshalb üben wir Gerechtigkeit und wandeln in ihr: „Durch Gottes Gnade seid ihr gerettet, und zwar aufgrund des Glaubens. Ihr verdankt eure Rettung also nicht euch selbst; nein, sie ist Gottes Geschenk."[129]

Das Gesetz ist abgelaufen

Jesus machte eine starke Aussage über das Verfallsdatum des Gesetzes – mit Johannes dem Täufer lief es ab: „Das Gesetz und die Propheten gehen bis auf Johannes; von da an wird die gute Botschaft vom Reich Gottes verkündigt, und jeder dringt mit Gewalt hinein."[130]

Jesus sagt hier, dass das Gesetz zeitlich begrenzt ist: „Darf nach Johannes nicht mehr verwendet werden."

Paulus schrieb an die Galater:

> *Also ist das Gesetz unser Zuchtmeister auf Christus hin geworden, damit wir aus Glauben gerechtfertigt würden. Nachdem aber der Glaube gekommen ist, sind wir nicht mehr unter einem Zuchtmeister; denn ihr alle seid Söhne Gottes durch den Glauben in Christus Jesus.* Galater 3,24–26

Damit deutet er an, dass die Söhne Gottes das Gesetz nicht anwenden sollen. Ich glaube, von allen Aposteln hat Paulus die Offenbarung der Errettung aus Gnade durch Glauben am besten verstanden. Doch um diese Offenbarung zu erhalten, musste er durch die Wüste gehen zum Berg Sinai, wo Israel das Gesetz erhalten hatte. Als Paulus aus der Wüste zurückkam, hatte er eine sehr radikale Offenbarung über Gnade. Er war nicht mehr zu bremsen und rüttelte sogar an den leitenden Aposteln, die immer noch

---

[129] Epheser 2,8 (NGÜ)

[130] Lukas 16,16

versuchten, das Gesetz mit einer Gnadenzugabe zu aktualisieren. So wies Paulus in Antiochia den Petrus offen zurecht, nachdem die Juden aus Jerusalem gekommen waren: „Als aber Petrus nach Antiochia kam, widerstand ich ihm ins Angesicht, denn er war im Unrecht."[131] Petrus hielt sich immer noch an einige Vorschriften des Gesetzes und der Überlieferungen, wenn es ihm passte und wenn die Brüder in Jerusalem es von ihm verlangten.

Es ist nicht zu fassen: Petrus, der ja immerhin mit dem Heiligen Geist erfüllt war, hatte seine liebe Mühe mit dem Gedanken, dass Gottes Gnade allen, die glauben, ohne jede Gegenleistung geschenkt wird, seien sie nun Juden oder Nichtjuden, ohne irgendeinen Unterschied. Gott musste ihm in einer Vision drei Mal hintereinander zeigen, dass kein Mensch jemanden unrein nennen darf, den Gott geheiligt hat.

Und zweitausend Jahre später haben wir heute immer noch das gleiche Problem. Immer noch verkündigen Prediger, wer von Neuem geboren sei, sei Heiliger und Sünder zugleich. Sie verbreiten die kühne Behauptung, Söhne Gottes hätten zwei Naturen, eine errettete, die die göttliche Natur trage, und eine andere, alte, sündhafte Natur. So ist es kein Wunder, dass die Menschen in diesen Kreisen sich mit der Sünde herumschlagen müssen; sie tun der Gnade Gottes Gewalt an und beleidigen sie.

Dass Paulus das alles sah, verdankte er der Offenbarung Gottes, die ihn zu diesen Worten inspirierte: „Ihr seid von Christus abgetrennt, die ihr im Gesetz gerechtfertigt werden wollt; ihr seid aus der Gnade gefallen."[132] Das Gesetz sucht den alten Menschen wiederzubeleben, denn es hat nur dann die Herrschaft über uns, wenn dieser lebendig ist: „Der Stachel des Todes aber ist die Sünde, die Kraft der Sünde aber das Gesetz."[133] Über die Söhne Gottes hat das Gesetz nicht zu bestimmen, denn sie werden von Gottes Liebe beherrscht, die sie befähigt, von innen heraus gerecht zu leben. Gesetz und Gnade sind inkompatibel, man kann die beiden einfach nicht kombinieren. Der Versuch, das Gesetz aufrechtzuerhalten, um Gnade zu erlangen, tut der Gnade Gottes Gewalt an.

---

[131] Galater 2,11 (SLT)

[132] Galater 5,4

[133] 1. Korinther 15,56

Neulich kam im Lokalfernsehen ein Bericht über einen großen Discounter, der ein abgelaufenes Produkt verkauft hatte. Es laufen Untersuchungen, und sollte sich ein schuldhaftes Verhalten bestätigen, muss das Unternehmen eine hohe Geldstrafe leisten. So sollte man auch Prediger bestrafen, die den Leuten immer noch das längst abgelaufene Gesetz verkaufen, denn damit vergiften sie die Menschen. Das Gesetz war gültig und nützlich bis auf Christus, aber jetzt ist uns in Christus die Gnade gegeben und das Gesetz ist nicht mehr gültig. Wo Gnade empfangen wurde, ist es illegal, das Gesetz anzuwenden.

Wenn Sie das bezweifeln, erforschen Sie einfach die Geschichte des Gesetzes während der eineinhalb Jahrtausende seiner Geltungsdauer. Es hat kein gottesfürchtiges, gerechtes Volk hervorgebracht. Nie. Paulus sagte, durch das Gesetz sei nie irgendjemand gerecht geworden.[134] Am Inhalt des Gesetzes gab es zwar nichts auszusetzen, der war ganz in Ordnung; aber das Gesetz hat nicht und hatte nie die Kraft, die sündige Natur des Menschen zu verändern, im Gegenteil: Es bestärkt die sündige Natur, indem es den Menschen ständig an die Sünde erinnert. Während seines Dienstes musste Paulus sich ständig mit Menschen auseinandersetzen, die die Gnade nicht verstanden und nicht wussten, dass sie von ihrer sündigen Natur erlöst waren.

Das Gesetz des Alten Bundes war wie das Manna, das Gott den Israeliten in der Wüste gab. Das Manna taugte nur für die Wüste. Als sie über den Jordan gezogen und ins Land der Verheißung gelangt waren, fiel kein Manna mehr. Das Manna hatte übrigens ein äußerst kurzes Verfallsdatum, es lief schon in der Nacht ab. Wer versuchte, das Manna von gestern zu essen, gab das schnell auf – es war ungenießbar, gesundheitsgefährdend geworden. Mein guter Freund, der verstorbene Dr. Kelley Varner, sagte einmal: „Das Manna von gestern ist heute wurmig."

Auch die starke Offenbarung in 2. Korinther 5,17 stammt von Paulus: „Daher, wenn jemand in Christus ist, so ist er eine neue Schöpfung; das Alte ist vergangen, siehe, Neues ist geworden." Der Apostel brauchte nicht lange, um herauszufinden, dass die Mischung aus Gnade und Gesetz daran

---

[134] Römer 3,20; Galater 2,16; Galater 3,11

schuld ist, dass die Menschen in der Gemeinde Jesu nicht in Gerechtigkeit und Heiligkeit wandelten. In Römer 6 erklärte er, warum Menschen mit der Sünde zu kämpfen haben: Es mangelt ihnen an Offenbarung darüber, was Jesus am Kreuz für uns getan hat, und an Offenbarung über ihre Identifikation mit Ihm in der Taufe.

Gnade ist ewig. Wir haben Schwierigkeiten, die Gnade zu verstehen und zu ergreifen, weil wir immer Gnade und Gesetz miteinander vergleichen. Wir versuchen, die Gnade zu begreifen, indem wir sie dem Gesetz gegenüberstellen. Wir denken auch, die Gnade sei nach dem Gesetz gekommen. Aber tatsächlich ist die Gnade ewig; es gab sie lange vor der Erschaffung der Welt und lange, bevor das Gesetz kam. Gnade ist die Grundsubstanz des Christus: „Er hat uns ja errettet und berufen mit einem heiligen Ruf, nicht aufgrund unserer Werke, sondern aufgrund seines eigenen Vorsatzes und der Gnade, die uns in Christus Jesus vor ewigen Zeiten gegeben wurde."[135] In diesem neuen Zeitabschnitt werden wir Christus und Seine unermesslichen Reichtümer studieren müssen, um die Gnade zu verstehen, denn Er ist voller Gnade.

Und aus Seiner Fülle nehmen wir Gnade um Gnade.

---

[135] 2. Timotheus 1,9 (SLT)

9

Johannes und die Wüste

Die Geburt Johannes des Täufers signalisierte das Ende des Alten Bundes und des Gesetzes und verkündete, dass das Ende der Zeitalter gekommen war. Sie läutete auch das Kommen des Zeitalters des Reiches Gottes ein und den Neuen Bund.

Jesus sagte, nie sei von einer Frau ein größerer Prophet geboren worden als Johannes:

> *Dieser ist es, von dem geschrieben steht: „Siehe, ich sende meinen Boten vor deinem Angesicht her, der deinen Weg vor dir bereiten wird."* Denn ich sage euch: Unter den von Frauen Geborenen ist kein Größerer als Johannes der Täufer; aber der Kleinste in dem Reich Gottes ist größer als er.* Lukas 7,27–28

In Johannes dem Täufer stand der größte Prophet und Diener Gottes, der je von einer Frau geboren worden war, dem größten und einzigen Sohn Gottes gegenüber, der ebenfalls von einer Frau geboren worden war. Der Diener, der Schatten (Alter Bund) kam zuerst und bahnte den Weg für den Sohn, das Licht (Neuer Bund).

Welch ein Übergang, welch eine Reformation! Der Zeuge für das Licht stellt das Licht vor, Christus, den Sohn Gottes, während sie im Jordan einander Auge in Auge gegenüberstehen! „Er selbst war nicht das Licht; sein Auftrag war es, auf das Licht hinzuweisen."[136] Johannes, die Stimme, die in der Wüste rief, und Christus, das Wort Gottes, begegneten sich von Angesicht zu Angesicht. Gesetz und Gnade, der Schatten und Gottes Licht standen im Fluss einander gegenüber, und das Gesetz, der Schatten, gab der Gnade und dem Licht Gottes den Weg frei. Johannes verkündete: „Der wird nach mir kommen, und ich bin nicht wert, dass ich seine Schuhriemen löse."[137]

An jenem Tag begegneten sich im Wasser Himmel und Erde und Johannes rief aus:

> *Er muss wachsen, ich aber abnehmen. Der von oben kommt, ist über allen; der von der Erde ist, ist von der Erde und redet von der Erde her. Der vom Himmel kommt, ist über allen.* Johannes 3,30–31

„Das Gesetz und die Propheten reichen bis zu Johannes."[138] Im Jordan standen sie einander gegenüber: der, der den Weg bereitete, und der, der selbst der Weg zum Vater ist. Johannes stand für das Ende des Gesetzes, der Propheten und der Wüste; Jesus erfüllte das Gesetz und kündigte den Beginn der Verheißung Abrahams an und die Neuschöpfung.

Das Volk Israel war durch diesen Fluss gezogen, damit ließ es die Wüste hinter sich und kam in das Land der Verheißung. Gott befahl Josua, zur Erinnerung zwölf Steine ins Flussbett zu legen. Diese Steine standen für die zwölf Stämme Israels. Und nun stand in eben diesem Fluss der ewige Fels, das wahre Israel Gottes, und demütigte sich vor Johannes, um „alle Gerechtigkeit zu erfüllen".[139]

---

[136] Johannes 1,8 (NGÜ)

[137] Johannes 1,27 (LUT)

[138] Lukas 16,16a (LUT)

[139] Matthäus 3,15

Johannes und Demut

Der Name „Jordan" bedeutet „hinuntersteigen".[140] Ich glaube, darin liegt das Geheimnis dessen, was Gott auf der Erde tun will. Wann immer Gott etwas getan hat, hinterließ Er Seinen Fingerabdruck der Demut.

Bruder William J. Seymour wurde von Gott in der Azusa-Street-Erweckung 1906–1908 stark gebraucht. Er war von dunkler Hautfarbe, das war sein äußerliches Charakteristikum. Aber viel wichtiger: Er war ein Mann der Demut.[141]

Der Südafrikaner Andrew Murray war Pastor in einer Gemeinde der niederländisch-reformierten Kirche in Worcester in der Westkap-Provinz. In den 1850er-Jahren geschah in seiner reformierten Kirchengemeinde eine große Ausgießung des Heiligen Geistes mit dem Erweis des Zungenredens. Zu seiner Gemeinde gehörten auch Farbige, und diese ausgegrenzten Menschen nahmen das mächtige Wirken Gottes mit Sanftmut auf. Es breitete sich aus, zunächst auf dieser einen Farm und von dort aus im ganzen Land.[142]

Sechzig Jahre später brachte John G. Lake von der „Azusa Street Mission" die „Pfingst"-Erfahrung nach Südafrika, begleitet durch mächtige Zeichen und Wunder. Und wieder waren es die Armen und die einfachen Leute, die hier dieses mächtige Wirken Gottes aufnahmen.

In den 1920er-Jahren sagte Smith Wigglesworth zu David du Plessis, dem „Mr. Pentecost" und Generalsekretär der „Apostolic Faith Mission" (Apostolische Glaubensmission), wenn er nur demütig bliebe und gehorsam sei, würde Gott ihn in einer der größten Bewegungen des Heiligen Geistes gebrauchen. Und so geschah es.[143]

Der Prophet Jesaja schrieb dieses äußerst wichtige Wort, das diese Wahrheit unterstreicht: „Meine Hand hat alles gemacht, was da ist, spricht der

---

[140] *Thayer's*, S. 305, „Iordanes"

[141] Dr. Vinsan Synan, Autor und Kirchenhistoriker, in einem Live-Interview bei TBN

[142] Andrew Murray, *Demut, Kleinod der Heiligen*, erhältlich bei www.cfdleer.de

[143] David du Plessis in einem Live-Interview bei TBN, 1985.

HERR. Ich sehe aber auf den Elenden und auf den, der zerbrochenen Geistes ist und der erzittert vor meinem Wort."[144]

In der Reformation unserer Tage, die wieder die Erde erschüttert, überrascht es mich nicht, wen Gott gebraucht und wer diese radikale Umgestaltung annimmt und mitmacht. Diese apostolische Reformation, wie es einige nennen, ist eine Erweckung der Demut und Umkehrbereitschaft. Thamo Naidoo hat es sehr zutreffend definiert: „Die ‚apostolische Reformation' lehrt uns, uns selbst zu sterben."[145]

Für mich geht es bei dieser jetzigen apostolischen Reformation nicht um den Begriff des Apostels oder um einen Titel; mir ist es wichtig, dass wir zittern vor Gottes Wort. Schließlich erkennt man an seinem Gehorsam, ob ein Mensch wirklich demütig ist.

Wahre Demut hat mit Gottesfurcht zu tun und dass man dem Wort Gottes gehorsam ist. Sie bringt die Kirche wieder dahin, dass Christus und die Bibel im Mittelpunkt stehen. Diese Reformation möchte den Menschen wieder zum Ebenbild Gottes zurückbringen, zu Christus: „Dieser ist das Ebenbild des unsichtbaren Gottes, der Erstgeborene, der über aller Schöpfung ist."[146] Und: „Dieser ist die Ausstrahlung seiner Herrlichkeit und der Ausdruck seines Wesens und trägt alle Dinge durch das Wort seiner Kraft; er hat sich, nachdem er die Reinigung von unseren Sünden durch sich selbst vollbracht hat, zur Rechten der Majestät in der Höhe gesetzt."[147]

Wer in dieser apostolischen Reformation eine Gelegenheit wittert, seinen Rang zu verbessern und auf der frommen Karriereleiter weiter aufzusteigen, wer sich über seine Brüder erheben will und seine eigene Ehre sucht, der folgt damit nicht dem Geist Christi, sondern einem anderen Geist – und damit dem Gegenteil dessen, worum es in dieser jetzigen Reformation geht. Demut ist der Schlüssel. Ehre und Salbung kommen nicht mit dem Titel, sondern mit der Demut, durch die Gnade. Jesus selbst sagte, dass wir von Ihm lernen sollten: „Nehmt auf euch mein Joch, und lernt von mir! Denn

---

[144] Jesaja 66,2 (LUT)

[145] Thamo Naidoo, ASOM Pietermaritzburg, Südafrika, 2006.

[146] Kolosser 1,15 (SLT)

[147] Hebräer 1,3 (SLT)

ich bin sanftmütig und von Herzen demütig, und ‚ihr werdet Ruhe finden für eure Seelen'.“[148]

Hören Sie, was Johannes denen antwortete, die herausfinden sollten, wer er war:

> *Und sie fragten ihn: Was denn? Bist du Elia? Und er sagt: Ich bin es nicht. Bist du der Prophet? Und er antwortete: Nein. Sie sprachen nun zu ihm: Wer bist du? Damit wir Antwort geben denen, die uns gesandt haben. Was sagst du von dir selbst? Er sprach: Ich bin die „Stimme eines Rufenden in der Wüste: Macht gerade den Weg des Herrn“, wie Jesaja, der Prophet, gesagt hat.* Johannes 1,21–23

Johannes hätte beide Fragen mit Ja beantworten können, denn Jesus hat gesagt, er sei Elia und der größte Prophet, der je von einer Frau geboren wurde. Aber die Macht des Johannes lag in seiner Botschaft. Sein Geheimnis war, dass er seinen Auftrag äußerst ernst nahm, und deshalb waren ihm prächtige Gewänder egal. Seine Kleidung bestand aus Kamelhaar; das half ihm, die Härten des Wüstenlebens zu ertragen. Auch seine Nahrung war einfach; er lebte nicht, um zu essen, sondern er aß, um zu leben und seinen Auftrag auszuführen. Seine Botschaft war gewagt und kompromisslos, eine ernsthafte Herausforderung an die traditionellen religiösen Leiter und die vielen anderen, die zu ihm kamen und sich taufen ließen. Er kam wirklich im Geist des Elia, um einem abgefallenen Volk zu zeigen, wer Gott war.

Die Botschaft des Johannes war: „Kehrt um! Denn das Himmelreich ist nahe.“[149] Er erklärte, was das für die Sünder, für die Steuereinnehmer, für die Pharisäer bedeutete, die sich taufen lassen wollten. Und alle, die nur den neuesten Schrei mitmachen wollten, ohne eine Herzensänderung zuzulassen, wies er scharf zurecht:

> *Die Menschen kamen in großer Zahl zu Johannes, um sich von ihm taufen zu lassen. Doch er sagte zu ihnen: „Ihr Schlangenbrut!*

---

[148] Matthäus 11,29

[149] Matthäus 3,2 (NGÜ)

> *Wer hat euch auf den Gedanken gebracht, ihr könntet dem kommenden Gericht entgehen? Bringt Früchte, die zeigen, dass es euch mit der Umkehr ernst ist, und denkt nicht im Stillen: ‚Wir haben ja Abraham zum Vater!‘ Ich sage euch: Gott kann Abraham aus diesen Steinen hier Kinder erwecken.“* Lukas 3,7–8 (NGÜ)

Johannes sprach von dem Gericht, das über das Haus Israel und über die Völker kommen sollte, von der „Axt an der Wurzel des Baumes“ (Israel) und „aller Bäume“ (der anderen Völker). Davon hatte schon Maleachi gesprochen, als er über den Tag des Herrn weissagte:

> *Denn siehe, der Tag kommt, der wie ein Ofen brennt. Da werden alle Frechen und alle, die gottlos handeln, Strohstoppeln sein. Und der kommende Tag wird sie verbrennen, spricht der HERR der Heerscharen, so dass er ihnen weder Wurzel noch Zweig übrig lässt. Aber euch, die ihr meinen Namen fürchtet, wird die Sonne der Gerechtigkeit aufgehen, und Heilung ist unter ihren Flügeln. Und ihr werdet hinausgehen und umherspringen wie Mastkälber.*
> Maleachi 3,19–20

Die Haltung des Johannes war eine der Demut und des Gehorsams gegenüber dem, der ihn gesandt hatte. Während seines ganzen Dienstes war er in der Wüste und lebte als Nasiräer[150], als Gottgeweihter. In dieser Niedrigkeit begegnete er dem Christus, und seine Reaktion war: „Er muss immer größer werden und ich immer geringer.“[151] Wir wissen, dass Jesus und Johannes blutsverwandt waren; ihre Mütter waren Cousinen. Johannes war nur sechs Monate älter als Jesus, und er hätte genauso gut beschließen können, Jesus als Cousin oder als Kumpel zu betrachten. Doch Johannes‘ Demut ermöglichte es dem Heiligen Geist, ihm die Augen zu öffnen für die geistliche Bedeutung und Realität Jesu. Bevor sie sich an jenem denk-

---

[150] Ein Nasiräer (vom hebräischen Nasir) ist im Judentum ein Mensch, der Gott gegenüber ein Gelübde ablegt gemäß 4. Mo 6

[151] Johannes 3,30 (NGÜ)

würdigen Tag im Jordan gegenüberstanden, gab es, zumindest äußerlich betrachtet, keinen allzu großen Unterschied zwischen Jesus und Johannes. Die Bibel stellt fest, dass beide schon vor ihrer Geburt mit dem Heiligen Geist erfüllt worden waren.

Es fasziniert mich immer, wenn wahrhaft demütige Menschen sich vor Gott noch mehr demütigen wollen; dagegen können die Stolzen, die sich für demütig halten, keinen Bedarf an Demut und Unterordnung erkennen. In ihren Augen sind diese Tugenden Schwäche; sie haben das Gefühl, wenn sie andere ehren und sich anderen unterordnen, könnten sie ihr Gesicht und ihre Macht verlieren.

Die Herrlichkeit Gottes zurückbringen

Gott erschüttert die traditionelle Christenheit bis ins Mark. Er hat den nicht schriftgemäßen Praktiken und Lehrsätzen, den dämonischen Lehren und menschengemachten Überlieferungen den Kampf angesagt. Wie schon immer sind es auch heute dunkelhäutige Menschen und die von Herzen Bescheidenen und Demütigen, die Gott gebraucht. Diese Leute sind die Ersten, die auf dieses Wort von Gott reagieren. Ich glaube allerdings nicht, dass das irgendwie mit der Hautfarbe, der Abstammung oder dem Geschlecht zu tun hat; es ist eine Frage der Herzenshaltung.

„Selig sind die Sanftmütigen; denn sie werden das Erdreich besitzen."[152] Schon oft habe ich Prediger sagen hören, wir müssten es akzeptieren, wenn Gott uns demütigt, und das ging mir jedes Mal sehr gegen den Strich. In der Bibel lese ich, dass Gott die rebellischen Menschen demütigt, die Sünder, und dass er die segnet, die sich selbst demütigen. Die Bibel sagt, dass auch Jesus sich gedemütigt hat:

> *Der Gestalt nach wie ein Mensch befunden, erniedrigte er sich selbst und wurde gehorsam bis zum Tod, ja, zum Tod am Kreuz. Darum hat Gott ihn auch hoch erhoben und ihm den Namen verliehen, der über jeden Namen ist.* Philipper 2,8b–9

---

[152] Matthäus 5,5 (LUT)

Sogar der böse König Ahab entging Gottes Gericht, als er sich demütigte: „Hast du gesehen, dass Ahab sich vor mir gedemütigt hat? Weil er sich vor mir gedemütigt hat, will ich das Unheil nicht in seinen Tagen kommen lassen; erst in den Tagen seines Sohnes werde ich das Unheil über sein Haus kommen lassen.“[153]

Demut entscheidet über Aufstieg und Niedergang: „Denn jeder, der sich selbst erhöht, wird erniedrigt werden, und wer sich selbst erniedrigt, wird erhöht werden.“[154]

Gott brach sein jahrhundertelanges Schweigen und gab Gnade, weil Elia kam, wie es Maleachi prophezeit hatte. Als der Engel Gabriel dem Zacharias mitteilte, er würde einen Sohn bekommen, endeten vierhundert Jahre des Schweigens. Maleachi war der letzte Prophet des Alten Testaments, und der hatte vierhundert Jahre im Voraus angekündigt, dass Elia kommen würde. Seine Hauptaufgabe, so Maleachi, würde sein, die Herzen der Väter den Söhnen und die Herzen der Söhne ihren Vätern zuzuwenden – mit dem Ergebnis, dass der auf der Erde lastende Fluch gebrochen würde. Interessanterweise wurde Zacharias ein weiteres neunmonatiges Schweigen auferlegt, von der Ankündigung durch den Engel bis zur Geburt des Kindes bzw. bis zu seiner Namensgebung.

Erinnern wir uns: Johannes war der in Jesaja 40 verheißene Elia. Er hatte dem Herrn den Weg zu bereiten. Eines Tages fragten die Jünger Jesus, warum die Schrift sagte, vor dem Messias müsse Elia kommen. Jesus antwortete, Elia sei bereits gekommen, aber die Leiter hätten ihn getötet. Daraufhin begriffen die Jünger, dass Johannes der Täufer der verheißene Elia gewesen war.[155]

Diese Veränderung läutete das Ende der Zeitalter ein und die Fülle der Zeiten. Dies war der wichtigste Zeitenwechsel seit Adam. Der Dienst des Johannes war deshalb so wichtig, weil er im Unterschied zu dem des Elia (der hauptsächlich durch Zeichen und Wunder gewirkt hatte) auf die Verkündigung beschränkt war; Johannes hat keine Wunder getan.

---

[153] 1. Könige 21,29

[154] Lukas 14,11

[155] Matthäus 17,10–13

Jesus, der Sohn Gottes, tat Zeichen und Wunder, und Johannes musste sorgfältig darauf achten, dass die Menschen nicht ihn selbst für den Christus hielten. Tatsächlich hatten ihn schon einige gefragt, ob er nicht der Christus sei; nach dem Tod des Johannes meinten manche, Jesus sei der auferstandene Johannes der Täufer.

Johannes der Täufer war der verheißene Elia, der zuerst kommen musste, um dem Christus, dem Messias den Weg zu bereiten, wie es Jesaja und Maleachi prophezeit hatten. Er kam in der Salbung des Elia und predigte Umkehr und kündigte das Reich Gottes an, aber ohne die Wunder zu tun, die Elia getan hatte. Der Dienst des Johannes war auf Christus ausgerichtet. Er wies auf den Sohn Gottes hin; deshalb ließ Gott ihn keine Wunder tun. Johannes hatte nur ein Anliegen: die Ankunft des wahren Lammes Gottes und Seines Reiches anzukündigen. Hätte Johannes Zeichen, Wunder und Heilungen vollbracht, hätte das nur die Aufmerksamkeit der Menschen von Jesus abgelenkt.

Ich finde es interessant, dass Jesus Johannes den Täufer den größten Propheten nannte, der je geboren worden sei – insbesondere wenn man bedenkt, dass Johannes keine Wunder getan hatte. Für einen, der im Geist des Elia gekommen war, ist schon diese Zurückhaltung ein Wunder für sich; sie zeigt, wie gehorsam Johannes seinen Auftrag ausführte. Ganz sicher hätte er Wunder tun können, wie sie Elia getan hatte, aber er hielt sich eng an seinen Auftrag als Stimme des Rufers in der Wüste, der das Volk dazu aufrief, dem Christus den Weg zu ebnen. Der Dienst des Johannes zeigt ganz klar, dass Gott die Propheten des Alten Testaments nicht nach ihren Wundern bewertet.

Schon bevor Gott vom Himmel sprach, hatte Johannes Jesus als den Messias erkannt. Tatsächlich bestätigte Gott Jesus als den Messias erst, *nachdem* Johannes Ihn als diesen verkündet hatte. Johannes verhielt sich nicht wie ein neutestamentlicher Sohn Gottes, sondern wie ein treuer Diener Gottes im Alten Bund. Johannes war nur ein Vorläufer, der ankündigte:

1. den Geliebten vom Himmel, voller Gnade und Wahrheit.
2. dass das Lamm Gottes gekommen war, der Sohn Gottes.

3. dass das Reich Gottes anbrach und dass Gott viele Söhne geboren werden würden.

Der Apostel Johannes schrieb über Jesus: „So viele ihn aber aufnahmen, denen gab er das Recht, Kinder Gottes zu werden, denen, die an seinen Namen glauben."[156] Jesus, der Sohn Gottes, wollte durch Sein Blut viele Söhne zur Herrlichkeit bringen.[157] Er ist der Erstgeborene unter vielen, Er ist der Same, von dem in Matthäus 13,3–8 die Rede ist und der im weiteren Verlauf dieser Parabel eine ganze Ernte von Söhnen zeitigt. Der König des Reiches kam, um eine königliche Familie hervorzubringen, ein königliches Priestertum. Jesus schuf einen Leib aus vielen Gliedern, einen körperschaftlichen Sohn Gottes auf Erden, und Jesus wurde unter ihnen der Erste, das Haupt einer neuen Schöpfung himmlischer Menschen.

Johannes „selbst war nicht das Licht; sein Auftrag war es, auf das Licht hinzuweisen"[158]; im Gegensatz dazu ist diese Familie, dieser körperschaftliche Leib Christi, das „Licht der Welt"[159]. Sie sind die Fülle dessen, der alles in allem erfüllt, denn die Söhne Gottes sind „Söhne des Lichtes": „Glaubt an das Licht, damit ihr Söhne des Lichtes werdet!"[160]

Als die Stunde kam, dass der Sohn des Menschen verherrlicht werden sollte,[161] fiel der Same Abrahams, der Christus, in die Erde. Er wurde begraben und am dritten Tag wieder auferweckt.

Seine Auferstehung war eine Erstlingsfrucht von der Ernte der Söhne. Der Same Abrahams war allein in Seinem Tod, aber multiplizierte sich nach der Auferstehung an Pfingsten. Die Stunde Seiner Verherrlichung war auch die Stunde Seiner Multiplikation als Sohn Gottes, denn Er bereitete den

---

[156] Johannes 1,12
[157] Hebräer 2,10
[158] Johannes 1,8 (NGÜ)
[159] Matthäus 5,14
[160] Johannes 12,36b
[161] Johannes 12,23

Weg für viele „Söhne Gottes"[162]. Es erfordert den Prozess des Todes, des Begräbnisses und der Auferstehung.

Ich glaube, dass jetzt auf der Erde wieder eine Stimme, ein Zeuge ruft, doch dieses Mal ist es ein Leib, eine körperschaftliche Stimme, ein Zeuge aus vielen Zeugen, eine Gemeinschaft der Erstlinge, die die Herzen der Väter den Söhnen und die Herzen der Söhne den Vätern zuwendet. So bricht sie den Fluch, der auf der Erde lastet. Diese Stimme verkündet durch das Wort Gottes und die Erweisung des Heiligen Geistes, dass das Reich Gottes gekommen ist, und zugleich verkörpert sie es. Dieses Reich gehört dem Sohn im Himmel und den Söhnen auf der Erde. Denn Jesus ist der König der Könige.

Dieses Mal kommt der körperschaftliche Elia als die Gemeinschaft der Erstlinge – die 144 000 Lammesnachfolger, die das Siegel des Vaters auf ihren Stirnen tragen. Das ist nicht wörtlich zu verstehen, nicht als eine Zahl von Köpfen, sondern steht symbolisch für eine geheiligte Schar von Überwindern. Zwölf mit sich selbst und dann mit 1000 multipliziert bedeutet „vollkommene Herrschaft durch eine sehr große Gemeinschaft von Menschen". Doch ist das noch lange nicht das Ganze, es sind nur die Erstlinge; außerdem gibt es ja noch die „unzählbare Schar".

Es war wie bei David, der mit 600 Männern den Amalekitern nachjagte. Zweihundert waren zu erschöpft, um weiterzuziehen. Als David den Sieg errungen hatte und mit dem Rest der Leute zurückkam, teilten sie die Beute mit allen. David führte dieses Prinzip als eine feste Ordnung in Israel ein[163].

Diese körperschaftliche Stimme nun muss die Gegenwart des körperschaftlichen Sohnes auf Erden ankündigen, dieses Sohnes, auf den die ganze Schöpfung gewartet hat.[164] Dieser körperschaftliche, reife Sohn wandelt selbst in der Auferstehungskraft des Erstgeborenen Jesus als zweiter Zeuge neben Ihm, dem „treuen Zeugen". Durch Jesus, der selbst das Wort Gottes ist, macht dieser körperschaftliche Sohn die Herrlichkeit Gottes des Vaters sichtbar und greifbar, begleitet durch Zeichen und Wunder und

---

[162] Hebräer 2,10
[163] 1.Samuel 30,21-25
[164] Römer 8,19–22

untermauert mit einem heiligen und übernatürlichen Lebensstil, genau wie es Jesus damals tat.

In Demut folgt diese Schar dem Lamm, wohin auch immer es geht, in derselben Gesinnung wie Jesus, der von sich selbst sagte: „Der Sohn kann nichts von sich selbst tun, außer was er den Vater tun sieht; denn was der tut, das tut ebenso auch der Sohn."[165] Sie wirken von der Himmelswelt aus, einer Zion-Position. Sie sind das Licht der Welt und bringen die Schöpfung zum ersten Tag zurück, als alles nur durch das Licht des Wortes Gottes bestand, durch Gottes Geist und Gottes Leben; die Sonne wurde ja erst am vierten Tag erschaffen. Sie wandeln und wirken durch die Auferstehungskraft Christi und befreien die Schöpfung von der Macht der Sünde und des Todes.

Johannes der Täufer war die Stimme, die Jesus, dem erstgeborenen Sohn und der Erstlingsgarbe der Erstlinge, den Weg bereitete. Genau so, das glaube ich fest, entsteht jetzt auf Erden ein körperschaftlicher Elia und kündigt an, dass jetzt die stärkste Manifestation Gottes die Erde mit Seiner Herrlichkeit erfüllen wird. Ihre Aufgabe ist es, die Väter zu den Söhnen und die Söhne zu den Vätern zurückzubringen. Dies ist bereits in vollem Gang, seit mindestens fünfzehn Jahren. Doch wie Johannes in der Verborgenheit blieb und keine Wunder vollbrachte, sondern nur die Gegenwart des reifen Sohnes Gottes verkündete, so hat auch dieser körperschaftliche Elia bisher im Hinterhof, in der Wüste gewirkt.

Ich bin sicher, dass dies der Grund ist, warum dieses Schweigen über mich gekommen ist. Es wurde prophezeit, dass mein Sprechvermögen irgendwie mit diesem neuen Zeitabschnitt des Übernatürlichen und dem Offenbarwerden der reifen Söhne Gottes zu tun hat.

---

[165] Johannes 5,19

10

Sinn und Zweck der Wüste

Die Wüste spielte im Leben Johannes des Täufers eine große Rolle, genau wie für die Israeliten im Alten Testament:

> *Unter dem Hohenpriester Hannas und Kaiphas geschah das Wort Gottes zu Johannes, dem Sohn des Zacharias, in der Wüste. Und er kam in die ganze Landschaft am Jordan und predigte die Taufe der Buße zur Vergebung der Sünden; wie geschrieben steht im Buch der Worte Jesajas, des Propheten: „Stimme eines Rufenden in der Wüste: Bereitet den Weg des Herrn, macht seine Pfade gerade!"*
> Lukas 3,2–4

In der Bibel wird die Wüste häufig als ein einsamer und öder Ort dargestellt, als raue und lebensfeindliche Umgebung. Aber die Wüste war auch ein Ort der Vorbereitung, Prüfung, Erziehung und Unterweisung. Eher symbolisch verstanden kann „Wüste" auch eine Beschreibung für den Zustand eines Volkes sein.

Bevor Israel über den Jordan zog und in das verheißene Land kam, erklärte Gott ihnen, warum Er sie durch die Wüste geführt hatte: „Das ganze Gebot, das ich dir heute gebiete, sollt ihr halten, es zu tun, damit ihr lebt und zahlreich werdet und hineinkommt und das Land in Besitz nehmt, das der HERR euren Vätern zugeschworen hat."[166]

In der Wüste hatte Gott sie gelehrt, wie sie leben sollten, wie sie sich vermehren sollten und wie sie die Verheißung in Besitz nehmen sollten. Dort hatte Er sie auch gelehrt, sich völlig auf Sein Wort zu verlassen: „Und er demütigte dich und ließ dich hungern. Und er speiste dich mit dem Man, das du nicht kanntest und das deine Väter nicht kannten, um dich erkennen zu lassen, dass der Mensch nicht von Brot allein lebt. Sondern von allem, was aus dem Mund des HERRN hervorgeht, lebt der Mensch."[167] In der Wüste entdeckte Israel, dass es seine Heilung und sein Wohlbefinden Gott verdankte, und dass Er sie sogar in einer lebensfeindlichen Umgebung besser versorgen konnte als der Pharao in Ägypten es getan hatte. Gott nahm die Sklaven- und Waisenmentalität Seines Volkes weg und formte es zu einem Sohn, einem Volk, einem Heer.

Dieser Zug durch die Wüste ist ein Bild des Heilsweges jedes Gläubigen, des Weges von einem Sklaven der Sünde zu einem Sohn Gottes. Als die Israeliten Ägypten verließen, waren sie einfach ein wilder Haufen ohne Weisung, Richtung oder göttliche Ordnung, aber in der Wüste wurden sie zum Volk. Gott trainierte sie durch Mose und gab ihnen Anweisungen für jeden Aspekt des Lebens. Er lehrte sie angemessenes, gottgefälliges Verhalten in ethischer, sozialer und religiöser Hinsicht. Er gab ihnen ein gutes Wirtschafts- und Finanzsystem für ihr Geldwesen und ihre Besitzverhältnisse in Kanaan. Er lehrte sie, wie sie Wohlstand erlangen und ihre Finanzen vermehren konnten, ohne vom Geld beherrscht zu werden. Das alles lehrte Er sie in der Wüste, wo sie es noch gar nicht brauchten, weil sie dort ja keine Landwirtschaft betrieben. Und Er lehrte sie, wie sie sogar in der Wüste zu Wohlstand kommen konnten, obwohl sie dort nichts investieren konnten.

---

[166] 5. Mose 8,1

[167] 5. Mose 8,3

Als die Israeliten Ägypten verließen, hatten sie viel Gold, Silber, Bronze und andere Wertsachen bei sich, denn der Herr hatte ihnen befohlen, nicht mit leeren Händen aus Ägypten zu ziehen. Und dann waren sie in der Wüste, wo sie weder kaufen noch verkaufen konnten. Hier lehrte Gott sie, Opfer und Zehnten und Erstlingsgaben darzubringen. Das war alles, was sie mit den Wertsachen anfangen konnten: Gott Opfer darbringen, indem sie es den Priestern und den Leviten gaben.

Gott teilte die Israeliten in Stämme ein, in Sippen und Familien. Dieses Volk war eine große Familie von Gottes Gnaden und von Gott geordnet. Sie standen unter der Leitung von Mose und jeder Stamm hatte seine Stammesoberhäupter, Älteste und Familienväter. Zudem bildeten immer drei Stämme zusammen einen Heeresverband unter einem Banner[168] Schon bevor sie Ägypten verlassen konnten, musste jeder in das Haus seines Vaters gehen, denn Schutz gab es nur dort, wo ein Vater das Passahlamm geschlachtet und dessen Blut auf die Türpfosten des Hauses gestrichen hatte.

In der Wüste ließ Gott das Volk sich nach seinen Stämmen lagern, jeder Stamm hatte seinen bestimmten Platz um das Heiligtum herum. Alles, was Gott in der Wüste mit den Israeliten tat, war eine Vorbereitung auf das Leben im Land der Verheißung. Bevor sie über den Jordan zogen, um das ihnen Verheißene in Besitz zu nehmen, mussten sie lernen, Ihm zu vertrauen und zu gehorchen. Sie aßen Brot vom Himmel und tranken Wasser vom Felsen (laut Paulus war der Felsen Christus[169]). Die Wolke der Herrlichkeit war ihr Schatten bei Tage und nachts spendete die Feuersäule Licht und Wärme. Israel lernte, der Herrlichkeitswolke zu folgen; sie gab dem Volk die Richtung an.

Auf dem Berg in der Wüste sagte Gott zu Mose:

Ihr habt gesehen, was ich den Ägyptern angetan und wie ich euch auf Adlerflügeln getragen und euch zu mir gebracht habe. Und nun, wenn ihr willig auf meine Stimme hören und meinen Bund

---

[168] 4. Mose 2
[169] 1. Korinther 10,4

halten werdet, dann sollt ihr aus allen Völkern mein Eigentum sein;
denn mir gehört die ganze Erde. 2. Mose 19,4–5

Vierhundert Jahre lang hatten die Israeliten in Ägypten (ein Bild für das System dieser Welt) nicht nur überlebt, sondern sich auch vermehrt, aber sie hatten es nicht unterworfen und nicht über Ägypten geherrscht. Sie waren Sklaven, und deshalb wurden sie nur zu mehr Sklaven. Nachdem Josef seine Familie von Kanaan nach Ägypten geholt hatte, wird nicht berichtet, dass Gott weiterhin zu den Israeliten sprach. Die zwölf Söhne Jakobs starben in Ägypten und elf von ihnen wurden dort begraben; Jakob selbst wurde in der Familiengruft im Land Kanaan bestattet und Josef befahl den Israeliten, seine Gebeine mitzunehmen, wenn der Herr sich an Sein Volk erinnern und sie in das verheißene Land zurückbringen würde. – Vierhundert Jahre des Schweigens, wie zwischen dem Tod Maleachis und der Geburt Johannes des Täufers!

Und dann brach Gott Sein vierhundertjähriges Schweigen. Er sprach zu Mose durch den brennenden Dornbusch und sandte ihn als Befreier nach Ägypten zurück. Bis dahin hatte Gott mit Einzelpersonen gearbeitet, mit Abraham, Isaak, Jakob, Josef und anderen, mit ihnen hatte Er Seinen Bund geschlossen. Er versprach ihnen einen Samen, der die Erde besitzen und zu einem großen Volk und dann zu vielen Völkern werden würde. Könige würden von ihnen kommen, und Er würde sie sehr segnen.

Siebzig Personen, alles natürliche Nachkommen Abrahams, waren damals nach Ägypten gekommen. Dort wurden sie zu Sklaven und vermehrten sich zu einer großen Menge von Sklaven. Aber dazu waren sie nicht auf der Welt; sie waren ein Volk mit einer Bestimmung, mit Sinn und Ziel, ein Volk mit einer Verheißung und einem Auftrag. Gott wollte, dass dieses Volk einen einzigartigen Samen hervorbringen sollte, den Christus, Gottes wahrhaft erstgeborenen Sohn, Sein wahres Israel, der herrschen und regieren würde.

Dieser Same würde das Lamm Gottes sein, das Opfer, von dem Abraham zu Isaak gesprochen hatte, als sie zum Berg Moria gingen, um Isaak als Opfer darzubringen:

> *Da sprach Isaak zu seinem Vater Abraham und sagte: Mein*
> *Vater! Und er sprach: Hier bin ich, mein Sohn. Und er sagte: Siehe,*
> *das Feuer und das Holz! Wo aber ist das Schaf zum Brandopfer? Da*
> *sagte Abraham: Gott wird sich das Schaf zum Brandopfer ersehen,*
> *mein Sohn. Und sie gingen beide miteinander. .* 1. Mose 22,7–8

Abraham sprach prophetisch. Die hebräische Sprachstruktur lässt es zu, Abrahams Aussage auch so verstehen: „Gott wird sich selbst als Lamm zur Verfügung stellen." Genau das verkündete Johannes im Jordan: „Am folgenden Tag sieht er Jesus zu sich kommen und spricht: Siehe, das Lamm Gottes, das die Sünde der Welt wegnimmt!"[170]

Mose, der Retter seines Volkes, stand in Ägypten am Eingang zur Wüste mit einem Lamm und verkündete, dass durch das Blut des Lammes das Volk befreit werden würde. Johannes stand am Ausgang der Wüste im Jordan mit einem viel größeren Lamm und verkündete die Rettung der Welt: „Seht, hier ist das Opferlamm Gottes, das die Sünde der ganzen Welt wegnimmt!"

Mose führte das Volk aus Ägypten, und dabei ging es dramatisch zu. Alles drehte sich um Mose und seine Anweisung, dass jeder Familienvater seine Hausgenossen versammeln und ein fehlerloses Lamm auswählen sollte, um es zu schlachten. Gott befahl Mose, dieses Ereignis zum Beginn des Kalenderjahres zu machen. Alles begann für dieses Volk also mit dem Vergießen des Blutes eines fehlerlosen Lammes. Jeder Familienvater musste das Blut auf die Pfosten seiner Haustür streichen, dann war seine Familie im Inneren des Hauses sicher. In ganz Ägypten tötete der Verderber alle Erstgeborenen; nur die Häuser der Israeliten, an deren Türpfosten er das Blut des Passahlamms sah, *passierte* er, er ging an ihnen vorüber.

Und auch das wiederholte sich vor zweitausend Jahren. Damals war im Kalender der gesamten Menschheit „Stunde Null". Und wieder erschien ein fehlerloses Lamm. Dieses Mal kündete Johannes der Täufer den Ausgang aus der „Wüste" des Alten Bundes an und den Eintritt in das verheißene Land des Neuen Bundes und der neuen Schöpfung in Christus.

---

[170] Johannes 1,29 (NGÜ)

Als die Geburt eines Sohnes von der unfruchtbaren Elisabeth und dem alten Zacharias angekündigt wurde, endeten die 400 Jahre des Schweigens, das mit dem Hinscheiden des Maleachi begonnen hatte. Die Nachricht von dieser Zeitenwende der Menschheitsgeschichte wurde stilecht durch einen Engelboten überbracht:

> *Ihm erschien aber ein Engel des Herrn und stand zur Rechten des Räucheraltars. Und als Zacharias ihn sah, wurde er bestürzt, und Furcht kam über ihn. Der Engel aber sprach zu ihm: Fürchte dich nicht, Zacharias! Denn dein Flehen ist erhört, und Elisabeth, deine Frau, wird dir einen Sohn gebären, und du sollst seinen Namen Johannes nennen.*
>
> *Und er wird dir zur Freude und zum Jubel sein, und viele werden sich über seine Geburt freuen. Denn er wird groß sein vor dem Herrn; weder Wein noch starkes Getränk wird er trinken und schon von Mutterleibe an mit Heiligem Geist erfüllt werden. Und viele der Söhne Israels wird er zu dem Herrn, ihrem Gott, bekehren.*
> Lukas 1,11–17

Wir können überleben in dem System dieser Welt, aber Gott hat mit Seinem Volk mehr im Sinn als nur das nackte Überleben. Er will, dass wir ein Volk sind, das als Sein Ebenbild der Welt zeigt, wie Er ist. Gott will ein heiliges Volk, ein Volk Seines Reiches, das durch seinen Lebensstil und unter Gottes Leitung den Völkern der Welt dabei behilflich ist, Ihn kennenzulernen.

Gottes Schöpfungsauftrag an den Menschen besteht immer noch, Er hat ihn nie zurückgenommen und nie modifiziert:

> *Dann sprach Gott: „Nun wollen wir Menschen machen, ein Abbild von uns, das uns ähnlich ist! Sie sollen Macht haben über die Fische im Meer, über die Vögel in der Luft, über das Vieh und alle Tiere auf der Erde und über alles, was auf dem Boden kriecht." So schuf Gott die Menschen nach seinem Bild, als Gottes Ebenbild schuf er sie und schuf sie als Mann und als Frau.*

> *Und Gott segnete die Menschen und sagte zu ihnen: „Seid fruchtbar und vermehrt euch! Füllt die ganze Erde und nehmt sie in Besitz! Ich setze euch über die Fische im Meer, die Vögel in der Luft und alle Tiere, die auf der Erde leben, und vertraue sie eurer Fürsorge an.“* 1. Mose 1,26–28 (GNB)

Im Reich Gottes leben, sich vermehren, in Besitz nehmen und herrschen, das ist immer noch Gottes Auftrag an den Menschen.

Alles, was die Israeliten in der Wüste erlebten, waren äußerliche Zeichen, äußerliche Anweisungen, die sie als Volk mithilfe ihres Lebensstils und ihrer Kultur verinnerlichen sollten. In der Wüste sahen sie den Zeugen (das Gesetz)[171], die Wolke und das Heiligtum Gottes. Und doch, trotz all der wunderbaren und übernatürlichen Erlebnisse, die sie dort hatten: Die Wüste war nicht ihr wirkliches Ziel. Die Wüste war Ismael, Esau, Moab und Ammon zugeteilt worden. Die Israeliten sollten woanders leben.

Die Wüste ist die Vorbereitung, sie lehrt uns, in der Verheißung zu wandeln. Wie das Gesetz ist sie ein Zuchtmeister, ein Lehrer. Hier lernt man das ABC, die ganz einfachen Grundlagen. Was man in der Wüste gelernt hat, muss im Land der Verheißung angewendet und praktiziert werden. Hier sehe ich, wie wir im Reich Gottes leben, wie wir über die Feinde herrschen sollen. In der Wüste fand Elia Zuflucht während der dreieinhalb Jahre der Dürre, die er dem bösen König Ahab von Israel und seiner Frau Isebel prophezeit hatte. In der Wüste rief Johannes, der Diener und Freund des Bräutigams, und bahnte den Weg für den Christus. Johannes war sozusagen Trauzeuge für seinen Cousin Jesus.

Mose und die Wüste

Mose war in Ägypten geboren worden und wuchs dort auch auf. Dann floh er vor Pharao, und Gott trainierte ihn vierzig Jahre lang in der Wüste. Dort heiratete Mose eine Tochter eines midianitischen Priesters und dort, in der Wüste, wurden ihm zwei Söhne geboren. Diese Ausbildung bereitete

---

[171] 5. Mose 31,26

ihn auf den Dienst vor, für den Gott ihn von Anfang an bestimmt hatte: Gottes Volk aus Ägypten und in die Wüste zu führen.

Als er etwa vierzig Jahre alt war, ermordete Mose einen Ägypter, weil dieser einen Hebräer verprügelt hatte. Das sagt uns etwas über das Temperament dieses Mannes, der im Palast des Pharaos aufgewachsen war. Wenn Gott Mose gebrauchen wollte, um ein widerspenstiges Volk in einer lebensfeindlichen Umgebung vierzig Jahre lang zu führen, musste Er zunächst sein Temperament verändern. Als Trainingsfeld war die Wüste unschlagbar gut geeignet. Vierzig Jahre lang bewachte Mose in der Wüste die Schafe seines Schwiegervaters, und so wurde er zum demütigsten und geduldigsten Menschen der Welt. Gott wusste, dass er das brauchte für die aufsässigen und widerspenstigen Schafe namens Israel.

In der Wüste geschahen die beiden wichtigsten Ereignisse im Leben des Mose: die Gottesbegegnung am brennenden Dornbusch und später der Empfang des Gesetzes auf dem Sinai. Mose und das Gesetz sind Synonyme. Beide stehen für den Alten Bund. Die Wüste war Gottes Schule. Hier erzog Er zuerst Mose und dann das Volk Israel.

Es ist zu schade, dass Mose nicht von der Wüste in das verheißene Land einziehen konnte, aber es war ein neuer Zeitabschnitt. Der Apostel Johannes drückt es so aus: „Denn das Gesetz wurde durch Mose gegeben; die Gnade und die Wahrheit ist durch Jesus Christus geworden."[172]

Das sehen wir auch bei Paulus durchweg: Das Alte kann das Neue nicht ererben.

Jesus und die Wüste

Die Wüste konnte Christus, den Sohn Sottes, nur vierzig Tage lang festhalten. Nachdem Jesus getauft worden war, brachte der Geist Ihn in die Wüste, damit Er dort vom Teufel versucht würde. Aber Jesus, der Sohn Gottes, der Christus, kam siegreich wieder heraus. Johannes der Täufer bereitete in der Wüste dem Sohn Gottes den Weg aus der Wüste hinaus; der Sohn Gottes ging ebenfalls in die Wüste, aber Er blieb nicht

---

[172] Johannes 1,17

darin. Für den Sohn Gottes war es unmöglich, das Leben in der Wüste zuzubringen.

Wir sehen, dass Johannes, der letzte und größte Prophet des Zeitalters des Alten Bundes, sein ganzes Leben in der Wüste verbrachte; so bereitete er den Weg aus der Wüste – für den Sohn Gottes und für die Söhne Gottes. Die Wüste ist den Söhnen Gottes kein vertrautes Gelände, deshalb musste der Heilige Geist Jesus in die Wüste führen. Lukas berichtet: „Und Jesus kehrte in der Kraft des Geistes nach Galiläa zurück, und die Kunde von ihm ging hinaus durch die ganze Umgegend."[173] Jeder Sohn Gottes braucht so eine kurze „Wüstenzeit", in der das geprüft wird, was Gott ihn gelehrt hat. Wichtig dabei ist: Gott führt uns hinein, aber auch wieder heraus.

Paulus und die Wüste

Als es aber dem, der mich von meiner Mutter Leibe an aus-gewählt und durch seine Gnade berufen hat, gefiel, seinen Sohn in mir zu offenbaren, damit ich ihn unter den Nationen verkündigte, zog ich nicht Fleisch und Blut zu Rate; ich ging auch nicht nach Jerusalem hinauf zu denen, die vor mir Apostel waren, sondern ich ging sogleich fort nach Arabien und kehrte wieder nach Damaskus zurück. Darauf, nach drei Jahren, ging ich nach Jerusalem hin-auf, um Kephas kennenzulernen, und blieb fünfzehn Tage bei ihm.
Galater 1,15–18

Der Geist Gottes führte sogar Paulus, den großen Apostel, in die Wüste zu dem Berg, an dem Mose das Gesetz empfangen hatte. Es ist nicht sicher, wie lange er dort blieb, es könnten drei Jahre gewesen sein.

Die Wüste ist häufig ein Ort der Verborgenheit, an dem Gott uns von allen anderen Stimmen und aller Ablenkung abschirmt. In der Wüste können wir zur Ruhe kommen und nur Gottes Stimme hören, die in der Wüste ruft. Paulus bekam von Gott solch eine Offenbarung, dass er sich mit Fleisch und Blut nicht darüber beraten wollte. Seine Offenbarung über die

---

[173] Lukas 4,14

Errettung durch die Gnade aus Glauben erhielt er in der Wüste, und ebenso seine Offenbarung über den Leib Christi und dass alle Gläubigen aus Juden und Nichtjuden Glieder eines einzigen Leibes sind.

In der Wüste entgehen uns all die Behaglichkeit und Sicherheit unserer gewohnten Umgebung. Verletzlich und nackt stehen wir vor unserem Gott, und wir wollen nichts haben und sehen als Ihn allein. Dann können wir Seine Stimme deutlich hören und Offenbarung beginnt zu fließen.

Die Behaglichkeit der Religion folgt uns nicht in das Ungemach der Wüste. In der Wüste konnte Isebel den Elia nicht aufspüren; dort konnte Herodes den kleinen Jesus nicht ausfindig machen, und auch Saul und Absalom fanden David nicht, als er in der Wüste war. Gott vertraut der Wüste mehr als den Gefahren durch falsche Brüder und Religion.

„Ich weiß von einem Menschen in Christus, dass er vor vierzehn Jahren – ob im Leib, weiß ich nicht, oder außer dem Leib, weiß ich nicht; Gott weiß es –, dass dieser bis in den dritten Himmel entrückt wurde."[174] Hier beschreibt Paulus, was in der arabischen Wüste mit ihm geschah: Der Himmel öffnete sich, und er wurde in den dritten Himmel versetzt. Paulus sagte, dass er *hörte*, und nicht, dass er sah, wie viele fälschlich zitieren. Und was er da hörte, das beeindruckte ihn. Mir scheint, einige der größten Offenbarungen, die die Erde erschütterten, kamen durch Menschen, die geistliche Wüstenzeiten erlebt hatten.

Der Apostel Johannes und die Wüste

Die Bibel berichtet außer von Paulus nur von einem einzigen Menschen, der in den dritten Himmel kam, nämlich von dem Apostel Johannes während seiner Zeit auf Patmos, einer öden Insel. Ja, Gott gebrauchte sogar den Kaiser Nero, um Johannes in eine raue Wildnis auf einer einsamen Insel zu verbannen (vor 68 n. Chr.). Dort öffnete sich der Himmel und dem Apostel wurde die größte Offenbarung von Christus und Seinem ewigen Sieg anvertraut. Sperren Sie sich also nicht gegen Ihre Nacht und Ihre Wüste; nehmen Sie sie an und empfangen Sie, was immer Gott Ihnen anvertraut,

---

[174] 2. Korinther 12,2

um es anderen mitzuteilen – und seien Sie gewiss: Sie werden verändert aus Ihrer Wüste herauskommen.

Es war Gottes Idee, Israel auf seinem Weg in das ihm verheißene Land durch die Wüste zu führen. Es gab ja einen viel kürzeren und geraderen Weg nach Kanaan:

> *Und es geschah, als der Pharao das Volk ziehen ließ, führte Gott sie nicht den Weg durch das Land der Philister, obwohl er der nächste war. Denn Gott sagte: Damit es das Volk nicht gereut, wenn sie Kampf vor sich sehen, und sie nicht nach Ägypten zurückkehren. Daher ließ Gott das Volk einen Umweg machen, den Wüstenweg zum Schilfmeer.* 2. Mose 13,17–18a

Gott in Seiner Weisheit stellte das Schilfmeer zwischen die Israeliten und Ägypten, wohl wissend, dass sie bei der ersten Gelegenheit nach Ägypten zurückkehren wollen würden. In der Wüste wollte Er sie erziehen, trainieren, zu einem Volk machen, zu einem Heer. Er gliederte sie nach Stämmen und gab ihnen Seine Ordnungen.

Vergessen wir nicht: Vierhundert Jahre lang waren sie in Ägypten Sklaven gewesen. Die Gräber aller Söhne Jakobs waren in Ägypten, das von Josef ausgenommen. In Ägypten hatten sie kein Land, kein Eigentum, keine Reichtümer gehabt. Sie hatten auch kein Finanzsystem, als Sklaven waren sie ja nicht zu Geld gekommen. Die Gräber ihrer Väter waren das Einzige, das sie in Ägypten gehabt hatten. Es war in vielerlei Hinsicht eine gesicherte Existenz gewesen: Sie arbeiteten, aßen und schliefen, und solange sie für den Pharao arbeiteten, schützte er sie und gab ihnen zu essen. Doch durch diese Sklaverei raubte der Pharao ihnen ihre Identität, und er nahm ihre Kraft für seine eigenen Zwecke in Beschlag.

In Ägypten hatten die Israeliten keine Verantwortung getragen und ihr Leben hatte keinen Sinn, kein Ziel gehabt. Damit Gott ihnen wieder Würde und ihrem Leben eine Bestimmung geben konnte – und diese Bestimmung hat einen Namen: Jesus Christus –, musste Er sie aus dem Sklavenhaus heraus- und in die Wüste führen, ihr Übungsgelände, wo Gott sie erzog und sie lehrte, wie sie als Sein Volk leben sollten. Aber es fiel ihnen schwer, sich Gottes Erziehung zu fügen und das Wüstenleben zu akzeptieren, und immer wieder sehnten sie sich nach den „Fleischtöpfen Ägyptens" zurück. Der Rückblick kann sogar Not und Elend in den schönsten Farben malen, besonders wenn das Leben gerade herausfordernd und schwierig ist. Wäre zwischen den Israeliten und Ägypten nicht das Schilfmeer gewesen, wären sie in ihr früheres Elend zurückgekehrt.

Kurz bevor sie nach vierzig Jahren des Umherziehens endlich die Wüste verlassen sollten, sagte Gott durch Mose zu dem Volk:

> *Er demütigte dich und ließ dich hungern. Und er speiste dich mit dem Man, das du nicht kanntest und das deine Väter nicht kannten, um dich erkennen zu lassen, dass der Mensch nicht von Brot allein lebt. Sondern von allem, was aus dem Mund des HERRN hervorgeht, lebt der Mensch. 5. Mose 8,3*

Dann sprach Gott eine Warnung aus: Wenn sie in das Land der Verheißung kämen und Seinen Segen genössen, sollten sie sich unbedingt daran erinnern, wie Er sie in der Wüste vierzig Jahre lang versorgt hatte. Sie sollten sich nicht verleiten lassen zu denken, diese Segnungen hätten sie mit eigener Kraft erworben:

> *Werdet nicht übermütig, wenn es euch gut geht, wenn ihr reichlich zu essen habt und in schönen Häusern wohnt, wenn eure Viehherden wachsen, euer Gold und Silber und all euer Besitz sich vermehrt. Vergesst dann nicht den Herrn, euren Gott! Er hat euch aus Ägypten, wo ihr Sklaven gewesen seid, herausgeführt. Er hat euch durch die große und gefährliche Wüste geführt, wo giftige Schlangen und Skorpione hausen, wo alles ausgedörrt ist und es nirgends einen Tropfen Wasser gibt.*
> *Aber dann ließ er aus dem härtesten Felsen Wasser für euch hervorquellen, und er gab euch mitten in der Wüste Manna zu essen, von dem eure Vorfahren noch nichts wussten. Durch Gefahr und Mangel wollte er euch vor Augen führen, dass ihr ganz auf ihn*

angewiesen seid; er wollte euch auf die Probe stellen, um euch am Ende mit Wohltaten zu überhäufen.

Vergesst das nicht und lasst euch nicht einfallen zu sagen: „Das alles haben wir uns selbst zu verdanken. Mit unserer Hände Arbeit haben wir uns diesen Wohlstand geschaffen." Seid euch vielmehr bewusst, dass der Herr, euer Gott, euch die Kraft gab, mit der ihr dies alles erreicht habt. Und er hat es getan, weil er zu den Zusagen steht, die er euren Vorfahren gegeben hat, wie ihr das heute sehen könnt. 5. Mose 8,12–18 (GNB)

Abhängigkeit und die Wüste

Es ist schon interessant: Solange sie von jemand anderem abhängig waren, waren sie demütig. Mose hatte in der Wüste Demut gelernt, und ebenfalls in der Wüste demütigte Gott Sein Volk und warnte sie, ihre Herzen nicht gegen Ihn zu erheben, wenn sie im verheißenen Land sesshaft geworden wären.

Wahre Demut ist die Stärke eines Sohnes. Wo Demut ist, da wohnt Gott, und Er achtet auf die, die ein demütiges und zerbrochenes, ein umkehrbereites Herz haben. Von einem demütigen Herzen wird Gott unwiderstehlich angezogen. Ich hörte einmal Tommy Tenney sagen: „Der Mensch hasst es, zerbrochen zu sein, und er rennt davon weg, aber Gott rennt auf zerbrochene Menschen zu." Jesaja schreibt: „Denn dies alles hat meine Hand gemacht, und so ist dies alles geworden, spricht der Herr. Ich will aber den ansehen, der demütig und zerbrochenen Geistes ist und der zittert vor meinem Wort."[175] David war ein Mann nach dem Herzen Gottes. Er sagte: „Die Opfer Gottes sind ein zerbrochener Geist; ein zerbrochenes und zerschlagenes Herz wirst du, Gott, nicht verachten."[176]

Jesus war Gottes Sohn, und doch war Er vollkommen abhängig von Seinem Vater, und das nicht nur in den vierzig Tagen in der Wüste, sondern in der gesamten Zeit Seines siegreichen Dienstes. Er lebte in der Verheißung

---

[175] Jesaja 66,2 (SLT)

[176] Psalm 51,19

wie ein Fisch im Wasser, in völligem Gehorsam und in totaler Abhängigkeit von Seinem Vater. Gottes Geist musste Ihn nie wieder in die Wüste führen, weil Er nie dem Stolz und der Unabhängigkeit verfiel. Und genau dieser demütige und gehorsame Jesus ruft uns zu sich: „Nehmt auf euch mein Joch, und lernt von mir! Denn ich bin sanftmütig und von Herzen demütig, und ‚ihr werdet Ruhe finden für eure Seelen'."[177]

Manchmal werden wir in der Wüste auf die nächste Phase unseres Lebens vorbereitet. Jetzt, wo ich dies schreibe, bin ich selbst in einer solchen Wüstenzeit. Ich habe meine Stimme vollständig eingebüßt durch etwas, das die Ärzte als „unheilbare Krankheit" bezeichnen, und seit zweieinhalb Jahren wird es immer schlimmer. Wahrlich eine Wüstenerfahrung! Aber in all dem habe ich erlebt, dass Gott mich trägt und übernatürlich erhält wie damals das Volk Israel in der Wüste. Ich weiß ganz gewiss: Gott hat mich hineingeführt, und Er wird mich wieder hinausführen, denn das ist nicht das Ziel meines Lebens, es ist nur vorübergehend.

Ich glaube auch, dass all das mir zum Besten dienen wird und dass ich in der Auferstehungskraft Christi herauskommen werde.

Lassen Sie sich in Ihrer Wüste niemals nieder. Lernen Sie die Lektionen, die Sie lernen müssen, ändern Sie, was Sie ändern müssen, nehmen Sie die Herausforderung an, gehorchen und vertrauen Sie dem Herrn – und glauben Sie, dass Sie in der Kraft des Geistes wieder herauskommen.

Josef und die Wüste

Auch Josef, Jakobs Sohn, hatte seine Wüstenzeit. Weil Gott so Großes mit ihm vorhatte, musste er ein hartes Wüstentraining absolvieren; das bereitete ihn darauf vor, ein Volk zu regieren und viele Menschenleben zu retten. Als er begann, von Herrschaft zu träumen, lag er im weichen Bett im Hause seines Vaters, das ihm keiner streitig machte, aber seine Ausbildung führte ihn in die Wüste.

Wie später Mose, David und der Apostel Paulus, deren schmerzhafte Zubereitungs- und Trainingszeit eine herrliche Bestimmung andeutete,

---

[177] Matthäus 11,29

musste auch Josef Schweres erdulden – und auch er gelangte zu dem, wozu Gott ihn bestimmt hatte. Unschuldig und völlig zu Unrecht von seinen Brüdern als Sklave verkauft, kam er nach Ägypten, wo er schließlich im Gefängnis landete. Zunächst wusste er nicht, warum ihm dies alles widerfuhr, und er verstand nicht, dass all das dazu gehörte, damit seine Träume wahr wurden. Gott sei Dank kam er ohne eigenes Verschulden in Pharaos Gefängnis, unschuldig und nicht wegen eines rebellischen und zügellosen Lebenswandels!

Was Josef erlebte, war auch die Erfüllung eines Wortes, das Gott seinem Großvater Abraham vor langer Zeit gegeben hatte, lange vor Josefs Geburt: „Ganz gewiss sollst du wissen, dass deine Nachkommenschaft Fremdling sein wird in einem Land, das ihnen nicht gehört; und sie werden ihnen dienen, und man wird sie unterdrücken vierhundert Jahre lang."[178]

Damals wusste er es nicht, aber durch sein schmerzvolles Leiden und durch die erlittene Ablehnung wurde Josef zu einem entscheidenden Wendepunkt der Weltgeschichte. Deshalb konnte er später seinen Brüdern, die ihn verkauft hatten, sagen: „Ihr zwar, ihr hattet Böses gegen mich beabsichtigt; Gott aber hatte beabsichtigt, es zum Guten zu wenden, damit er tue, wie es an diesem Tag ist, ein großes Volk am Leben zu erhalten."[179]

Lassen wir nie den Mut sinken, auch wenn wir leiden und in der Wüste sind, denn das kann unsere Zubereitung sein für eine herrliche Zukunft, vorausgesetzt, wir ordnen uns Gott ganz unter. Manche lehnen sich in der Wüste auf, wie damals das Volk Israel, und verpassen Sinn und Ziel ihres Lebens, das, was Gott für sie geplant hat. Sie sahen nie das ganze Bild und deshalb verließen sie sich auch nicht auf Gottes Güte. Die Wüste sollte das Volk Israel nicht vernichten, sondern bewahren und auf die Erfüllung von Gottes Verheißung vorbereiten.

Denken Sie nie, dass Ihre Wüstenzeit verhindern könnte, was Gott für Sie geplant hat. Halten Sie die Wüste nicht für Ihr Schicksal und nicht für Ihre Bestimmung; sie ist lediglich eine Vorbereitung auf das, wofür Gott Sie bestimmt hat, auf Ihre endgültige Bestimmung in Christus. Die Art des

---

[178] 1. Mose 15,13
[179] 1. Mose 50,20

Trainings, das wir ertragen, sollte uns zeigen, welche Zukunft Gott für uns im Sinn hat. Was die Israeliten so lange in der Wüste hielt, war ihr widerspenstiges Herz. Wenn wir uns nicht vor Gott demütigen und die Prozesse, die Er in unserem Leben durchführt, nicht annehmen, können wir unser siegreiches Herauskommen aus unserer Wüste verzögern. Wenn Sie in einer Wüstenzeit sind, lernen Sie, in der Wüste Gott zu preisen, und danken Sie Ihm im Voraus für Ihre herrliche Bestimmung, die auf Sie wartet und die Sie zu Seiner guten *kairos*-Zeit erleben werden.

David und die Wüste

Das hebräische Wort für Wüste ist *midbar* – „Weide, offenes Feld" oder eben auch „Wüste". Sehr interessant: Dieses Wort bedeutet auch „Sprechfähigkeit" einschließlich aller körperlichen Sprechorgane. Das Wort *midbar* beinhaltet in sich das Wort *dabar*.[180]

Damit können wir sagen: Wüste ist ein einsamer Ort (wörtlich oder im übertragenen Sinn), an dem Gott spricht. Die Wüste ist Gottes Werkstatt, wo Er uns Seine Sprache lehrt und uns beibringt, an Seinen Lippen zu hängen und Ihm jedes Wort von den Lippen abzulesen. In der Wüste nahm Gott Israel in die Lehre, Er gab ihnen das Gesetz und lehrte sie Seine Wege. Er gab ihnen Anweisungen, wie sie leben und Herrschaft ausüben sollten. Die Wüste war Sein Testgelände, wo Er sich vergewisserte, dass Sein Volk ausführen konnte, was Er für sie vorgesehen hatte.

Auf David traf das in besonderem Maße zu. Schon als Kind hütete er die Schafe seines Vaters in der Wüste Juda. Später fand er in der Wüste Zuflucht vor Saul und sogar vor seinem eigenen rebellischen Sohn Absalom. An diesem abgeschiedenen Ort suchte er Gott und schrieb viele seiner kostbaren Psalmen und Lieder.

Die Höhle von Adullam, wo er sich jahrelang vor Saul verbarg, befand sich in der Wüste. Dort nahm er viele Männer auf und trainierte sie, Helden Gottes zu sein. Er machte die Höhle zu einer Festung: „Und David blieb

---

[180] *Strong's*, H4057, „midbar"

in der Wüste auf den Bergfesten, und er blieb im Gebirge in der Wüste Sif. Und Saul suchte ihn alle Tage, aber Gott gab ihn nicht in seine Hand."[181]

Davids Wüstenzeit war ein Leben der Isolation. Er brauchte dieses Alleinsein mit seinem Gott. Oftmals dringen zu viele Stimmen auf uns ein. Doch in unseren Wüstenzeiten, in denen wir allein sind, können wir zu uns kommen und Gottes Stimme deutlich hören. Wirkliches Gebet ist genau das: an einen Ort gehen, wo wir allein sind, die Tür schließen und dann zu unserem Vater sprechen und Ihm zuhören, der im Verborgenen ist und im Verborgenen hört.

In dieser Wüstenzeit entdeckte David etwas Neues, und er schrieb diese Offenbarung über Gott, die er empfangen hatte, auf:

> *Der HERR ist mein Hirte, mir wird nichts mangeln. Er lagert mich auf grünen Auen, er führt mich zu stillen Wassern. Er erquickt meine Seele. Er leitet mich in Pfaden der Gerechtigkeit um seines Namens willen. Auch wenn ich wandere im Tal des Todesschattens, fürchte ich kein Unheil, denn du bist bei mir; dein Stecken und dein Stab, sie trösten mich. Psalm 23,1–4*

Die Wüste ist unfruchtbar und lebensfeindlich und bietet keine wirkliche Nahrung. Da es in der Wüste kein Wasser gibt, ist es unmöglich, in der Wüste längere Zeit zu überleben. Wasser zu finden bedeutet, Leben zu finden. Wie David lernen auch wir in Wüstensituationen, uns auf Gott zu verlassen als unsere einzige Quelle: „Gott, mein Gott bist du; nach dir suche ich. Es dürstet nach dir meine Seele, nach dir schmachtet mein Fleisch in einem dürren und erschöpften Land ohne Wasser."[182] In der Wüste bleibt einem nichts anderes übrig, als sich völlig von Gott abhängig zu machen, Ihm zu vertrauen und Ihm zu glauben – oder aber man verhungert, verdurstet oder wird gefressen.

Wenn wir aus der Wüste herauskommen, ist es wirklich schade, dass wir so schnell wieder vergessen, wie sehr wir auf Gott angewiesen sind. Anders

---

[181] 1. Samuel 23,14

[182] Psalm 63,2

David: Er vergaß die Lektionen nicht, die er in der Wüste gelernt hatte. Er lebte in Zion, als wäre es eine Wüste, und verließ sich nicht auf seine Umgebung, sondern vertraute auf den Herrn allein. So sollten heute die Söhne Gottes in Zion leben, als wäre es eine Wüste und als wären wir absolut darauf angewiesen, dass Gott uns versorgt.

Die Wüste als Symbol für die gefallene Schöpfung

Wüste ist auch ein Sinnbild für die gefallene Schöpfung, besonders für die Menschheit und dafür, dass wir Christus brauchen. Ismael und Esau lebten außerhalb ihres Erbes, deshalb erbten sie die Wüste. Hier leben Wildesel, Strauße, Schakale und Dämonen. Dass kein Regen fällt, steht für das Fehlen von Gottes Segen. Gott gebraucht die Wüste, um Sein Volk zu erziehen und es vorzubereiten und manchmal zu seinem Schutz zu verbergen; aber es ist niemals Sein Wille, dass wir uns in der Wüste einrichten oder meinen, das wäre unser naturgemäßer Lebensraum.

Wüste ist mehr als nur eine natürliche Umgebung; sie symbolisiert auch den geistlichen Zustand einer Person oder sogar ganzer Völker. Die Bibel gebraucht sie als Metapher für den gefallenen Zustand der Schöpfung. Wörter wie Wüste, Finsternis und Gefängnis bezeichnen den geistlichen Zustand der Schöpfung und des Systems dieser Welt nach dem Sündenfall. Der Prophet Jeremia schrieb: „… Ägypten und Juda und Edom und die Söhne Ammon und Moab und alle mit geschorenen Haarrändern, die in der Wüste wohnen. Denn alle Nationen sind unbeschnitten, und das ganze Haus Israel hat ein unbeschnittenes Herz."[183]

Die Bibel bezeichnet die gefallene Erde als Wüste:

Und zu Adam sprach er: Weil du auf die Stimme deiner Frau gehört und gegessen hast von dem Baum, von dem ich dir geboten habe: Du sollst davon nicht essen! – so sei der Erdboden deinetwegen verflucht: Mit Mühsal sollst du davon essen alle Tage deines Lebens

---

[183] Jeremia 9,26

und Dornen und Disteln wird er dir sprossen lassen, und du wirst das Kraut des Feldes essen! 1. Mose 3,17–18

Bosheit und Auflehnung machten unseren Planeten einer Wüste und einem Gefängnis gleich:

> *Wie bist du vom Himmel gefallen, du Glanzstern, Sohn der Morgenröte! Wie bist du zu Boden geschmettert, Überwältiger der Nationen! Und du, du sagtest in deinem Herzen: „Zum Himmel will ich hinaufsteigen, hoch über den Sternen Gottes meinen Thron aufrichten und mich niedersetzen auf den Versammlungsberg im äußersten Norden. Ich will hinaufsteigen auf Wolkenhöhen, dem Höchsten mich gleichmachen." Doch in den Scheol wirst du hinab-gestürzt, in die tiefste Grube.*
>
> *Die dich sehen, betrachten dich, sehen dich genau an: „Ist das der Mann, der die Erde erbeben ließ, Königreiche erschütterte?" Er machte den Erdkreis der Wüste gleich und riss ihre Städte nieder. Seine Gefangenen entließ er nicht nach Hause.* Jesaja 14,12–17

Das ganze sündige System dieser Welt ist zur Wüste geworden und braucht Erlösung und Befreiung. Genau das hat Johannes angekündigt und vorbereitet: einen gebahnten Weg in der Wüste für den, der Gottes Auftrag ausführt, wie wir bei Jesaja lesen:

> *Der Geist des Herrn, HERRN, ist auf mir; denn der HERR hat mich gesalbt. Er hat mich gesandt, den Elenden frohe Botschaft zu bringen, zu verbinden, die gebrochenen Herzens sind, Freilassung auszurufen den Gefangenen und Öffnung des Kerkers den Gebun-denen, auszurufen das Gnadenjahr des HERRN und den Tag der Rache für unsern Gott, zu trösten alle Trauernden, den Trauernden Zions Frieden, ihnen Kopfschmuck statt Asche zu geben, Freudenöl statt Trauer, ein Ruhmesgewand statt eines verzagten Geistes.* Jesaja 61,1–3a

Hier ist die Rede von Jesus als dem Christus, also im Singular, aber dann wird sein Auftrag im Plural weitergeführt. Das ist das Geheimnis des Christus: ein Haupt, Jesus, und viele Glieder, der Leib Christi.

... damit sie Terebinthen der Gerechtigkeit genannt werden, eine Pflanzung des HERRN, dass er sich durch sie verherrlicht. Sie werden die uralten Trümmerstätten aufbauen, das früher Verödete wieder aufrichten. Und sie werden die verwüsteten Städte erneuern, was verödet lag von Generation zu Generation. Jesaja 61,3b–4

Die ganze Schöpfung sehnt sich danach, dass sie von der Unfruchtbarkeit erlöst wird, und kann es kaum erwarten, dass die Söhne Gottes offenbar werden. Wir sollten nicht so werden wie die Welt und wie unsere Umgebung. Wir mögen wohl eine Zeit lang in ihr sein, aber wir sollten ihr nicht gleich werden, sondern sie in einen Garten Eden verwandeln.

Ich glaube, dass Gott genau das zu unserer Zeit tut. Wie damals Johannes im Geist des Elia kam und Jesus, dem Christus, den Weg bereitete, so ruft jetzt ein körperschaftlicher Elia in der Wüste, eine Stimme aus vielen Stimmen, ein körperschaftlicher Zeuge, der den Söhnen Gottes eine ebene Bahn bereitet, damit diese in Christus den Auftrag Gottes zum Abschluss bringen können. Mit „zum Abschluss bringen" meine ich, dass alles, was Christus durch Seinen Tod, Seine Auferstehung und Himmelfahrt bereits besiegt hat, unter Seine Füße gelegt wird. Dazu gehört auch der Tod, der letzte Feind des Menschen.

Nach dem Sündenfall des Menschen wurde in gewisser Hinsicht die gesamte Erde zur Wüste. Als der Mensch sündigte, zog er damit nicht nur die ganze Menschheit in Mitleidenschaft, sondern die gesamte Schöpfung, denn Gott verfluchte den Erdboden um des Menschen willen: „Und zu Adam sprach er: Weil du auf die Stimme deiner Frau gehört und gegessen hast von dem Baum, von dem ich dir geboten habe: Du sollst davon nicht essen! – so sei der Erdboden deinetwegen verflucht: Mit Mühsal sollst du davon essen alle Tage deines Lebens."[184]

---

[184] 1. Mose 3,17

Die Offenbarung und die Wüste

Zu lange hat der Feind die starke Botschaft des Buches der Offenbarung an die Kirche Jesu Christi verdunkelt. Sein Plan war, dem größten Teil der Gemeinde Jesu weiszumachen, dieses Buch spreche von einer kommenden großen Trübsal, von einem noch ausstehenden Entscheidungskampf und einem zukünftigen Antichristen am Ende der Zeit vor Jesu Wiederkunft. Anders ausgedrückt: Der Welt stehe Schreckliches bevor und die, die an Jesus glauben, würden rechtzeitig von der Erde in den Himmel aufgenommen; so bliebe ihnen das Chaos der Endzeit erspart.

Düstere Zukunftserwartungen schaffen falsche Denkvoraussetzungen. Und diese wiederum beeinträchtigen unsere aktuelle Stellung und hindern uns, auf der Erde für Christus zu wirken. So viele gute Leute in der Gemeinde Jesu sind in Furcht und schlechten Zukunftserwartungen gefangen.

Mir scheint, dass viel von unserer unzutreffenden Schriftauslegung daher kommt, dass wir Texte aus dem historischen Zusammenhang reißen; ganz besonders gilt das für das Buch der Offenbarung. Wann immer wir versuchen, eine Schriftstelle auszulegen, müssen wir uns zunächst diese einfachen Fragen stellen:

- Wer schrieb es und für wen?
- Wann wurde es geschrieben?
- Was ist die Hauptaussage dieser Botschaft?

Besonders wichtig ist der Gesamtzusammenhang, wenn wir Offenbarung 12 und die Passage mit der Frau, dem männlichen Kind und der Wüste verstehen wollen; andernfalls laufen wir Gefahr, das ganze Kapitel über Gebühr zu vergeistlichen, anstatt es zuallererst in seinem historischen Kontext zu sehen. Das ganze Buch der Offenbarung ist so beschaffen, dass man leicht alle möglichen seltsamen Ideen hineinlesen kann, die ihm fremd sind; deshalb müssen wir sorgsam vorgehen und die Sinnbilder auf der Grundlage ihrer soliden alttestamentlichen Basis auslegen. Zu viele, die sich für Experten in Sachen biblischer Prophetie halten, haben das Buch der

Offenbarung verhunzt durch eine Art geistlicher Akrobatik: Sie lassen den Text etwas aussagen, das ihre fehlerhaften Theorien bestätigt.

Wenn wir den historischen Zusammenhang und die Hauptaussage des Textes festgestellt haben, können wir die nächste Frage stellen: Was sagt der Herr uns heute durch diese Botschaft?

Ich habe mich jahrelang mit dem Buch der Offenbarung befasst und festgestellt, dass ihm viel und grobes Unrecht angetan wurde – aus genau dem Grund, weil es aus dem historischen Zusammenhang gerissen wird. Ein Beispiel: 1973 bis 1975 besuchte ich die Bibelschule der Pfingstbewegung in Südafrika, und wir wurden gelehrt, die Offenbarung sei 95 n. Chr. von dem Apostel Johannes auf Patmos geschrieben worden. Diese Datierung blendete von vornherein alles rund um die Zerstörung Jerusalems um 70 n. Chr. aus.

Das Problem dabei ist, und das wurde mir erst später klar: Alle Argumente für eine späte Datierung beruhen auf einer einzigen Fehlinterpretation. Ich bin dem nachgegangen und habe es wirklich sorgfältig ergründet, wie die Kirche auf eine falsche Fährte gesetzt wurde, einfach dadurch, dass die tatsächliche Entstehungszeit dieses Buches verschleiert wurde, was eine eigentlich offensichtliche Interpretation verhinderte und viel Verwirrung stiftete.

Im Laufe der Jahrhunderte hat die Kirche viele wichtige Wahrheiten fast völlig aus den Augen verloren und es dauerte Jahrhunderte, bis sie wiederentdeckt wurden und Anerkennung fanden. Zum Beispiel diese:

- die Errettung aus Gnade durch Glauben,
- die Wassertaufe von Gläubigen durch Untertauchen,
- die Taufe im Heiligen Geist und das Sprachengebet.

Und eben auch die korrekte Datierung der Entstehung des Buches der Offenbarung.

Warum ist es so wichtig, wann die Offenbarung geschrieben wurde?

Ich werde immer hellhörig, wenn Prediger das Buch der Offenbarung hinzuziehen, um eine Lehre zu formulieren oder zu untermauern, die ansonsten im Neuen Testament nicht klar ausgedrückt oder bestätigt wird. Die meisten irrigen oder sektiererischen Lehren in der Gemeinde Jesu stammen aus dem Buch der Offenbarung.

Zunächst müssen wir die Tatsache zur Kenntnis nehmen, die ich bereits erwähnt habe: dass der Apostel Johannes das Buch der Offenbarung schon früh geschrieben hat, um das Jahr 68, nachdem Kaiser Nero ihn nach Patmos verbannt hatte. Ich habe mich gründlich damit befasst und ich bin überzeugt, dass die Offenbarung damals entstand und nicht erst im Jahr 95, wie viele sagen. Wenn wir der Abfassung dieses frühere Datum zugrunde legen, kommen wir zu einem viel besseren Verständnis dieses biblischen Buches.

Die meisten Theologen und Lehrer über biblische Prophetie, die an der unkorrekten Theorie der „Entrückung" der Gemeinde Jesu festhalten, verteidigen zwei weitere Theorien: die von der bevorstehenden „großen Trübsal" und die von der späten Abfassung der Offenbarung im Jahr 95.

Das Datum der Abfassung ist sehr wichtig. Es ändert zwar nichts am Inhalt, sehr wohl aber macht es die Auslegung viel klarer. Wenn der Apostel Johannes die Offenbarung *nach* der Zerstörung Jerusalems gesehen hat, wird viel von der eigentlich klaren Symbolsprache zum Nährboden für Spekulationen über die ferne Zukunft und für Vermutungen, wie wir sie besonders in den letzten beiden Jahrhunderten miterlebt haben.

Was Irenäus, Bischof von Lyon, dazu sagte

Irenäus (130–202) war einer der frühen Kirchenväter, vielen gilt er als eine wichtige Quelle der frühen Kirchengeschichte. Sein großer Klassiker *Die Offenbarung des Johannes* entstand zwischen 180 und 190 n. Chr.[185] In diesem Werk, das auf Griechisch verfasst wurde, macht Irenäus eine spezifische Aussage über Johannes und seine Vision, die für diese Diskussion von großer Bedeutung ist.

Um Irenäus' Äußerung in den richtigen Blickwinkel zu rücken, beachten Sie bitte, dass Irenäus dem Apostel Johannes nie persönlich begegnet ist, denn Johannes starb, bevor Irenäus geboren wurde. Beachten Sie auch, dass

---

[185] Arthur S. Peak, *The Revelation of John* (London: Joseph Johnson, 1919), S. 21.

Irenäus seinen Klassiker über hundert Jahre nach der Zerstörung Jerusalems schrieb. Er erwähnt Kaiser Domitian, der 95 n. Chr. regierte, also zu der Zeit, die viele Gelehrte für die Entstehungszeit der Offenbarung halten. Auch Domitian starb vor Irenäus' Geburt.

Das Besondere an Irenäus ist, dass er in seinen Schriften behauptet, er wäre Polycarp, dem Bischof von Smyrna, begegnet. Polycarp hatte die ersten Apostel gekannt[186] und war möglicherweise ein Schüler des Apostels Johannes. Nun könnte man sich fragen, warum die Aussage des Irenäus über den Apostel Johannes so wichtig ist. Sie ist wichtig, weil seine Aussage der einzige Anhaltspunkt ist, der eine späte Datierung der Offenbarung nahelegen könnte.

Vor Jahren, als ich begann, die Belege für die späte Datierung der Offenbarung zu untersuchen, überraschte es mich, dass alle Beweisführungen bei Irenäus endeten und bei dieser einen Aussage. Schauen wir uns diese jetzt näher an, denn sollte sie sich nicht als belastbar erweisen, ist die ganze Theorie der späten Datierung hinfällig; wir werden noch sehen, welch weitreichende Auswirkungen das hat. Es gibt zahlreiche biblische und historische Belege für eine frühe Datierung der Vision des Johannes auf etwa 68 n. Chr. Hier nun diese so wichtige Aussage des Irenäus in seiner Abhandlung *Gegen die Häresien* (5:30:3):

Wir werden uns allerdings nicht dem Risiko aussetzen, etwas Bestimmtes über den Namen des Antichrists zu sagen; denn wäre es notwendig, dass dieser Name zu dieser Zeit eindeutig klar sein sollte, wäre er durch den verkündet worden, der die apokalyptische Vision geschaut hat. Denn das wurde gesehen vor nicht sehr langer Zeit, beinahe in unseren Tagen, gegen Ende der Regierung Domitians.[187]

Irenäus schrieb in griechischer Sprache; allerdings existieren aus jener Zeit nur noch lateinische Handschriften seiner Werke. Dank Eusebius, einem anderen frühen Kirchenvater, ist diese eben zitierte Passage trotzdem im ursprünglichen griechischen Wortlaut erhalten geblieben.[188]

---

[186] Irenaeus: „Against Heresies" 3:3:4, *The Ante-Nicene Fathers*, Bd. 1, S. 416.

[187] Irenaeus, *The Ante-Nicene Fathers*, Bd. 1, S. 559-560.

[188] Eusebius, *Kirchengeschichte*, 3:18:3.

Eusebius ist der Hauptverantwortliche für die Interpretation dieser Irenäus-Aussage. An der Echtheit des Irenäus-Textes besteht kein Zweifel, darin sind sich alle Theologen einig. Seine Interpretation allerdings hat bei mehreren anerkannten Gelehrten starke Kritik und Fragen hervorgerufen.

Hauptstreitpunkt ist die Struktur des griechischen Textes. Was genau meinte er mit „das wurde gesehen"? Die Vision? Oder den Seher, den Apostel Johannes, der gesehen wurde „vor nicht sehr langer Zeit, beinahe in unseren Tagen, gegen Ende der Regierung Domitians"? Wer oder was wurde gesehen zur Zeit Kaiser Domitians? Viele Theologen haben die Interpretation des Eusebius übernommen, dass Irenäus hier von der Vision spricht und dass die Vision in Domitians Regierungszeit geschaut wurde. Deshalb datieren sie die Offenbarung des Johannes auf 90 bis 95 n. Chr., also offensichtlich auf die Zeit *nach* der Zerstörung Jerusalems im Jahr 70.

Zwei bekannte Experten, F. W Farrar (1831–1903) und Arthur S. Peake (1865–1929), haben herausgefunden, dass der erste Einwand gegen die Überlieferung des Eusebius und folglich gegen die späte Datierung der Offenbarung in neuerer Zeit 1751 von J. J. Wettstein erhoben wurde.[189] Neben Wettstein protestierten gegen die Interpretation des Eusebius auch H. Böhmer, M. J. Bovan, F. J. A. Hort, S. H. Chase, Arthur J. J. Scott, S. Barnes, James M. Macdonald, Henry Hammond, Edward C. Selwyn und G. Edmundson, um nur einige zu nennen.[190]

Die hauptsächlichen Einwände gegen Eusebius' Auslegung der Irenäus-Aussage, Johannes hätte die Offenbarung am Ende der Herrschaft Domitians geschaut, sind:

1. Die griechische Konstruktion von „wurde gesehen".
2. Die Bedeutung der Zeitangabe „vor nicht sehr langer Zeit, beinahe in unseren Tagen, gegen Ende der Regierung Domitians".

---

[189] F. W. Farrar, *The Early Days of Christianity* (London: Cassell and Company, 1884), S. 408. Arthur S. Peake, *The Revelation of John* (London: The Holborn Press, 1920), S. 73.

[190] Kenneth L Gentry, Jr. zitiert in *Before Jerusalem Fell* (Tyler: Institute for Christian Economics, 1989), S. 48, J. J. Wettstein, *Novum Testament Graecum*, Bd. 2 (1751), S. 746.

3. Die Unvereinbarkeit mit einigen der früheren und klareren Schriften des Irenäus, besonders in seinem 3. Buch über die Geschichte der frühen Kirche.

Bevor ich zu der Wüste und der Frau in Offenbarung 12 zurückkomme, noch ein letztes Wort zu dem, was ich bei meinen Studien über die Datierung der Offenbarung entdeckt habe:

Irenäus sagte, Johannes, der die Vision gehabt hatte, sei vor nicht langer Zeit *gesehen worden*, noch zur Zeit Kaiser Domitians (95 n. Chr.); er sagte nicht, Johannes hätte die Vision zur Zeit Domitians *gesehen*. Wir wissen, dass das stimmt, denn Johannes lebte von allen Aposteln der ersten Stunde am längsten.

Wenn man die Wahrheit über die frühe Datierung der Offenbarung in das Jahr 68 unter der Herrschaft von Kaiser Nero kennt, verändert sich die Auslegung dieser Vision drastisch. Es verwundert nicht, dass manche Lager die späte Datierung mit aller Kraft verteidigen, denn sonst wäre kein Raum mehr für all die wilden Vorhersagen und Spekulationen. Wenn die Offenbarung zeitlich richtig eingeordnet wird, ist sie im Großen und Ganzen leicht verständlich.

Johannes schrieb eine Vision nieder, die Christus der Herr ihm auf Patmos gab. Ihre Botschaft kam kurz vor dem dramatischsten Ereignis jenes Jahrhunderts in jenem Teil der Welt: der Eroberung und Zerstörung Jerusalems durch die Römer im Jahr 70. Als Johannes seine Vision aufschrieb, stand das meiste davon noch bevor, aber es ging innerhalb von ein, zwei Jahren in Erfüllung. Immer wieder im Buch der Offenbarung finden sich Ausdrücke wie „bald", schnell", „eine kurze Zeit", „keine Frist mehr".

Für uns heute ist der größte Teil der Offenbarung des Johannes ein genauer, historisch bestätigter Bericht über das, was während der „Tage der Rache" geschah, als Gott im Jahr 70 Jerusalem und seine religiöse Ordnung richtete. Das war die „große Trübsal", von der Jesus in Matthäus 23 und 24 sprach:

> *So gebt ihr euch selbst Zeugnis, dass ihr Söhne derer seid, welche die Propheten ermordet haben. Und ihr, macht nur das Maß*

eurer Väter voll! Schlangen! Otternbrut! Wie solltet ihr dem Gericht der Hölle entfliehen?

Deswegen siehe, ich sende zu euch Propheten und Weise und Schriftgelehrte; einige von ihnen werdet ihr töten und kreuzigen, und einige von ihnen werdet ihr in euren Synagogen geißeln und werdet sie verfolgen von Stadt zu Stadt, damit über euch komme alles gerechte Blut, das auf der Erde vergossen wurde, von dem Blut Abels, des Gerechten, bis zu dem Blut Secharjas, des Sohnes Berechjas, den ihr zwischen dem Tempel und dem Altar ermordet habt. Wahrlich, ich sage euch, dies alles wird über dieses Geschlecht kommen. [Das sagte Jesus im Jahr 30; im Jahr 70 war „diese Generation" noch am Leben.]

Jerusalem, Jerusalem, die da tötet die Propheten und steinigt, die zu ihr gesandt sind! Wie oft habe ich deine Kinder versammeln wollen, wie eine Henne ihre Küken versammelt unter ihre Flügel, und ihr habt nicht gewollt! Siehe, euer Haus wird euch öde gelassen.
Matthäus 23,31–38

Die Wüste und die Frau in Offenbarung 12

„Und ein großes Zeichen erschien im Himmel: Eine Frau, bekleidet mit der Sonne, und der Mond war unter ihren Füßen und auf ihrem Haupt ein Kranz von zwölf Sternen."[191]

Historisch gesehen ist diese Frau ein Symbol für die ewige Kirche, denn sie steht im Himmel, im Alten und im Neuen Bund, und hat Wehen bei der Geburt des Messias: „Darum wird der Herr selbst euch ein Zeichen geben: Siehe, die Jungfrau wird schwanger werden und einen Sohn gebären und wird seinen Namen Immanuel nennen."[192]

Die Frau floh in die Wüste, wo sie einen Ort hatte, den Gott ihr bereitet hatte. Weiter unten werden wir sehen, dass die Flucht der Frau in die Wüste ein Bild ist für die Flucht der judäischen Christen vor der Zerstörung

---

[191] Offenbarung 12,1

[192] Jesaja 7,14

Jerusalems. Solange sie in der Wüste ist, wird die Frau 1260 Tage lang ernährt; diese Zeitspanne entspricht dem „eine Zeit und zwei Zeiten und eine halbe Zeit" in Vers 14 und den 42 Monaten bzw. 1260 Tagen in Offenbarung 11,2–3 und 13,5.

Die Bibel zeigt mit dieser Ausdrucksweise, dass die Zeit der scheinbar siegreichen Bosheit begrenzt ist, diese Zeit des grimmigen Gerichtes über den Abfall von Gottes Bund. Deshalb ist in dieser Zeit, in der Satan die Oberhand zu haben scheint, die Kirche geschützt. Die Flucht der Frau in die Wüste erinnert uns an Elias dreieinhalbjährige Wüstenzeit während der Dürre; Gott versorgte Elia durch das Wunder mit den Raben, die ihm Essen brachten.[193]

Johannes sagt, die Flucht der Frau zeige nicht, dass Gott sie verlassen hätte, sondern vielmehr, dass Er sich liebevoll um sie kümmere. Die treue Braut Christi hat einen Ort, den Gott ihr bereitet hat.[194]

In seinem berühmten Traum sah Josef seinen Vater, seine Mutter und seine Brüder als Sonne, Mond und elf Sterne.[195] Dabei ist zu beachten, dass Josefs Mutter Rahel damals schon gestorben war (bei der Geburt von Josefs jüngerem Bruder Benjamin). Jakob sagte, die Verbeugung des Mondes stehe für die Verbeugung von Josefs Mutter. Das zeigt, dass das Volk Israel mehr war als nur das natürliche Israel des Alten Bundes.

Diese Frau, die im Himmel steht, ist also ein Sinnbild für die ewige Kirche. Das männliche Kind ist Jesus, der Christus, der in den Himmel aufgenommen ist. Der Drache ist der Teufel, der am Kreuz gerichtet und auf die Erde geworfen wurde. Bevor Er ans Kreuz ging, prophezeite Jesus über dieses Geschehen:

> *Jetzt ist das Gericht dieser Welt; jetzt wird der Fürst dieser Welt hinausgeworfen werden. Und ich, wenn ich von der Erde erhöht bin, werde alle zu mir ziehen.* Johannes 12,31–32

---

[193] 1. Könige 17,3–6

[194] 2. Samuel 7,10; 1. Chronik 17,9; Johannes 14,2–3

[195] 1. Mose 37,9

Johannes lässt uns auch an Israels Flucht in die Wüste denken, als es vor dem Angesicht des ägyptischen Drachen floh, und an die Flucht Marias nach Ägypten vor dem mörderischen Zorn des Königs Herodes.[196]

Der Drache wollte die Frau vernichten (die ewige Kirche), die das männliche Kind gebar, deshalb nahm er Jerusalem und Judäa ins Visier. Aber Jesus hatte die Kirche gewarnt (Matthäus 24): Wenn sie all diese Dinge sähen, sollten sie nicht in Jerusalem bleiben, sondern fliehen. Das taten sie auch; als die Römer vor Jerusalem ankamen, war kein einziger Gläubiger mehr in Jerusalem.

Der Drache hatte nur eine kurze Zeit, in der die Kirche noch mit dem alten Israel verbunden war und in der er die Kirche ruinieren konnte; er versetzte Land und Meer in Aufruhr, zunächst in einer dämonischen Partnerschaft gegen die Kirche und dann im Krieg gegeneinander, um die Kirche dazwischen zu zerreiben. Das Ungeheuer auf dem Land symbolisierte das religiöse System jener Tage in Jerusalem und das aus dem Meer stand für die weltliche Herrschaft der Römer. Diese Bildersprache finden wir mit gleicher Bedeutung in Offenbarung 17 wieder, dort als die Hure und das Tier.

Ich möchte unterstreichen, dass dies für Johannes und seine Zuhörer wahrscheinlich der springende Punkt in diesem Kapitel war. Der Drache verfolgt die Kirche einzig aus dem Grund, weil Christus ihn besiegt hat. Der Drache fällt in erster Linie deshalb auf das Land Israel, weil er die dortige Kirche vernichten will. Doch die Frau wird befreit, sie fliegt auf zwei Flügeln des großen Adlers in die Wüste. Johannes kannte dieses Bild aus 2. Mose 19,4, wo Gott sagt, er habe Israel „auf Adlerflügeln getragen" und zu sich gebracht. Das stellt klar, dass die Flucht der Frau keineswegs bedeutet, dass Gott sie im Stich gelassen hätte; sie ist nicht besiegt und Gott hat immer noch alles im Griff. Vielmehr fliegt sie auf Adlerflügeln und sie wird in der Zeit der Trübsal, in den dreieinhalb Jahren des Gerichts ernährt wie damals der Prophet. Die Zerstörung Jerusalems und des Tempels konnte Gottes wahrer Stadt und Seinem wahren Tempel nichts anhaben, denn

---

[196] Matthäus 2,13–21

diese waren in Sicherheit: Als „die Frau" befanden sie sich unter dem Schatten des Allmächtigen.

Der Drache hatte nur „eine kurze Zeit" (V. 12), um die Kirche zu vernichten, und wieder scheiterte er. Das machte ihn rasend, und so ging er weg, um mit ihren übrigen Nachkommen Krieg zu führen: Er richtete seinen Blick auf die nichtjüdischen Christen (von denen es im Römischen Reich viel mehr gab als jüdische), die von dem Kampf mit der Frau und ihrem Samen nicht betroffen gewesen waren. Aber sie besiegten ihn durch das Blut des Lammes und das Wort ihres Zeugnisses und weil sie ihr Leben nicht geliebt haben bis zum Tod.[197]

Nachdem wir nun gesehen haben, dass sich das in der Geschichte bereits erfüllt hat, müssen wir uns fragen: Was lehrt uns das über die Zeit, in der wir leben?

Ich würde mit diesem Abschnitt nicht beweisen wollen, dass der Kirche eine große Verfolgung bevorsteht, und ich würde auch nicht sagen, dass die Kirche wegrennen soll oder dass sie in einer Wildnis leben wird. Es mag Zeiten geben, in denen Gott uns in die Wüste ruft, aber wenn wir dort sind, wird Er uns immer versorgen, sich um uns kümmern. Eins ist sicher: Die Wüste ist nicht das Zuhause der Söhne Gottes.

Der ganze Dienst des Johannes bestand darin, eine Stimme zu sein, die in der Wüste ruft:

> *... wie geschrieben steht im Buch der Worte Jesajas, des Propheten: „Stimme eines Rufenden in der Wüste: Bereitet den Weg des Herrn, macht seine Pfade gerade!" Lukas 3,4*

> *Und durch die Wüste hat er euch getragen wie ein Vater sein Kind, den ganzen langen Weg bis hierher. 5. Mose 1,31 (GNB)*

Wann immer Sie eine Wüstenzeit erleben, machen Sie sich keine Sorgen! Gott wird dort sein und Er wird für Sie da sein. Dort erleben Sie die Wolke und die Feuersäule. Dort werden Engel und Raben Sie mit Brot und Fleisch

---

[197] Offenbarung 12,11

versorgen. Dreimal täglich! Und dort wird Gott Ihren Auftrag bestätigen, den er Ihnen gegeben hat, und Sie dann zurückschicken, um ihn auszuführen. Verlassen Sie sich darauf: Wenn Sie Ihm gehorchen und vertrauen, wird Er, der Sie in die Wüste getragen hat, Sie hindurchtragen und siegreich wieder hinausführen.

Erinnern Sie sich an Elia in der Wüste, und wie Gott mit ihm sprach: „Dort ging er in die Höhle und übernachtete da. Und siehe, das Wort des HERRN geschah zu ihm, und er sprach zu ihm: Was tust du hier, Elia?"[198] Ich nehme an, dass Elia sich in der Wüste sicher fühlte; hier hatte der Herr ihn vor Ahab und Isebel verborgen, dreieinhalb Jahre lang hatten sie ihn nicht finden können. Aber Elias Auftrag war noch nicht ganz ausgeführt. Eine der wichtigsten Aufgaben seines Lebens lag noch vor ihm: Er sollte Elisa zu seinem Nachfolger salben, Jehu zum König über Israel und Hasael zum König über Syrien.[199]

Aber der Herr rief ihn in eine Höhle und sprach ihn nochmals an: „Und es geschah, als Elia das hörte, verhüllte er sein Gesicht mit seinem Mantel, ging hinaus und stellte sich in den Eingang der Höhle. Und siehe, eine Stimme geschah zu ihm: Was tust du hier, Elia?"[200] Gott sagte Elia, er solle dorthin zurückgehen, wo er hergekommen war, und zu der jungen Generation Verbindung aufnehmen. Er sagte ihm, dass er nicht allein sei, sondern dass es noch siebentausend Menschen gebe, die wie er nie dem Baal gedient hätten, und dass Er selbst sie während der Dürre vor Isebel geschützt habe.

Auch heute gibt es diesen Überrest der Siebentausend, die einen doppelten Anteil dessen tragen, was die vorherige Generation trug. Elia musste sein Herz einem Sohn zuwenden, der sich ihm anschließen und ihm wie einem Vater folgen würde.

Gott hat einen Überrest, der auf Sie wartet. Nachdem Sie vor Gott gestanden und Ihr Gesicht verhüllt und das sanfte, leise Wehen der Stimme Gottes gehört haben, gehen Sie hin und seien Sie Seine Stimme. Gehen Sie zurück und bereiten Sie die „Christus-Generation" zu, die rein ist von

---

[198] 1, Könige 19,9
[199] 1. Könige 19,15–16
[200] 1. Könige 19,13

Religion. Es gibt sie tatsächlich, die Gesellschaft der dreihundert furchtlosen, unentwegten Streiter Gideons, die Körperschaft der 144 000 Nachfolger des Lammes mit dem Namen ihres Vaters auf ihren Stirnen, die dem Lamm folgen, wo immer es hingeht. Sie sind die Erstlinge der kommenden, weltweiten herrlichen Ernte.

Johannes der Täufer war auch so ein Mann. Er war die Stimme eines Rufenden in der Wüste.

11

Der Überrest

So ist nun auch in der jetzigen Zeit ein Überrest vorhanden aufgrund der Gnadenwahl. Römer 11,5 (SLT)

Als Johannes der Täufer auftrat als die Stimme, die in der Wüste ruft, war das Volk Israel ein einem ernsten, gottesfernen Zustand. Die Stimme des Johannes war die Posaune Gottes, die den Überrest zur Umkehr rief: Sie sollten sich von dieser verdrehten und verdorbenen Generation distanzieren und den Messias aufnehmen.

Jesaja beschreibt den Überrest so:

> *Und die Tochter Zion ist übriggeblieben wie eine Hütte im Weinberg, wie ein Wachthäuschen im Gurkenfeld, wie eine belagerte Stadt. Hätte uns der Herr der Heerscharen nicht einen geringen Überrest übriggelassen, so wären wir wie Sodom, gleich wie Gomorra geworden!* Jesaja 1,8–9 (SLT)

In unserem jetzigen Zeitabschnitt ist es äußerst wichtig, dass wir das biblische Konzept des „Überrests" verstehen und welche wichtige Rolle dieser gespielt hat und immer noch spielt. In der Idee des „Überrests" liegen weitere Wahrheiten verborgen: das Konzept von Same und Wurzelspross; Erstlingsfrucht; Repräsentation; das Prinzip des Christus; Frucht bringen,

Beschleunigung und Vermehrung; unantastbar sein; garantierter Sieg; Auferstehung und Unsterblichkeit.

Das hebräische Wort für „Überrest" in der oben zitierten Jesajastelle (1,9) lautet *sariyd* – „Überlebender" oder „das, was übrig bleibt". Ein anderes wichtiges Wort ist *sarach* – „*freigelassen werden, nicht eingeschränkt sein, überrennen, überlaufen, überhängen*". Eine ähnliche Bedeutung hat *yathar* (1,8) – „übriggelassen werden, bleiben, zurückgelassen werden, am Leben bleiben, hervorragend sein, übertreffen, Übermaß beweisen, mehr als genug haben".

Im Schöpfungsbericht sehen wir, dass Gott das Fortbestehen Seiner Schöpfung sichert, indem er jedes Seiner Geschöpfe mit Samen ausstattet. Mit aller Sorgfalt legt Er den Samen in die Frucht. Frucht ist attraktiv und nahrhaft, Samen dienen der Vermehrung. Wenn Tiere, Vögel oder Menschen die Frucht eines Baumes essen, wird die Frucht verzehrt, aber der Same durchläuft die Verdauungsorgane unangetastet und wird an einem anderen Ort ausgeschieden. Das garantiert Vermehrung, Verbreitung und Fortbestand einer Pflanzenart.

Der Same einer jeden Art trägt in sich das originäre Leben, die Natur und die Zukunft dieser bestimmten Art. So sichert er den Fortbestand dieser Art oder Familie. Das trifft besonders auf den Menschen zu.

Als Gott die Welt erschuf, rief Gottes Wort nicht nur alles ins Leben, sondern es wurde selbst zum Samen, der den Fortbestand sicherstellte. Nach den sechs Tagen des Schöpfungswerks ruhte Gott, aber durch das Prinzip des Samens vermehrten sich die Geschöpfe und verlängerten den Schöpfungsakt in Gottes Auftrag. Der Same trägt die Zukunft in sich. Auch wenn der Baum stirbt oder gefällt wird, wird er weiterbestehen durch den Überrest im Samen oder in der Wurzel, die stehenbleibt.

In Seiner Erklärung des Gleichnisses vom Sämann und dem Samen in Matthäus 13,3–9 sagt Jesus in Vers 18, dass der Sämann das Wort aussät. Daraus können wir schließen, dass die treibende Kraft und das Potenzial hinter dem Samen das Wort Gottes ist.

Gott hat alle Dinge durch Sein Wort erschaffen. Noch mehr: Im Hebräerbrief heißt es, dass Er alles aufrechterhält „durch das Wort seiner Macht".[201]

Dasselbe sagt der Apostel Johannes in seinem Bericht über den Anfang:

[201] Hebräer 1,3b

Im Anfang war das Wort, und das Wort war bei Gott, und das Wort war Gott. Dieses war im Anfang bei Gott. Alles wurde durch dasselbe, und ohne dasselbe wurde auch nicht eines, das geworden ist. In ihm war Leben, und das Leben war das Licht der Menschen. ...

Und das Wort wurde Fleisch und wohnte unter uns, und wir haben seine Herrlichkeit angeschaut, eine Herrlichkeit als eines Eingeborenen vom Vater, voller Gnade und Wahrheit. Johannes 1,1–4.14

Der Same kommt

Wie im Tier- und im Pflanzenreich trug auch der Same Adams seiner selbst Natur, Ursprung, Ebenbild, Ähnlichkeit und Zukunft in sich. Er enthielt das Potenzial für die exakte Darstellung Gottes, der den Menschen in Seinem Ebenbild geschaffen hatte. Durch den Menschen sollte Gott auf der Erde sichtbar werden.

Sofort nachdem Adam gesündigt hatte, ungehorsam gewesen war, offenbarte Gott dem Menschen, dass Eva einen Samen in sich trug, der eines Tages den Samen und das Ebenbild des Teufels überwinden würde.[202]

Das ist mehr als nur der natürliche Samen des Menschen, denn es ist der Mann, der den Samen des Menschen trägt; doch dieser Same, von dem Gott hier spricht, wird „der Same der Frau", „Weibessame" genannt.

Das ist ein prophetisches Wort von Gott. Er spricht von der Frau als einem Bundesvolk (der ewigen Kirche), das Seine prophetische Verheißung des Messias tragen und zur Geburt bringen würde:

Und ein großes Zeichen erschien im Himmel: Eine Frau, bekleidet mit der Sonne, und der Mond war unter ihren Füßen und auf ihrem Haupt ein Kranz von zwölf Sternen ... Und sie gebar einen Sohn, ein männliches Kind, der alle Nationen hüten soll mit eisernem Stab; und ihr Kind wurde entrückt zu Gott und zu seinem Thron. Offenbarung 12,1.5

---

[202] 1. Mose 3,15

Wir wissen durch die Offenbarungen des Apostels Paulus, dass der Same, über den Gott sprach, der Christus war. Die Geschichte hat gezeigt, dass es immer einen gerechten Überrest gab, der diesen verheißenen Samen trug. Gott bewahrte ihn, Er segnete ihn und brachte ihn voran, um des Christus willen. Tatsächlich war der Geist Christi auch im Alten Bund immer da gewesen: „Sie forschten, auf welche oder auf was für eine Zeit der Geist Christi, der in ihnen war, hindeutete, als er die Leiden, die auf Christus kommen sollten, und die Herrlichkeiten danach vorher bezeugte."[203] Der Geist Christi war also in den Propheten des Alten Bundes.

Seit Gott im Garten Eden über den Samen der Frau gesprochen hatte, haben alle Schriften des Alten Testament – das Gesetz, die Propheten, die Psalmen und die übrigen Weisheitsbücher – von diesem kommenden verheißenen Samen gekündet. Dieser Weibessame war der Messias, der Gesalbte, das exakte Ebenbild des unsichtbaren Gottes.[204] In Ihm würde die Fülle der Gottheit leibhaftig wohnen.[205] Er würde dem Menschen wieder zur Gottebenbildlichkeit verhelfen und das Reich der Himmel auf Erden und über der ganzen Schöpfung aufrichten.

Diese Verheißung stammt aus dem Garten Eden. Gott wiederholte sie an Abraham, Isaak und Jakob und fügte hinzu, dass ihr Same gedeihen und gesegnet sein würde und ein Segen für alle Völker der Erde. Der Prophet Nathan sagte David, nach dessen Tod würde Gott Seinen Samen aufrichten, und der würde Gott ein Haus bauen und das Reich Gottes auf die Erde bringen. Er würde auch „Sohn Gottes" genannt werden. Der Weibessame konnte nicht scheitern, er konnte nicht zerstört oder vernichtet werden. Im Gegenteil: Er würde überwinden und Erfolg haben und die Menschheit erlösen. Er würde die Menschen mit Gott versöhnen. Gott würde diesen Samen verbergen und bewahren und segnen – um Seines Namens willen. Dieser verheißene Same war umgeben von der Gnade Gottes.

Gott verbarg den Überrest im unfruchtbaren Leib der Sara, in einem kleinen Jungen in einem Korb und im Haus des Pharao, in der Hure Rahab, in der Moabiterin Ruth, in der Höhle Adullam in der Wüste und schließlich

---

[203] 1. Petrus 1,11

[204] Kolosser 1,15; Hebräer 1,3

[205] Kolosser 2,9

im Mutterleib einer Jungfrau namens Maria. Die Spur dieses verheißenen Samens zieht sich durch das Alte Testament hindurch, bis Er in der Fülle der Zeiten Fleisch annimmt und als der zweite oder letzte Adam auftritt. Er wird auch Immanuel genannt, der Gesalbte, Messias.

Über die Jahrhunderte hinweg gab es immer einen Überrest, auch in den dunkelsten Zeiten, wenn die Menschen Gott den Rücken kehrten und in der Verstocktheit ihrer Herzen wandelten. Die Träger dieses Samens der Frau waren die Menschen, die an der Verheißung festhielten und im Glauben Gott nachfolgten. Sie waren der Überrest. Der Schreiber des Hebräerbriefs hilft uns in Kapitel 11, durch die Jahrtausende hindurch diesen Überrest zu erkennen.

Er beginnt mit Abel, der durch den Glauben ein besseres Opfer brachte als sein Bruder Kain; und obwohl er gestorben ist, spricht er immer noch, denn nach seinem Tod bekamen Adam und Eva einen Sohn namens Set. Im Hebräischen bedeutet das „ersetzt".[206] Set war der Ersatz für Abel, damit der gerechte Same weiterbestehen konnte. Gott sorgte dafür, dass der verheißene Same erhalten blieb.

Henoch fand Gottes Wohlgefallen und starb nicht, sondern wurde nach 365 Jahren versetzt. Dann kam Noah, der durch seine Gottesfurcht Erbe der Gerechtigkeit wurde. Er trug den Weibessamen durch eine äußerst verheerende Zeit: Durch eine Überschwemmung wischte Gott die Menschen von der Erde hinweg.

Aus der Linie Sets kamen die Erzväter Abraham, Isaak und Jakob, die Erben derselben Verheißung waren. Der Hebräerbrief stellt dazu fest: „Diese alle sind im Glauben gestorben und haben die Verheißungen nicht erlangt, sondern sahen sie von fern und begrüßten sie und bekannten, dass sie Fremde und ohne Bürgerrecht auf der Erde seien."[207]

Der Feind vergaß die Verheißung des Weibessamens, der ihn besiegen würde, nicht; deshalb griff er das ganze Alte Testament hindurch immer wieder die Frau an. Viele sehr bekannte Männer im Alten Testament hatten Ehefrauen, die mit Unfruchtbarkeit zu kämpfen hatten. Spontan fallen mir dazu Sara, Rebekka, Rahel, Hanna und im Neuen Testament Elisabeth ein.

---

[206] *Strong's*, H8352, „sheth"

[207] Hebräer 11,13

Welcher Art dieser Same der Frau war, wird durch den Glauben und Gehorsam des Abraham deutlich. Er zeigt uns das Verhalten des Überrests: „Durch Glauben hat Abraham, als er geprüft wurde, den Isaak dargebracht, und er, der die Verheißungen empfangen hatte, brachte den einzigen Sohn dar."[208] Die Liste in Hebräer 11 geht weiter mit den Glaubenshelden, die nicht nur für sich selbst lebten. Sie alle lebten und starben mit der Verheißung in ihrem Herzen. Sie gehörten zu dieser Frau, die diesen verheißenen Samen hervorbringt. Ihr ganzes Leben lang sahen sie nichts von der Frucht, und doch trugen sie diesen Weibessamen in sich und gaben ihn weiter.

Josef, der die Verheißung trug und Gott treu geblieben war, gab Anweisung, dass seine Gebeine mitgenommen werden sollten, wenn Gott das Volk befreien würde und sie wieder nach Kanaan zögen. Seine Knochen waren ein Bild für den Überrest, und vierhundert Jahre später wurden sie zurückgetragen, um in Kanaan bestattet zu werden.

Die Bibel berichtet, dass bei der Auferstehung Jesu die Gräber aufgetan wurden und die Gerechten in Jerusalem gesehen wurden. Ich nehme an, dass auch Josef dabei war. Hätte er nicht an diesen kommenden Samen und die Auferstehung der Toten geglaubt, wäre es gut möglich gewesen, dass er diese erste Auferstehung verpasst hätte.

Dann trat David auf. Dieser „Mann nach dem Herzen Gottes" wurde zu einem wichtigen Baustein in dem Überrest, der den verheißenen Samen trug. Gott spezifizierte die Verheißung und beschränkte sie auf die Linie Davids. Er sagte ihm, der verheißene Same und König würde aus seinem Hause stammen und auf seinem Thron sitzen und in Gerechtigkeit regieren. Mit den Propheten schließt der Schreiber des Hebräerbriefs seine Liste ab:

> *... die durch Glauben Königreiche bezwangen, Gerechtigkeit wirkten, Verheißungen erlangten, der Löwen Rachen verstopften, des Feuers Kraft auslöschten, des Schwertes Schärfe entgingen, aus der Schwachheit Kraft gewannen, im Kampf stark wurden, der Fremden Heere zurücktrieben. Frauen erhielten ihre Toten durch Auferstehung wieder; andere aber wurden gefoltert, da sie die Befreiung*

---

[208] Hebräer 11,17

nicht annahmen, um eine bessere Auferstehung zu erlangen. Hebräer 11,33–35

Die ganze Geschichte hindurch wiesen sie den Charakter des Weibessamens auf, wenn auch nicht in der ganzen Fülle; auch bei ihnen befand sich der Schatz der Herrlichkeit in irdenen Gefäßen. Sie waren der Überrest des Alten Bundes.

Wann immer Gott auch nur einen einzigen Träger der Gerechtigkeit und Wahrheit finden konnte, rettete Er dessen Volk – das ist das Prinzip des Überrests. Der Überrest war zwar noch nicht der Weibessame an sich, aber diese Leute waren die stellvertretenden Träger des Christus. Gott wirkte immer durch den Überrest. Dem Abraham sagte Er, wenn es in ganz Sodom nur zehn Gerechte gebe (einen kleinen Überrest), würde Er alle drei Städte verschonen. In diesem Überrest liegt die Hoffnung auf die Errettung. Lot musste Sodom verlassen, bevor Gott die Städte zerstören konnte. Der Engel befahl Lot zu fliehen, weil Gott die Stadt nicht vernichten konnte, solange dieser noch dort war.

Andererseits wusste auch der Feind: Wenn er den Überrest beseitigen konnte, würde der Weibessame nicht kommen; so könnte er den ganzen Erlösungsplan Gottes vereiteln. Der Mensch würde nicht wieder zum Abbild Gottes werden und das Reich Gottes käme nicht auf die Erde.

In Seiner unendlichen Weisheit entwarf Gott den Samen der Frau so, dass Druck, Demut, Tod und Begräbnis nur zu seinem Gedeihen beitragen mussten. Noch mehr: All das sind Voraussetzungen, dass er aufgehen und wachsen kann. Das ist die Natur, der Charakter des Reiches Gottes: Diese „Attacken" aktivieren das Wachstum und die Vermehrung dieses Samens, sie machen ihn stark. Jedes Mal, wenn man ihn zerquetscht oder in der Erde begräbt, wird er wertvoller oder er wächst und vermehrt sich. Jeder Same trägt das Prinzip der Auferstehung in sich. Das ist in der Geschichte Israels klar zu sehen: Als der Pharao die Israeliten in Ägypten unter Druck setzte, vermehrten sie sich und wurden „zahlreich".

So war es auch im ersten Jahrhundert, als die Kirche schwer verfolgt wurde und viele Christen umgebracht wurden: Das Blut der Märtyrer wurde zum Saatbett für das Evangelium des Reiches Gottes. Weder der Teufel noch Rom noch die religiösen Juden konnten den Überrest auslöschen.

Die Kirche Jesu Christi geht siegreich weiter. Kein Tor der Hölle wird ihr widerstehen können.

Adams Sohn Abel zeigte eindeutig den Charakter dieses Weibessamens: Er brachte von den Erstlingen seiner Schafe und seinem Fett Gott ein Opfer dar. Welch ein schönes Bild für das Lamm Gottes, den einzigen Sohn (Erstling) und den Gesalbten (Fett), der als Sühneopfer an einem Kreuz starb.

Der Feind missbrauchte Kain – er veranlasste ihn, seinen gerechten Bruder Abel zu ermorden – und versuchte so, den verheißenen Samen auszurotten. Aber Gott gab Adam einen Ersatz; als dieser 130 Jahre alt war, wurde ihm Set geboren. Adam hatte zwar viele weitere Söhne und Töchter, aber Set war der Ersatz und der Gesalbte, der Überrest, der diesen Samen der Frau trug. Nach Sets Geburt begannen die Menschen wieder, den Namen des Herrn anzurufen.[209]

Die Strategie der Vermischung

Eine andere Strategie des Feindes, den verheißenen Samen zu vertilgen, war Vermischung. Wenn er ihn schon nicht aus der Welt schaffen konnte, wollte er ihn doch wenigstens durch Vermischung verunreinigen: „Da sahen die Gottessöhne, wie schön die Töchter der Menschen waren, und nahmen sich zu Frauen, welche sie wollten."[210] Durch diese Vermischung kamen die Riesen auf die Erde. Vermischung bringt immer große Scharen mit sich, wie beim Auszug Israels aus Ägypten: „Es zog aber auch viel Mischvolk mit ihnen hinauf, dazu Schafe und Rinder, sehr viel Vieh."[211]

Vermischung bringt in Schwierigkeiten: „Und das hergelaufene Volk, das in ihrer Mitte war, gierte voller Begierde, und auch die Söhne Israel weinten wieder und sagten: Wer wird uns Fleisch zu essen geben?"[212]

Die Vermischung des Wortes Gottes mit der Überlieferung hat riesige religiöse Organisationen hervorgebracht. Die Bibel sagt, in der Endzeit würden die Menschen sich Lehrer aufhalsen, die ihre juckenden Ohren

---

[209] 1. Mose 4,25–26

[210] 1. Mose 6,2 (LUT)

[211] 2. Mose 12,38

[212] 4. Mose 11,4

besänftigen würden. Jedes Mal, wenn man das Wort Gottes durch Kompromisse entschärft, lässt man etwas mehr Fleisch zu. Eine Menge Fleisch ergibt einen Riesen, und nur weil sich viele Menschen versammeln, muss das noch lange nicht eine Gemeinde im Sinne des Neuen Testaments sein.

Gott brachte die Sintflut über die Erde, um mit der Vermischung fertigzuwerden, aber Er wartete damit, bis Er Noah gefunden hatte, einen Gerechten. Noah war Gottes Überrest, der Träger des Originals. Deshalb blieb er vor dem Gericht verschont.

Heute gibt es einige Mega-Institutionen, die durch die Vermischung des Wortes Gottes mit dem Humanismus erzeugt wurden. Manche nennen das Postmodernismus. Wenn man Christus, den Stein des Anstoßes, aus dem Weg räumt, dann ist man vielleicht politisch korrekt und sorgt dafür, dass keiner sich angegriffen fühlen könnte – aber man baut mit Heu, Strohstoppeln und Holz, und nichts davon besteht die Feuerprobe des Herrn.

Wir sind nicht dazu berufen, das Wort Gottes durch Kompromisse zu schmälern und so den Forderungen der Menschen gerecht zu werden. Vielmehr sollen wir sie zur Umkehr rufen, das ist die Forderung des Wortes Gottes.

Gott wollte dafür sorgen, dass jeder versteht, wie gefährlich es ist, Samen zu vermischen. Im Gesetz des Mose ist das ausdrücklich verboten:

> *Du sollst nicht mit einem Rind und einem Esel zusammen pflügen.* 5. Mose 22,10

> *Meine Ordnungen sollt ihr halten. Dein Vieh von zweierlei Art sollst du sich nicht begatten lassen; dein Feld sollst du nicht mit zweierlei Samen besäen, und ein Kleid, aus zweierlei Stoff gewebt, soll nicht auf dich kommen.* 3. Mose 19,19

Diese rituellen Verordnungen sollten das Prinzip einführen, dass Fleisch und Geist nicht vermischt werden dürfen.

Die neutestamentliche Entsprechung findet sich in 1. Korinther 10,21: „Ihr könnt nicht des Herrn Kelch trinken und der Dämonen Kelch; ihr könnt nicht am Tisch des Herrn teilnehmen und am Tisch der Dämonen." Licht und Finsternis haben nichts miteinander gemein.

Genauso kann das Reich Gottes nicht vermischt werden mit Religion. David führte eine Volkszählung durch, und deshalb kam ein Fluch über das Land. Er spielte mit dem Feuer, als er in sein Gottvertrauen das Vertrauen auf den Arm des Fleisches, auf sein starkes Heer, hineinmischte. Gott zählt uns nicht, Er wiegt uns. Gott kann einen Einzigen zu Tausend machen und einen Geringen zu einem großen Volk. Die Gefahr beim Zählen von Menschen liegt darin, dass man anfangen könnte, *auf* sie zu zählen. Auf die Stärke von Menschen zu zählen aber bringt unter einen Fluch, denn es zeigt, dass man sein Gottvertrauen verloren hat.

Der Priester Esra reagierte heftig auf die Vermischung im Überrest von Juda:

> *Als das nun vollbracht war, traten die Obersten zu mir und sagten: Das Volk Israel und die Priester und die Leviten haben sich nicht von den Völkern der Länder – wegen deren Gräuel – abgesondert, nämlich von den Kanaanitern, den Hetitern, den Perisitern, den Jebusitern, den Ammonitern, den Moabitern, den Ägyptern und den Amoritern. Denn sie haben von deren Töchtern für sich und für ihre Söhne Frauen genommen, und so hat sich der heilige Same mit den Völkern der Länder vermischt. Und die Hand der Obersten und der Vorsteher ist in dieser Untreue als Erste ausgestreckt gewesen.*
>
> *Als ich diese Sache hörte, zerriss ich mein Kleid und mein Obergewand und raufte mir Haare meines Kopfes und meines Bartes aus und saß betäubt da. Und zu mir versammelten sich alle, die zitterten vor den Worten des Gottes Israels wegen der Untreue der Weggeführten. Ich aber blieb betäubt sitzen bis zum Abendopfer.*
>
> *Und um die Zeit des Abendopfers stand ich auf von meiner Selbstdemütigung, nachdem ich nochmals mein Kleid und mein Obergewand zerrissen hatte, und ich ließ mich auf meine Knie nieder und breitete meine Hände zu dem HERRN, meinem Gott, aus. Und ich sprach: Mein Gott, ich schäme mich und scheue mich, mein Gesicht zu dir, mein Gott, zu erheben! Denn unsere Sünden sind uns über den Kopf gewachsen, und unsere Schuld ist groß geworden bis an den Himmel. Esra 9,1–6*

Anschließend handelten Esra, Nehemia und das Volk, wie sie es als richtig erkannt hatten: „Und es geschah, als sie das Gesetz hörten, da sonderten sie alles Mischvolk von Israel ab."[213]

Ein heiliges Volk

Noah und seine ganze Familie wurden gerettet, weil Noah gerecht war; hier sehen wir das Prinzip des Überrests. – Noah fand Gnade in den Augen des Herrn. Nach der Flut wurde Noahs Sohn Sem unter den Völkern zum Träger des Weibessamens. Sem war der Vorfahr von Terach und Abraham. Ham hingegen war der Vorfahr von Kanaan und Nimrod, und Nimrod und seine Kinder bauten Systeme und die Stadt Babel und lehnten sich gegen Gott auf.

Aber es gab unter den Babyloniern eine Familie, die nicht mitmachte. Sie beteiligten sich nicht am Aufbau dieses gottlosen System Babylons, rebellierten nicht gegen Gott: die Familie von Terach, dem Vater Abrams. Abram gehorchte, als Gott ihn aus seinem Land, seiner Familie, seiner Kultur herausrief, und blieb dem Plan Gottes für sein Leben treu. Er war der Überrest, der den Samen der Frau trug. Von ihm sollte der verheißene Same kommen; dieser würde alle Feinde überwinden und ein Segen sein für alle Völker der Welt. Abram trug den Baumeister der Stadt Gottes in seinen Lenden.[214] So ist es kein Wunder, dass er sich von dem Stückchen Land namens Kanaan nicht sonderlich beeindrucken ließ und auch nicht von der Stadt Salem (Jerusalem), als er Melchisedek begegnete, der dort lebte.

Der Verfasser des Hebräerbriefs drückt es so aus:

Durch Glauben siedelte er sich im Land der Verheißung an wie in einem fremden und wohnte in Zelten mit Isaak und Jakob, den Miterben derselben Verheißung; denn er erwartete die Stadt, die Grundlagen hat, deren Baumeister und Schöpfer Gott ist. Hebräer 11,9–10

---

[213] Nehemia 13,3

[214] Hebräer 3,3

Abraham wurde zum Vater eines Volkes, das das Reich Gottes auf die Erde bringen sollte; es sollte Träger der Gnade, Gottes Überrest-Volk unter den Völkern der Erde sein. Sie sollten die Gnade und Herrlichkeit Gottes unter den Nationen demonstrieren und so die Völker anziehen und sie mit Gott bekanntmachen.

Die Herrlichkeit Gottes auf Erden wird transportiert durch das Ebenbild Gottes im Menschen. Gott versprach Israel, wenn sie in Seinem Gesetz und in Seinen Ordnungen leben würden, würden sie königliche Priester und ein heiliges Volk sein und das erste unter allen Völkern.[215] Gott wollte Israel als „Überrest-Volk" haben, als „Erstlingsvolk" unter den Nationen. Ihr Auftrag war, für alle Völker ein Segen zu sein. Gott wollte Israel nicht nur das Land Kanaan geben, Er hatte mit Israel mehr vor; Sein Plan umfasste alle Völker der Erde. Die Herrlichkeit, die Israel tragen sollte, war die einzige Hoffnung für die Welt.

Als das Volk Israel sich in der Wüste gegen Gott auflehnte und ein goldenes Kalb anbetete, beschloss einer der Stämme, für Gott zu streiten: Der Stamm Levi stellte sich hinter Mose, und deshalb wählte Gott diesen einen Stamm aus und nahm ihn sich zum besonderen Eigentum. Von da an vertrat dieser Stamm Gott im Volk Israel; die Nachkommen Aarons waren Priester und die Leviten dienten an der Stiftshütte und später im Tempel.

Das war der Wille Gottes, vielleicht sogar Sein wohlgefälliger Wille, aber es war noch nicht der vollkommene Wille Gottes. Der Erzvater Jakob brachte mit seinen zwölf Söhnen das Volk hervor. Einer dieser Söhne hieß Juda. Juda war der vierte Sohn, und diesem Sohn prophezeite Jakob in Ägypten auf dem Sterbebett, dass von ihm die endgültige Herrschaft kommen und dass die Set-Linie durch Juda fortgesetzt würde: „Nicht weicht das Zepter von Juda noch der Herrscherstab zwischen seinen Füßen weg, bis dass der Schilo kommt, dem gehört der Gehorsam der Völker."[216] Als David aus dem Stamm Juda erschien, gab Gott dem Propheten Samuel den Auftrag, diesen Hirtenjungen zu dem von Gott erwählten König zu salben.

---

[215] 2. Mose 19,5

[216] 1. Mose 49,10

Das Geheimnis des Christus, des Messias, des verheißenen Samens

Es ist ein Geheimnis um diesen Weibessamen, den Samen Davids und Abrahams. Das war nicht nur ein natürlicher Nachkomme; das war der Christus. Jesaja sagte über Ihn:

> *Denn ein Kind ist uns geboren, ein Sohn uns gegeben, und die Herrschaft ruht auf seiner Schulter; und man nennt seinen Namen: Wunderbarer Ratgeber, starker Gott, Vater der Ewigkeit, Fürst des Friedens.*
>
> *Groß ist die Herrschaft, und der Friede wird kein Ende haben auf dem Thron Davids und über seinem Königreich, es zu festigen und zu stützen durch Recht und Gerechtigkeit von nun an bis in Ewigkeit. Der Eifer des HERRN der Heerscharen wird dies tun.* Jesaja 9,5–6

Das Mysterium ist nicht nur der Same der Frau an sich, der Christus, der als Jesus erschien, der einziggeborene Sohn Gottes; es ist auch der Same, der in die Erde fiel und starb. Jesus nannte dies die Stunde Seiner Verherrlichung:

> *Jesus aber antwortet ihnen und spricht: Die Stunde ist gekommen, dass der Sohn des Menschen verherrlicht werde. Wahrlich, wahrlich, ich sage euch: Wenn das Weizenkorn nicht in die Erde fällt und stirbt, bleibt es allein; wenn es aber stirbt, bringt es viel Frucht. Wer sein Leben liebt, verliert es; und wer sein Leben in dieser Welt hasst, wird es zum ewigen Leben bewahren.* Johannes 12,23–25

Wenn schon der Tod des Weibessamens das Haupt des Schlangensamens zertrat, bereitete Seine Auferstehung der Schlange noch viel größere Schwierigkeiten. Wie wird es der Schlange erst mit der Ernte gehen?

Der Same kam vervielfacht zurück. Schon bald wird Gott den Satan unter den Füßen der Ernte zertreten: „Der Gott des Friedens aber wird in kurzem den Satan unter euren Füßen zertreten. Die Gnade unseres Herrn Jesus Christus sei mit euch!"[217]

Die Füße des Samens der Frau, das ist der körperschaftliche Christus. Das ist das große Geheimnis, das Paulus verkündigte: der Leib Christi. Obwohl der Same Davids „Davids Sohn" genannt wurde, nannte David selbst Ihn Herrn. Er war ja schon vor Eva gewesen, vor Abraham, vor David. Das Wort Gottes erschien auf der Erde als Sohn Gottes – der verheißene Same Evas, Davids und Abrahams wurde Fleisch.

Gott gab sich selbst in den Menschen hinein als ein Same. Das war die Erfolgsgarantie für Seinen Plan. Schon immer hatte Gott für Seinen Namen gestritten. Er kümmerte sich um Seine Investition, um das, was Er von sich in den Menschen hineingelegt hatte. Wenn dem Menschen kein Grund mehr eingefallen wäre, warum Gott noch irgendetwas tun sollte, hätte Gott immer noch gesagt: „Ich tue es um meines Namens willen!" Jesus bezeichnete sich als Sohn des Menschen, aber in Wirklichkeit war Er der Sohn Gottes, und der Mensch war Sein Sohn. Das ist das Geheimnis: Christus in uns, die Hoffnung der Herrlichkeit.[218]

Als Petrus zu Jesus sagte: „Du bist der Christus, der Sohn des lebendigen Gottes",[219] verkündete er durch den Heiligen Geist das Geheimnis des Christus.

Auch Paulus verkündete dieses Geheimnis des Christus:

> *Preis und Dank sei Gott! Er hat die Macht, euch in eurem Glaubensstand zu festigen. So bezeugt es die Gute Nachricht, die ich verkünde, die Botschaft von Jesus Christus. Sie offenbart den geheimen Plan, der seit Urzeiten verborgen gehalten, jetzt aber enthüllt worden ist.* Römer 16,25–26a (GNB)

---

[217] Römer 16,22

[218] Kolosser 1,27

[219] Matthäus 16,16b

Wir reden Gottes Weisheit in einem Geheimnis, die verborgene, die Gott vorherbestimmt hat, vor den Zeitaltern, zu unserer Herrlichkeit. 1. Korinther 2,7

Beim Lesen könnt ihr meine Einsicht in das Geheimnis des Christus merken. Epheser 3,4

... und für alle ans Licht zu bringen, wie Gott seinen geheimen Ratschluss ausführt, der von Ewigkeit her verborgen war in ihm, der alles geschaffen hat. Epheser 3,9 (LUT)

Dieses Geheimnis ist groß, ich aber deute es auf Christus und die Gemeinde. Epheser 5,32

... das Geheimnis, das verborgen war, seitdem es Weltzeiten und Geschlechter gibt, das jetzt aber seinen Heiligen offenbar gemacht worden ist. Ihnen wollte Gott bekannt machen, was der Reichtum der Herrlichkeit dieses Geheimnisses unter den Heiden ist, nämlich: Christus in euch, die Hoffnung der Herrlichkeit. Kolosser 1,26–27 (SLT)

Betet zugleich auch für uns, dass Gott uns eine Tür des Wortes öffne, das Geheimnis des Christus zu reden, dessentwegen ich auch gebunden bin. Kolosser 4,3

Paulus erklärt, Christus sei der Same Abrahams.[220] Alle den Vätern gegebenen Verheißungen galten immer dem Christus, dem Weibessamen. Dann, in der Fülle der Zeiten, kam der verheißene Same ins Fleisch. Er ist Emmanuel, „Gott mit uns".

So verborgen war dieses Geheimnis, dass der Teufel Jesus direkt fragen musste, wer Er war. Er kannte Ihn nicht, wie auch die religiösen Leiter Ihn

---

[220] Galater 3,16

nicht kannten. Erst später begriff er, dass Jesus der versprochene Messias war. Von da an versuchte er, Ihn mittels der Religion umzubringen.

Jesus offenbart in Seinen Gleichnissen, dass der Sämann, der den Samen sät, zugleich der Same ist – und dieser Sämann und dieser Same ist Er selbst, der Sohn Gottes. Jesus, das Fleisch gewordene Wort Gottes, ist ein Samenkorn. Wenn ein Samenkorn ausgesät wird, gibt es sich selbst in den Tod, um sich zu multiplizieren, und es bringt immer seine eigene Natur hervor.

Ein kleines Mädchen mochte keinen Kürbis. Eines Tages kam sie strahlend nach Hause. Nach dem Grund gefragt, antwortete sie: „Jetzt ist endlich Schluss mit den dummen Kürbissen, ich habe die Samen verbuddelt." Diese Geschichte zeigt, dass der Teufel rettungslos verloren war, seit Gott gesagt hatte: „Und ich werde Feindschaft setzen zwischen dir und der Frau, zwischen deinem Samen und ihrem Samen; er wird dir den Kopf zermalmen, und du, du wirst ihm die Ferse zermalmen."[221] Jesu Tod, Begräbnis und Auferstehung waren der Beginn eines einzigen Albtraums für den Feind: Der Same siegt. Viele Jahrhunderte hindurch versuchte der Feind, ihn zu vernichten, aber Gott, der König, der nicht lügen kann, hatte sich Adam und Eva gegenüber festgelegt: Eines Tages würde der Same der Frau den Feind endgültig besiegen.

In diesen einen Samen, dieses Wort Gottes, hatte Gott alles hineingelegt, die ganze Gottheit. Deshalb ist der Überrest so entscheidend wichtig, denn er ist der Träger dieses göttlichen Samens, des Christus. Dieser Same trägt das ursprüngliche Ebenbild und die Natur Gottes in sich. Wir, die Söhne dieses Samens, sind mit Christus in Gott verborgen: „Euer Leben ist verborgen mit dem Christus in Gott."[222]

So verwundert es nicht, dass Luzifer, dieser Cherub, der keinen Auftrag mehr hat und ziellos umherstreift und alles hasst, was Gott gleich ist, das Abbild und die Natur Gottes bekämpft. Als er zu Eva sagte: „Sondern Gott weiß: An dem Tag, da ihr davon esst, werden euch die Augen geöffnet, und ihr werdet sein wie Gott und werdet erkennen, was gut und böse ist!"[223], war

---

[221] 1. Mose 3,15
[222] Kolosser 3,3b
[223] 1. Mose 3,5 (SLT)

das eine Lüge. Mit der unterschwelligen Aussage, Adam und sie wären nicht wie Gott, wollte er Zweifel und Befürchtungen in ihre Herzen injizieren.

Es ist ein Mysterium, und doch müssen wir es kühn verkünden: Der Weibessame ist der Christus, das Wort Gottes, das in der Schöpfung sichtbar und greifbar geworden ist und das nicht scheitern kann. Das Wort wurde Fleisch in der Person des Sohnes Gottes. Als Weibessame siegte Er am Kreuz, fiel in die Erde und multiplizierte sich in Seiner Auferstehung. Die Söhne des Königreichs sind die Ernte aus diesem Samen.

Jedes Mal, wenn der Teufel den Überrest sieht, erinnert ihn das an seine totale Niederlage.

Der Überrest ist Gottes Eigentum

Das Wort „Überrest" findet sich in der Bibel erstmals in 2. Mose 26,12, dort bezeichnet es einen Teil des Heiligtums: „Das Überhängende aber, das an den Decken des Zeltes übrig ist, die halbe Zeltdecke, die übrig ist, soll über der Rückseite der Wohnung hängen." Hier steht das hebräische Wort *serach* – „Überschüssiges". *Dies ist eine Ableitung von sarach;* dieses Wort ist uns bereits begegnet, es bedeutet „freigelassen werden, nicht eingeschränkt sein, überhängen". Hier spricht dieses Wort davon, dass der Vorhang der Stiftshütte sich an der Rückseite überlappte; der „Überschuss" diente also zur lückenlosen Bedeckung, zum Schutz.

Der Überrest birgt gleich mehrere Prinzipien. Zunächst ist es ein Stück Stoff, der die Defizite und Unfähigkeiten anderer ausgleicht. Er streckt sich zu anderen aus und deckt ihre Unvollkommenheiten zu. Er tritt in den Riss und steht für alle übrigen.

Der Überrest ist Gottes Eigentum, er ist dem Herrn heilig: „Aber das Übrige vom Speisopfer soll für Aaron und für seine Söhne sein: ein Hochheiliges von den Feueropfern des HERRN."[224] „Und das Übrige soll dem Priester gehören wie beim Speisopfer."[225]

---

[224] 3. Mose 2,3
[225] 3. Mose 5,13b (LUT)

Josef war das Werkzeug Gottes, durch welches der Überrest bewahrt wurde: „Gott hat mich vor euch hergesandt, um euch einen Überrest zu sichern auf Erden, und um euch am Leben zu erhalten zu einer großen Errettung."[226] Der Name „Josef" bedeutet „Gott wird einen anderen Sohn hinzufügen". Damit ist Josef die Garantie für mehr. Obwohl Josef der elfte Sohn Jakobs war, war er doch der Erstgeborene von Rahel und Jakob. Dieser Status wurde deutlich an dem, wie Jakob ihn behandelte. Die zehn Söhne symbolisieren hier das Gesetz. Josef war der Sohn, der nach dem Gesetz kam. Er ist ein Sinnbild für Jesus Christus, der voller Gnade war. Josef wurde vorbereitet, um später den Überrest zu versorgen und zu beschützen, so dass ein mächtiges Volk entstehen konnte. Jesus Christus wurde aus demselben Grund gegeben.

Der Überrest ist Träger der göttlichen Unantastbarkeit und Errettung, er dient also zur Bewahrung und zum Schutz. Damit Josef von Gott für seine Aufgabe vorbereitet werden konnte, musste er seinen Brüdern und dem Rest der Familie weggenommen werden.

> *Er sandte einen Mann vor ihnen her: Josef wurde als Knecht verkauft. Sie zwängten seine Füße in Fesseln, in Eisen kam sein Hals … Er setzte ihn zum Herrn über sein Haus, zum Herrscher über all seinen Besitz, um seine Obersten zurechtzuweisen nach seinem Sinn; und seine Ältesten sollte er Weisheit lehren.* Psalm 105,17–18.21–22

Josef bestand die Prüfung und wurde zum Angeld (Erstlingsfrucht) und zum Repräsentanten Israels.

In Zeiten des Gerichts und der Not bahnt Gott immer einen Weg für den Überrest. Das sehen wir bei Noah, den Gott samt seiner Familie in der Arche bewahrte und rettete, als Er den Rest der Menschheit auslöschte.[227] Wir sehen es in den Tagen Elias: Der Prophet dachte, er sei der Einzige, der noch übrig sei, der dem Herrn diente, aber Gott ließ ihn wissen, dass

---

[226] 1. Mose 45,7 (SLT)

[227] 1. Mose 6–9

es in Israel immer noch siebentausend gab, die nicht zu Baals-Anbetern geworden waren, sondern Gott die Treue hielten.[228]

Nach dem Tod Jonatans fragte David, ob von dessen Familie noch jemand übrig geblieben war, dem er um Jonatans willen Gutes tun konnte. Er fand Mefi-Boschet und nahm ihn zu sich: „Und David sagte zu ihm: Fürchte dich nicht! Denn ich will nur Gnade an dir erweisen wegen deines Vaters Jonatan."[229] David behandelte den Überrest der Nachkommen Jonatans, als wäre er Jonatan selbst.

Im Gegensatz dazu hasst der Feind den Überrest wegen dessen, was bzw. wen er darstellt und trägt. Isebel, die Tochter von Etbaal, einem Baals-Anbeter, hatte Ahab geheiratet und begann, alle Propheten Gottes umzubringen. Ihre Tochter Atalja heiratete den König von Juda. Düstere Tage für Israel, denn jetzt waren beide Königreiche unter Beschuss: Der teuflische Plan attackierte sowohl das Nordreich als auch das Südreich durch die Zaubereien Isebels, die den Samen der Frau, die Verheißung Gottes vernichten wollte.

In jener Zeit rief der Prophet Elia eine Dürre über Israel aus und musste fliehen, denn sein Leben war in Gefahr. Später salbte er Elisa zu seinem Nachfolger und dann durch einen Diener den Jehu, den Sohn Joschafats, zum König von Israel.[230] Das Salböl auf Jehus Kopf war noch nicht trocken, als dieser schon begann, jeden einzelnen Samen Ahabs und Isebels zu töten. Auch Isebel brachte er um und den damaligen König Israels, dessen Amtsnachfolger er wurde, dazu den König von Juda, und das alles an einem einzigen Tag. Er war gesalbt, das religiöse System jener Zeit zu zerstören.

Als Atalja hörte, dass ihr Sohn, der König von Juda, tot war, brachte sie alle ihre Enkel um, die zum königlichen Samen des Hauses David gehörten: „Als aber Atalja, die Mutter Ahasjas, sah, dass ihr Sohn tot war, machte sie sich auf und brachte die ganze königliche Nachkommenschaft um."[231] Der König hatte sieben Söhne, und sie schaffte es, sechs davon zu ermorden.

---

[228] 1. Könige 19,18

[229] 2. Samuel 9,7a

[230] 2. Könige 9,2–3

[231] 2. Könige 11,1

Nur ein Junge blieb übrig, ein einziger Same des Hauses David. Er war der einzige übrig gebliebene königliche Same. Der Feind hatte es beinahe geschafft, den Samen der Frau auszutilgen, aber Gott sorgte dafür, dass er bestehen blieb. Gott bewahrte den Überrest, weil dieser die Verheißung trug, den Samen des kommenden Christus.

Atalja konnte den Säugling nicht finden, ihn konnte sie nicht umbringen. Sechs Jahre lang wurde Joasch im Haus Gottes verborgen. Atalja regierte über Juda, Joasch wuchs, im siebten Jahr wurde er als König der Öffentlichkeit vorgestellt und Atalja wurde hingerichtet.[232]

So besiegte Gott durch Elia und seine weitergegebene Salbung die Isebel und das böse Haus Ahabs, und gleichzeitig bewahrte Er den Samen Davids.

Genau das war auch der Auftrag Johannes des Täufers: Er kam, um den Samen Gottes, Seinen Sohn, den Messias, das Lamm Gottes zu erkennen und bekannt zu machen. Er rief den Überrest in Israel zur Umkehr auf und dass sie sich taufen lassen sollten, denn der König und Sein Reich waren angekommen. Der Überrest gehorchte der Stimme des Gnadengebers. Dieser wies sie auf die Gnade Gottes hin, die in Jesus, dem Christus, verkörpert war. Um die Ankunft des Christus gemäß der Verheißung Gottes im Garten Eden festzustellen und zu verkünden, brauchte es einen Mann namens Johannes, den „Gnadengeber".

So oft schien es, auch nach dem Tod Jesu am Kreuz, als wäre die Kirche so abgefallen, dass nichts mehr übrig war – als hätte der Feind triumphiert und als würde keiner mehr nach Gott fragen. Dann stieg ein Luther aus der Finsternis und erschütterte die ganze religiöse Welt. Dann strahlten ein Zwingli, ein Calvin und andere helle Lichter der Reformationszeit auf und leuchteten wie einzelne Kerzen in der Dunkelheit ihrer Zeit und machten Bahn für Gnade und Wahrheit.

Das ist die Macht des Überrests. Gott bewahrte ihn und machte aus einem Einzigen ein ganzes Volk: „Der Kleinste wird zu Tausend werden und der Geringste zu einer gewaltigen Nation. Ich, der HERR, werde es zu seiner Zeit schnell ausführen."[233]

---

[232] 2. Könige 11,1–21

[233] Jesaja 60,22

Der kommende Same ist der Faden, der das ganze geschriebene Wort Gottes zusammenwebt:

- Das Alte Testament ist die Verheißung des kommenden Samens.
- Die Botschaft der vier Evangelien ist, dass der Same geboren wurde, starb und auferstand.
- Die Apostelgeschichte berichtet von dem Samen in Aktion.
- Die Schriften des Paulus und die übrigen Briefe im Neuen Testament zeigen, wie der Same zu einer Ernte von Samen aus allen Völkern wurde; der Sohn Gottes wurde zu einer ganzen Ernte von Gottessöhnen.
- Das Buch der Offenbarung zeigt den Sieg des göttlichen Samens.

Selbst wenn nichts mehr da ist, selbst wenn der Baum an der Wurzel abgehauen ist, so trägt doch die Wurzel den heiligen Samen und aus dieser Wurzel wird neues Leben kommen: „Und bleibt noch ein Zehntel darin, so fällt auch dieses wiederum der Vertilgung anheim. Aber wie die Terebinthe und die Eiche beim Fällen doch noch ihren Wurzelstock behalten, so bleibt ein heiliger Same als Wurzelstock!"[234]

Der Überrest und die Unsterblichkeit

In unserer Zeit kommt ein Überrest des Christus hervor – in der Macht und Herrlichkeit Christi und diesem gleich. Dieser Überrest besteht aus Erstlingen, er trägt das Ebenbild des Samens und die Hoffnung der Unsterblichkeit. Bis jetzt haben wir an das ewige Leben geglaubt; wir alle haben es empfangen durch unseren Glauben an Christus und weil wir den Vater und den Sohn kennen. Deshalb können wir nicht sterben, denn Jesus Christus, der selbst die Auferstehung und das Leben ist, hat den Tod überwunden. Doch auch nach Jesu Auferstehung müssen die Heiligen immer noch ihren Leib niederlegen – das nennen wir Tod – und auf die Auferstehung warten. Nach der Auferstehung werden alle unsterblich sein.

---

[234] Jesaja 6,13 (SLT)

Ich glaube an die Auferstehung. Bei Seinem Kommen werden alle, die in Christus sind, auferweckt werden. Allerdings müssen wir unterscheiden:

- Ewiges Leben – das empfangen wir, wenn wir von Neuem geboren werden.
- Auferstehung – die endgültige Bestimmung all derer, die das ewige Leben haben.
- Unsterblichkeit – die Zukunft derer, die auferstanden sind oder die das ewige Leben haben und noch auf der Erde leben, wenn Jesus wiederkommt, und deshalb den Tod nicht schmecken, sondern „in einem Augenblick" verwandelt werden235.

Ich glaube, dass heute, wo ich dies schreibe, sich im Geist etwas bewegt und dass in den Erstlingen etwas aufsteht. Die Bibel offenbart uns, dass es einen Überrest gibt und ein Volk von Erstlingen, die Unsterblichkeit erfährt, ohne zu sterben. Am Kreuz hat Jesus mehr vollbracht als nur die Vergebung unserer Sünden, Er hat auch Unsterblichkeit ans Licht gebracht: „Er, unser Retter, hat den Tod entmachtet und hat uns das Leben gebracht, das unvergänglich ist. So sagt es das Evangelium."[236] Das griechische Wort für „Unsterblichkeit", *aphtharsia*, bedeutet nicht nur „endlose Existenz", sondern auch „Unverweslichkeit", „Echtheit" und „Aufrichtigkeit".[237]

Auferstehung ohne Tod, danach strebte Paulus und das war sein Schrei in Philipper 3: „... ob ich irgendwie hingelangen möge zur Auferstehung aus den Toten. Nicht, dass ich es schon ergriffen habe oder schon vollendet bin; ich jage ihm aber nach, ob ich es auch ergreifen möge, weil ich auch von Christus Jesus ergriffen bin."[238] Und etwas weiter unten sagt er, dass Christus „unseren Leib der Niedrigkeit umgestalten wird und seinem Leib der Herrlichkeit gleichförmig machen wird, nach der wirksamen Kraft, mit

---

[235] 1. Korinther 15,52

[236] 2. Timotheus 1,10 (NGÜ)

[237] *Strong's*, G861, „aphtharsia"

[238] Philipper 3,11b–12

der er vermag, auch alle Dinge sich zu unterwerfen."[239] Das war das Ziel des Auferstehungsrufes, nach dem Paulus suchte und den er ersehnte; er erlebte ihn während seiner Erdenzeit aber nicht.

Die höchste Ausdrucksform der Unsterblichkeit ist, wenn sie schon *vor* dem körperlichen Tod erlangt wird. Paulus sagte, er hätte sie noch nicht erlangt, suche sie aber zu ergreifen. Er wusste, dass es Unsterblichkeit gab, aber damals war die *kairos*-Zeit ihrer Manifestation noch nicht gekommen. In 2. Korinther 5,4 schreibt Paulus über das Geheimnis der Unsterblichkeit: „Denn wir freilich, die in dem Zelt sind, seufzen beschwert, weil wir nicht entkleidet, sondern überkleidet werden möchten, damit das Sterbliche verschlungen werde vom Leben."

Das ist das Geheimnis der Unsterblichkeit: Bereits vor dem körperlichen Tod wird die Sterblichkeit vom Leben verschlungen. Über dieses Geheimnis schreibt Paulus auch in 1. Korinther 15,51: „Siehe, ich sage euch ein Geheimnis: Wir werden nicht alle entschlafen, wir werden aber alle verwandelt werden." Paulus sagt, es werde eine Generation von Gläubigen geben, die – anders als der Rest der Menschheit – nicht erst sterben müssen, bevor sie auferweckt werden. Er glaubte, dass er einer von ihnen war, deshalb schloss er sich mit ein: „Wir werden nicht alle entschlafen."

Wer das auch will, sollte am Leben sein, wenn Christus erscheint. Ich glaube, dass diese Generation jetzt lebt. Wie Paulus kann auch ich mich irren, aber ich glaube, dass der Schrei nach Unsterblichkeit erschallt wie nie zuvor. Die, die bei Seinem Erscheinen am Leben sind, sind das nicht zufällig; ich glaube, dass sie der Grund sind, warum Christus erscheint. Sie sind am Leben, weil sie die Zeitalter zu einem Abschluss gebracht haben und den letzten Feind, den Tod, überwunden haben, und zwar durch das, was Jesus vor zweitausend Jahren vollbracht hat.

Über diese Generation heißt es in Römer 8:

> *Ja, die gesamte Schöpfung wartet sehnsüchtig darauf, dass die Kinder Gottes in ihrer ganzen Herrlichkeit sichtbar werden. ... Sie musste sich dem Willen dessen beugen, der ihr dieses Schicksal*

---

[239] Philipper 3,21

auferlegt hat. Aber damit verbunden ist eine Hoffnung: Auch sie, die Schöpfung, wird von der Last der Vergänglichkeit befreit werden und an der Freiheit teilhaben, die den Kindern Gottes mit der künftigen Herrlichkeit geschenkt wird.

Wir wissen allerdings, dass die gesamte Schöpfung jetzt noch unter ihrem Zustand seufzt, als würde sie in Geburtswehen liegen. Und sogar wir, denen Gott doch bereits seinen Geist gegeben hat, den ersten Teil des künftigen Erbes, sogar wir seufzen innerlich noch, weil die volle Verwirklichung dessen noch aussteht, wozu wir als Gottes Söhne und Töchter bestimmt sind: Wir warten darauf, dass auch unser Körper erlöst wird. Römer 8,19.21–23 (NGÜ)

Paulus sagt uns, dass es eine solche Generation tatsächlich geben wird.

Der Überrest ist eine kleine Abordnung, die für das ganze Volk den Sieg erringt. Gott wirkt immer durch den Überrest. Benjamin wurde zurückbehalten, er blieb bei seinem Vater Jakob. Er war der Schlüssel; erst als Benjamin kam, gab Josef sich seinen Brüdern zu erkennen. Benjamin trug den silbernen Becher der Leiden Josefs. Und nur sein Anteil war fünf Mal so groß wie der der anderen Brüder. Das Leben des Überrests ist an den Vater gekoppelt. Juda sagte zu Josef:

> *Wir aber sagten zu meinem Herrn: „Der Junge kann seinen Vater nicht verlassen; verließe er seinen Vater, so würde der sterben."*
> *... Und nun, wenn ich zu deinem Knecht, meinem Vater, käme und der Junge wäre nicht bei uns – hängt doch seine Seele an dessen Seele –, dann würde es geschehen, dass er stirbt, wenn er sähe, dass der Junge nicht da ist.* 1. Mose 44,22.30–31a

In 2. Könige 19 betet Hiskia zum Herrn, Er möge Jerusalem vor dem mächtigen Feind retten, der vor die Stadt gekommen war. Der Herr antwortete ihm durch den Propheten Jesaja, Gott würde sie befreien wegen des Überrests. Wer den Überrest antastet, der vergreift sich am Herzen Gottes: „Und es geschah in dieser Nacht, da zog ein Engel des HERRN aus und schlug im Lager von Assur 185 000 Mann. Und als man früh am Morgen aufstand, siehe, da fand man sie alle, lauter Leichen."[240]

Wer gegen den Überrest antritt, der hat Gott den Krieg erklärt.

Gott lässt immer einen Überrest stehen: „Doch will ich einen Rest lassen: Wenn ihr solche habt, die dem Schwert entkommen sind unter den Nationen, wenn ihr in die Länder zerstreut sein werdet, dann werden eure Entkommenen unter den Nationen, wohin sie gefangen weggeführt wurden, sich an mich erinnern."[241] „Der Herr antwortete: Wahrlich, ich will dich erhalten zum Besten! Wahrlich, ich will machen, dass zur Zeit der Not und der Angst der Feind dich um Fürbitte angeht!"[242]

Der Überrest ist nicht eine elitäre oder eine exklusive Gruppe. Schon viele haben das Prinzip des Überrests für sich in Anspruch genommen und eine sektiererische Sondergruppe um sich geschart. Aber damit haben sie das Thema verfehlt. Der Überrest steht für das Ganze, er ist ein Volk von Erstlingen und ein Angeld auf die kommende Ernte. Sie sind Träger des ursprünglichen Musters, sie bauen die uralten Mauern wieder auf. Sie tragen das Design des Himmels in sich und bringen es auf die Erde: „Und es soll durch dich wieder aufgebaut werden, was lange wüst gelegen hat, und du wirst wieder aufrichten, was vorzeiten gegründet ward; und du sollst heißen: ‚Der die Lücken zumauert und die Wege ausbessert, dass man da wohnen könne'."[243]

Der Überrest ist die Garantie dafür, dass Gottes Plan zur Erfüllung kommt. Der Überrest ist immer der Erste, der gehorsam ist und umkehrt und Gottes endgültigen Plan ausführt. In Römer 9 brachte Paulus das mit einem Jesaja-Zitat so zum Ausdruck:

Und Jesaja ruft im Hinblick auf Israel aus: „Selbst wenn die Israeliten so zahlreich wären wie der Sand am Meer, wird doch nur ein kleiner Teil von ihnen übrig bleiben und gerettet werden. Denn

---

[240] 2. Könige 19,35

[241] Hesekiel 6,8

[242] Jeremia 15,11 (SLT)

[243] Jesaja 58,12 (LUT)

was der Herr angekündigt hat, das wird er ohne Einschränkung und ohne Verzögerung auf der ganzen Erde ausführen." Römer 9,27–28 (NGÜ); Zitat aus Jesaja 10,22–23

Gott gebraucht den Überrest, um Seine Pläne unverzüglich zum Abschluss zu bringen: „So ist nun auch in der jetzigen Zeit ein Überrest vorhanden aufgrund der Gnadenwahl."[244]

In der Endzeit spielt der Überrest eine wichtige Rolle:

Und am Ende der Tage wird es geschehen, da wird der Berg des Hauses des HERRN fest stehen als Haupt der Berge, und erhaben wird er sein über die Hügel. Und Völker werden zu ihm strömen und viele Nationen werden hingehen und sagen: Kommt, lasst uns hinaufziehen zum Berg des HERRN und zum Haus des Gottes Jakobs, dass er uns aufgrund seiner Wege belehre! Und wir wollen auf seinen Pfaden gehen. Denn von Zion wird Weisung ausgehen und das Wort des HERRN von Jerusalem. Micha 4,1–2

Und ich will aus dem Hinkenden einen Überrest machen und aus dem, was weit entfernt war, ein starkes Volk; und der Herr wird über sie als König herrschen auf dem Berg Zion von nun an bis in Ewigkeit. Micha 4,7 (SLT).

Nicht mehr untergehen wird deine Sonne, noch wird dein Mond abnehmen; denn der HERR wird dir zum ewigen Licht sein. Und die Tage deiner Trauer werden ein Ende haben. Jesaja 60,20

Der Kleinste wird zu Tausend werden und der Geringste zu einer gewaltigen Nation. Ich, der HERR, werde es zu seiner Zeit schnell ausführen. Jesaja 60,22

---

[244] Römer 11,5 (SLT)

Johannes wurde zum Wegbereiter des Herrn, er bereitete den Überrest zu: „Und es wird eine Straße vorhanden sein für den Überrest seines Volkes, der übriggeblieben ist, von Assyrien her, wie es für Israel eine gab an dem Tag, als es aus dem Land Ägypten hinaufzog."[245]

Für den Überrest hat Gott einen besonderen Segen: „Es soll eine Saat des Friedens geben: Der Weinstock soll seine Frucht bringen und das Land seinen Ertrag abwerfen und der Himmel seinen Tau spenden, und dem Überrest dieses Volkes will ich dies alles zum Erbteil geben."[246]

Doch rief Johannes nicht nur den Überrest dazu auf, umzukehren und den Messias Israels aufzunehmen; er war auch der Zeuge und die Stimme, die rief und dem König und Seinem Reich den Weg bereitete: „Er war nicht das Licht, sondern er kam, dass er zeugte von dem Licht."[247] „Johannes gibt Zeugnis von ihm und ruft."[248]

Der Heilige Geist wurde auf die Jünger im Obergemach ausgegossen und gab der Kirche die Kraft, in aller Welt Zeuge des Messias zu sein. Nachdem die Jünger aus Seiner Fülle Gnade um Gnade empfangen hatten, wurden sie jetzt beauftragt, wie Johannes „Gnadengeber" zu sein, nun für die ganze Welt. Jesu letzte Worte auf Erden waren:

Aber ihr werdet Kraft empfangen, wenn der Heilige Geist auf euch gekommen ist; und ihr werdet meine Zeugen sein, sowohl in Jerusalem als auch in ganz Judäa und Samaria und bis an das Ende der Erde. Apostelgeschichte 1,8

---

[245] Jesaja 11,16a (SLT)

[246] Sacharja 8,12 (SLT)

[247] Johannes 1,8

[248] Johannes 1,15a

12

Johannes, der Zeuge und die Stimme

Es gibt auf der Erde tatsächlich diese Elia-Leute, die als Ganzes wirklich ein Zeuge Christi sind, wie Johannes einer war. Johannes war ein Mensch von der Sorte, die einen fragen lässt: „Wer bist du? Damit wir Antwort geben denen, die uns gesandt haben. Was sagst du von dir selbst?"[249] Er war die Stimme, die in der Wüste ruft,[250] und er verkündete mit aller Macht, dass in Christus das Reich Gottes gekommen war.

Bevor Jesus ans Kreuz ging, betete Er für Seine Jünger und die bald entstehende Kirche (Johannes 17). Zunächst sagte Er Seinem Vater, Er habe Ihn auf der Erde verherrlicht, Er habe Seinen Jüngern die Worte weitergegeben, die Er von Seinem Vater empfangen hatte. Dann fuhr Er fort: „Denn die Worte, die du mir gegeben hast, habe ich ihnen gegeben, und sie haben sie angenommen und wahrhaftig erkannt, dass ich von dir ausgegangen bin, und haben geglaubt, dass du mich gesandt hast."[251] Wie das vor sich

---

[249] Johannes 1,22

[250] ... und zwar das aktuelle, für jenen Zeitabschnitt bedeutsame, das hervorgehende Wort Gottes.

[251] Johannes 17,8

ging, dass Seine Jünger an Ihn glaubten und Ihm vertrauten und Sein Wort annahmen, das können wir in Johannes 2,11 lesen: „Diesen Anfang der Zeichen machte Jesus zu Kana in Galiläa und offenbarte seine Herrlichkeit; und seine Jünger glaubten an ihn."

Es war für Jesus wichtig, dass Seine Jünger glaubten, dass Er der Gesandte des Vaters war. Jesus war der Beleg für die Existenz und das Wesen des Vaters, und dieser bezeugte Sein Einssein mit dem Sohn durch Zeichen und Wunder. Das half Jesu ungläubigen Jüngern, an Ihn zu glauben. Die Herrlichkeit, die auf Jesus ruhte, war der Beweis dafür, dass Er und der Vater eins waren. Er setzte diese Herrlichkeit ein, um den Vater zu verherrlichen. Wenn sie an Ihn nicht geglaubt hätten, hätten sie Ihn auch nicht geehrt, und das hätte es ihnen unmöglich gemacht, von Ihm Gnade und Wahrheit zu nehmen.

Für Gott sind wir wichtig. Er hat uns berufen und gesalbt, auf Erden Seine Zeugen zu sein. Der Herr gebraucht uns, um Menschen zu Sich zu ziehen. Wie sollen sie glauben, wenn ihnen keiner die Stimme Gottes bringt? Um ein Zeuge zu sein, muss man gesandt sein, und um gesandt zu werden, muss man ein glaubwürdiger und zuverlässiger Zeuge sein, wie Johannes der Täufer einer war.

Erinnern wir uns: Johannes kam in der Kraft und dem Geist des Elia: „Aber Elia antwortete und redete zu ihnen: Wenn ich ein Mann Gottes bin, so fahre Feuer vom Himmel herab! ... Da fuhr Feuer Gottes vom Himmel herab."[252] Welch ein Zeugnis! Welch eine Bestätigung des Himmels!

Bis heute stellt sich die Frage: Wie soll die zynische, ungläubige Welt glauben, dass Jesus uns gesandt hat, und wie soll sie schließlich glauben, dass Jesus mit Fug und Recht behaupten kann, Er sei von Gott dem Vater gesandt? Wenn sie uns nicht glauben, werden sie auch den nicht annehmen, der uns gesandt hat – und ebenso wenig die Gnade, die wir durch unsere Worte weitergeben.

Hier ist die Lösung, wir finden sie im Gebet Jesu. Sein Gebet schließt auch uns mit ein und alle, denen wir noch dienen werden. Jesus betet, dass sie alle eins seien in Ihm. Dabei hat Er nicht die Einheit der Kirche

---

[252] 2. Könige 1,12

an sich im Blick, wie viele es ausgelegt haben: „Aber nicht für diese allein bitte ich, sondern auch für die, welche durch ihr Wort an mich glauben."[253] Jesus betet darum, dass die Kirche eins sei mit Ihm und dem Vater („in uns eins"). Er spezifiziert, was Er mit diesem Einssein meint: Der Vater und der Sohn sind eins, und wir sollten in diese Einheit mit hineingenommen sein. Wozu? Damit die Welt glauben kann, dass der Vater Jesus gesandt hat: „... damit sie alle eins seien, wie du, Vater, in mir und ich in dir, dass auch sie in uns eins seien, damit die Welt glaube, dass du mich gesandt hast."[254]

Wir können Stadien füllen, aber das wird die Welt nicht dazu bewegen, an den Herrn zu glauben. Wir sollen nicht nur eins *mit dem Herrn* sein, sondern eins sein *in Ihm*. Für dieses Einssein brauchen wir Seine Herrlichkeit. Herrlichkeit bringt Einssein! „Und die Herrlichkeit, die du mir gegeben hast, habe ich ihnen gegeben, dass sie eins seien, wie wir eins sind ..."[255] Auf welche Weise, und aus welchem Grund? „... ich in ihnen und du in mir, damit sie vollkommen eins seien und die Welt erkenne, dass du mich gesandt hast und sie liebst, wie du mich liebst."[256]

Im Moment lehrt Gott mich das Zuhören, denn von Natur aus habe ich bisher zu viel geredet und zu wenig zugehört. Seit über zwei Jahren ist nicht ein Wort über meine Lippen gekommen, das ich bedauern würde. So etwas konnte ich früher nicht von mir behaupten. Aber ich spüre auch eindeutig, dass Gott mir ein Wort gegeben hat, das so aktuell und gewichtig ist wie noch nie, besonders für den neuen Zeitabschnitt, in den wir hineingehen.

Der treue und wahrhaftige Zeuge

> *... und von Jesus Christus, der der treue Zeuge ist, der Erstgeborene der Toten und der Fürst der Könige der Erde! Dem, der uns liebt und uns von unseren Sünden erlöst hat durch sein Blut ...*
> Offenbarung 1,5

---

[253] Johannes 17,20

[254] Johannes 17,21

[255] Johannes 17,22 (SLT)

[256] Johannes 17,23

Was bedeutete „Zeuge" im Alten Bund?

In der biblischen Zahlenmystik steht die Zahl Zwei u.a. für „Zeugen". Es ist die Zahl der kleinsten Gemeinschaft und der notwendigen Zeugen. Das Gesetz forderte mindestens zwei glaubwürdige Zeugen, um irgendetwas zu bestätigen. Das Wort „Zeugen" erscheint fast ausschließlich im Plural; Zeugenschaft hat also etwas mit Körperschaft zu tun. Die Bedeutung eines Zeugen wird durch die Beweiskraft des Zeugnisses bestimmt. Der Zeuge muss also anerkennenswerte Nachweise liefern können.

Die Wörter „Zeuge" (hebr. ed)[257] und „Zeugnis" (hebr. edah)[258] sind eng miteinander verwandt. Diese Wörter finden wir in 1.Mose 31,52

> *Das sagt Laban zu Jakob: „dieser Haufen sei Zeuge und der Gedenkstein ein Zeugnis, dass ich nicht über diesen Haufen zu dir hinausgehe und dass du über diesen Haufen und diesen Gedenkstein nicht zu mir hinausgehst zum Bösen".*

Diese Wörter sind sogar austauschbar. Wir sehen, dass man den Zeugen nicht von seinem Zeugnis trennen kann. Sie müssen eins sein.

Das Wort „Zeugnis" kommt in der Bibel erstmals vor in 1. Mose 21, als Abraham mit Abimelech in Beerscheba einen Bund schloss.

> *Und er sagte: Die sieben Schaflämmer sollst du von meiner Hand annehmen, damit mir das zum Zeugnis sei, dass ich diesen Brunnen gegraben habe. Daher nennt man diesen Ort Beerscheba, weil sie beide dort geschworen hatten.* 1. Mose 21,30–31

„Beerscheba" bedeutet „Schwurbrunnen". Bei einem Bund *bezeugt* man etwas und *schwört* bei Gott. Dadurch wird eine Bundesvereinbarung beeidet und bindend. Deshalb kann man sagen, dass ein Bund durchaus ein gemeinsames Zeugnis beinhaltet. Laban sagte zu Jakob: „Und nun komm, lass uns einen Bund schließen, ich und du, der sei zum Zeugnis zwischen

---

257 Strong's, H5707, "ed"
258 Strong's, H5713, "edah"

mir und dir!" Laban fährt fort und sagt am Schluss: „kein Mensch ist bei uns, siehe, Gott ist Zeuge zwischen mir und dir".

Gott möchte, dass wir, die Kirche, wie sieben Lämmer sind – ein Bild für Reinheit, Unschuld und Vollkommenheit –, den Völkern und Königreichen von Gott gegeben als Zeugen und als Gottesbeweis.

Die vollkommenen Lammesnachfolger

Das Wort „Zeuge" findet man auch im letzten Buch der Bibel, in der Offenbarung: „... und von Jesus Christus, der der treue Zeuge ist, der Erstgeborene von den Toten und der Fürst der Könige der Erde! Dem, der uns liebt und uns von unseren Sünden erlöst hat durch sein Blut ..."[259] Für „Zeuge" steht hier das griechische *martus*, das auch mit „Bestätigung" oder „Märtyrer" übersetzt werden kann. Christus ist der treue und wahrhaftige Zeuge. Er ist die sieben Lämmer in Person, das Lamm mit den sieben Hörnern und sieben Augen. Der Christus ist ja körperschaftlich, er besteht aus dem Haupt und dem Leib.

In Offenbarung 5,6 lesen wir, dass dieses Lamm das Buch nimmt, denn Er ist würdig. Das Lamm hat „sieben Hörner und sieben Augen ... dies sind die sieben Geister Gottes, ausgesandt über die ganze Erde". Gott der Vater gab Christus, Seinen Sohn, als Seinen treuen und wahrhaftigen Zeugen und zum Zeugnis. Er erlöste die Kirche zu einem körperschaftlichen Sohn und nun ist dieser der zuverlässige Zeuge an die Welt und der Nachweis Gottes des Vaters. Damit gibt es nun zwei Zeugen für Gott den Vater: den Sohn des Menschen im Himmel und den Sohn des Menschen auf der Erde, den Sohn Gottes im Himmel und den Sohn Gottes auf der Erde.

Nun sind *wir* Gottes „Beerscheba", der Ort des unauflöslichen Eides, der wahrhaftige Zeuge. Ich glaube, dass die Kirche jetzt diese sieben Lämmer ist.

Der Apostel Johannes beginnt seine Aufzeichnung der Offenbarung damit, dass er sich selbst als Zeugen Christi bezeichnet: „Ich, Johannes, euer Bruder und Mitteilhaber an der Bedrängnis und am Königtum und am Ausharren in Jesus, war auf der Insel, die Patmos genannt wird, um des

---

[259] Offenbarung 1,5

Wortes Gottes und des Zeugnisses Jesu willen."[260] Das griechische Wort für „Zeuge" ist *martus*, wir kennen es als „Märtyrer". Dieses Wort bedeutet, dass man bestätigt, bekräftigt – Zeugnis ablegt –, auch unter Verfolgung, und wenn es das Leben kosten sollte, bis in den Tod.

Der Charakter und der Lebenswandel eines Zeugen lassen sein Zeugnis gewichtig oder aber belanglos werden. Ein treuer und wahrhaftiger Zeuge ist jemand, der etwas für einen anderen bezeugt und es dabei genau nimmt, auch wenn es ihn das Leben kosten sollte. Das Kommen des Heiligen Geistes in der Apostelgeschichte ist entscheidend, um die Natur des Zeugen zu verstehen: „Aber ihr werdet Kraft empfangen, wenn der Heilige Geist auf euch gekommen ist; und ihr werdet meine Zeugen sein, sowohl in Jerusalem als auch in ganz Judäa und Samaria und bis an das Ende der Erde."[261] Ein treuer Zeuge ist bereit, für sein Zeugnis zu leiden und für die Beweise, die er vorlegt. Dafür brauchen wir die Kraft des Heiligen Geistes, denn wir sind Zeugen für den Herrn Jesus Christus.

Offenbarung 2,13 spricht von einem solchen Menschen, er lebte in Pergamon: „... als Antipas, mein treuer Zeuge, bei euch getötet wurde" (LUT). Hier war ein Mensch, der den Vater widerspiegelte. Antipas ist für mich ein Bild für jemanden, der den Vater akkurat repräsentiert, wie Jesus, der Christus, während seines Erdenlebens den Vater akkurat repräsentierte. Das griechische Wort „Antipas" ist aus zwei Wörtern zusammengesetzt: *anti* – „anstelle von", „anstatt" und *pater* – „Vater".

Solche Zeugen müssen auch wir sein und leben wie Antipas, der treue Zeuge, selbst wenn es auf unsere Kosten geht, auch wenn wir es mit dem Leben bezahlen. Wir sind berufen, Gott den Vater auf Erden sichtbar und spürbar werden zu lassen. Wir müssen sagen können: „Sieh mich an. Wenn du Gott den Vater sehen willst: Er ist so wie ich. Ich trage Sein Zeugnis. Ich bin Sein Zeuge. Ich bin der Gottesbeweis!"

Die zwei Zeugen im Propheten Sacharja und in der Offenbarung sind Christus, das Haupt, und Christus, der Leib. Beide mussten sterben und auferstehen, um Zeugen des Vaters zu sein. Laut Epheser 2,5–6 sind wir

---

[260] Offenbarung 1,9

[261] Apostelgeschichte 1,8

den Tod Christi mitgestorben; als Er begraben wurde, wurden wir mit Ihm begraben; als Jesus Christus in den Himmel auffuhr, sind wir mit Ihm aufgefahren.

Was in Offenbarung 11,3 über die zwei Zeugen gesagt wird, sollten wir nicht erst in der Zukunft erwarten. Das ist bereits erfüllt in Christus und der Gemeinde, es muss nicht noch irgendwann geschehen. Der Heilige Geist befähigt uns heute, für Gott den Vater auf der Erde Zeugen Jesu zu sein. Als Söhne sollen wir „Gottesbeweise" sein.

Hören Sie, was Johannes schreibt, „der Jünger, den Jesus lieb hatte" und wie er die Gemeinde Jesu als Zeugen sieht:

> *Was von Anfang an war, was wir gehört, was wir mit unseren Augen gesehen, was wir angeschaut und unsere Hände betastet haben vom Wort des Lebens – und das Leben ist offenbart worden, und wir haben gesehen und bezeugen und verkündigen euch das ewige Leben, das bei dem Vater war und uns offenbart worden ist –, was wir gesehen und gehört haben, verkündigen wir auch euch, damit auch ihr mit uns Gemeinschaft habt; und zwar ist unsere Gemeinschaft mit dem Vater und mit seinem Sohn Jesus Christus. Und dies schreiben wir, damit unsere Freude vollkommen sei.* 1. Johannes 1,1–4

Das Zeugnis des Johannes zieht also Kreise:

1. Wir haben die Güte und Treue Gottes unseres Vaters und des Herrn Jesus Christus mit eigenen Augen gesehen, wir haben sie betastet und selbst erlebt.
2. Wir verkündigen euch das ewige Leben, das bei dem Vater war und uns erschienen ist.
3. Wir verkündigen euch, was wir gesehen und gehört haben, damit auch ihr Gemeinschaft mit uns haben könnt. Unsere Gemeinschaft ist mit dem Vater und mit seinem Sohn Jesus Christus.
4. Das schreiben wir euch, um eure Freude vollkommen zu machen.

In unseren Rechtssystemen werden viele, die sich schuldig gemacht haben, nie belangt – nicht, weil sie unschuldig wären, sondern weil es keine zuverlässigen und glaubwürdigen Zeugen gibt, die ihre Vergehen bezeugen und beweisen könnten. Der Feind weiß: Wenn er die Zeugen unglaubwürdig machen kann, wird ihr Zeugnis nicht geglaubt, sondern verworfen, und wenn es noch so wahr ist; das Verfahren wird eingestellt, weil der Zeuge fragwürdig ist.

Gott der Vater sandte Seinen Sohn Jesus in die Welt, um nicht nur von Ihm zu zeugen, sondern auch, um selbst Zeuge des Vaters und Vaterbeweis zu sein, um Ihn zu repräsentieren (damit man Ihn sehen kann). In Jesus, dem Sohn Gottes, verschmolzen Gottes Zeuge und Gottes Zeugnis zu ein und demselben.

Adam wurde geschaffen, um dieses genaue Abbild Gottes zu sein. Es ist ja so, dass ein wahrer Sohn bis ins Detail erkennen lässt, wer sein Vater ist, wer ihn gezeugt hat. Und genau das wollte Gott von Anfang an durch den Menschen erreichen. Gott schuf die Menschen, damit sie das sein sollten:

Ebenbild Gottes – Sein Repräsentant.
Gott gleich – Sein Charakter.
Herrlichkeit Gottes –Sein guter Ruf.
Sohn Gottes – Sein Haus.

In Lukas 3,38 (NLB) heißt es: „Adam war der Sohn Gottes." Als Gott den Menschen als Seinen Sohn verlor, verlor Er Seinen Zeugen. Um dieses Zeugnis wiederherzustellen und die Menschheit zu dem ursprünglichen Plan zurückzubringen, machte Gott vor viertausend Jahren einen Neuanfang mit einem Vater auf Erden namens Abram, dessen Namen Er zu Abraham änderte. Es war ein langer Weg, bis Abraham geläutert und bereit war, seinen erstgeborenen Sohn im Gehorsam gegen Gott, den wahren Vater im Himmel, niederzulegen. Abraham wurde zu einem Volk und dem gab Gott die Bundesurkunde, die Zehn Gebote, auf zwei Steintafeln geschrieben; dies nannte Er Sein „Zeugnis" und Seinen „Zeugen"[262].

---

[262] 2. Mose 25,16; 5. Mose 31,26

Welch eine Tragödie! Der Sohn-Zeuge ersetzt durch ein in zwei Steintafeln gemeißeltes Zeugnis! Als Mose vom Berg kam und sah, dass die Israeliten sich dem Götzendienst hingegeben hatten, warf er die Tafeln des Zeugnisses zu Boden und zerbrach sie in Stücke. Dieses prophetische Bild zeigt: Es war nie Gottes erster Plan, ein auf Stein geschriebenes Zeugnis zu haben.

Gott wollte immer, dass das Herz und die Gesinnung eines Sohnes zeigten, wie Er selbst war, das sollte in der Schöpfung Zeugnis für Ihn sein. Als Mose später mit einer *Kopie* des Zeugnisses (es war nicht mehr das Original) vom Berg herunterkam, musste er es in die Bundeslade legen. Doch das war nicht das zweite Mal, dass Mose auf dem Berg gewesen war, es war bereits das dritte Mal.

Als Mose zum ersten Mal auf den Berg stieg (1. Mose 19,3–6), kam er nicht herunter mit einem Gesetz, auf *Stein* geschrieben, sondern er hatte das Wort Gottes an das Volk in seinem *Mund*:

> *Mose aber stieg hinauf zu Gott. Und der HERR rief ihm vom Berg aus zu: So sollst du zum Haus Jakob sagen und den Söhnen Israel mitteilen: ... Und nun, wenn ihr willig auf meine Stimme hören und meinen Bund halten werdet, dann sollt ihr aus allen Völkern mein Eigentum sein; denn mir gehört die ganze Erde.* 2. Mose 19,3.5

Gott wollte schon immer, dass der Mensch Sein Wort und Sein Gesetz an die Schöpfung war. Genau genommen sind also die steinernen Tafeln die Kopie der Kopie. Das Original ist der Mensch als wahrer Sohn. Als Mose die erste Kopie zerbrach, beschrieb Gott ein zweites Paar Tafeln mit Seinem Finger. Das war ein sehr prägnantes Bild von Christus, dem Felsen. Die beiden Tafeln prophezeiten von Christus und der Gemeinde, die beide in der Fülle der Zeiten kommen sollten. In dem körperschaftlichen Christus, dem Sohn Gottes, würden Herz und Gesinnung eines Sohnes wohnen.

Die Bibel berichtet, wie tote Gegenstände, die das Zeugnis Gottes trugen, zu Söhnen wurden, die treue Zeugen sind. Schauen wir uns diesen Prozess etwas näher an:

Gott gab Mose das Gesetz auf zwei Steintafeln.

1. **Das Gesetz** wurde „Zeugnis" und „Zeuge" Gottes genannt und auf zwei Steintafeln geschrieben. Wie bereits erwähnt, steht in der Bibel die Zahl Zwei für „Zeugnis" und damit auch für das Gesetz. Auch heute schreibt Gott Sein Gesetz auf zwei Tafeln – nach Hebräer 8,10 und 10,16 auf die des Herzens und die der Gesinnung Seiner Söhne.

2. Gott befahl Mose, **die Bundeslade** anzufertigen und das Gesetz, „das Zeugnis", hineinzulegen. Folgerichtig wird die Bundeslade auch „Lade des Zeugnisses" genannt.

3. Die „Lade des Zeugnisses" wurde im **Allerheiligsten** aufgestellt. So wurde das Allerheiligste zum Zeugnis. In 2. Mose 26,33 heißt es: „hinter dem Vorhang".

4. Die Lade des Zeugnisses befand sich im **Zelt der Begegnung**, in der Stiftshütte, mitten in der Gemeinde. Dieses Zelt stand im Zentrum des Lagers, wo sie zusammenkamen; so wurde das gesamte Heiligtum zum Zeugnis und zum Zeugen mitten im Volk. In 4. Mose 9,15 wird es „Zelt des Zeugnisses" genannt. So wurde die Stiftshütte des Mose zum „Zeugen", zu dem Ort, an dem Gott und Mensch einander begegneten und miteinander übereinstimmten.

Adam wurde geschaffen, um Gottes Zeuge an die Schöpfung zu sein. Als Adam sündigte, verlor er die Ebenbildlichkeit mit Gott. Damit war er nicht mehr der Zeuge Gottes auf Erden, nicht mehr der sichtbare Repräsentant des unsichtbaren Gottes.

Auch heute braucht Gott Zeugen auf der Erde, die Gottesbeweis und akkurate Abbilder Seiner selbst sind,

1. um Sein Reich aufzurichten und
2. um für Gerechtigkeit zu sorgen.

Als Jesus auf der Erde lebte, hatte Gott in Ihm einen treuen und wahrhaftigen Zeugen.[263] Deshalb konnten der Vater und Sein Sohn Jesus den ewigen Plan Gottes in nur dreieinhalb Jahren, in 42 Monaten ausführen. Nach Johannes 12,31 konnte Gott das Weltsystem und seinen Fürsten in diesen drei Jahren verurteilen und richten.

Söhne führen die Pläne Gottes des Vaters unverzüglich aus. Jesus, der Sohn, brachte die Geschäfte des Vaters zum Abschluss. Ein Vater, der loyale und tüchtige Söhne hat, kann sich beruhigt zurücklehnen. Der Sohn brachte viertausend Jahre unerfüllter Geschichte innerhalb von 42 Monaten zur Vollendung. Das Programm, das Gottes Reich am besten und unverzüglich aufrichtet und ausbreitet, heißt „Sohn". Söhne richten die Herrschaft und Gerechtigkeit des Reiches Gottes auf Erden auf.

Jesus, der treue Zeuge, ist jetzt im Himmel und es ist die Aufgabe des Heiligen Geistes, auf der Erde Söhne zu Zeugen zu machen: „Weil ihr aber Söhne seid, sandte Gott den Geist seines Sohnes in unsere Herzen, der da ruft: Abba, Vater!"[264] Das können wir, weil der Heilige Geist auf uns gekommen ist, wie es Jesus in Apostelgeschichte 1,8 verheißen hat.

In den Tagen Jesu gab es viele, die Seine Wunder sahen und Ihm nachliefen und doch nicht zu Seinen Zeugen wurden. Sie wurden nie selbst zu Zeugen. Aber es braucht immer einen zweiten Zeugen, zu dem im Himmel muss einer auf der Erde kommen. Die Geschäfte des Reiches Gottes werden mittels Übereinstimmung geführt, deshalb müssen immer zwei Zeugen beteiligt sein.

In Sacharja 4 schildert der Prophet seine Vision von den beiden Ölbäumen, einer stand links und einer rechts eines goldenen Leuchters. Ein Engel fragt Sacharja, ob er wisse, wer diese seien, und dieser verneint. In Vers 6 heißt es dann: „Da antwortete er und sprach zu mir: Dies ist das Wort des HERRN an Serubbabel: Nicht durch Macht und nicht durch Kraft, sondern durch meinen Geist, spricht der HERR der Heerscharen."

Auch in Offenbarung 11 werden zwei Ölbäume erwähnt:

---

[263] Offenbarung 1,5; 3,14

[264] Galater 4,6

> *Und ich will meinen zwei Zeugen Macht geben, und sie sollen weissagen ... Diese sind die zwei Ölbäume und die zwei Leuchter, die vor dem Herrn der Erde stehen.* Offenbarung 11,3–4 (LUT)

Diese beiden Zeugen haben die Macht, den Himmel zu verschließen und Gericht auf die Erde zu bringen.[265] Einige sagen, das seien Mose und Elia, aber ich glaube, dass sie Christus, das Haupt, und Christus, die Kirche symbolisieren, die über Himmel und Erde herrschen und Gericht ausüben.

Hebräer 12,1 spricht von einer Wolke von Zeugen um uns her. Diese Zeugen sind die Heiligen, die uns vorangegangen sind. Sie sind die Kirche im Himmel, die Heiligen, die die ganze Menschheitsgeschichte hindurch Gottes Herrlichkeit und Sein Zeugnis getragen haben. Jetzt schauen sie auf uns und suchen nach ihrem irdischen Gegenstück, dem anderen Zeugen Gottes auf der Erde (gleichzeitig sind wir bei ihnen im Himmel, weil wir mit Christus aufgefahren sind und jetzt mit Ihm in der Himmelswelt sitzen[266]). Der einzige Unterschied zwischen ihnen und uns ist, dass sie keinen Körper haben und deshalb auf der Erde nichts tun können, wir aber haben einen und wir können auf der Erde etwas bewirken. Die beiden gesalbten Zeugen werden vervollständigt durch den Christus in ihnen und den Christus in uns.

Die, die in Christus gestorben und uns vorangegangen sind, gehören zu dem Gesalbten vor Gottes Thron, Leute wie Elia und Mose und andere; davon bin ich überzeugt: „Gott hat für unsere Zeit etwas vorgesehen, was besser ist als alles Frühere, und deshalb können sie erst zusammen mit uns die Vollkommenheit erreichen.“[267]

Der höchste Rang beim Zeugnisgeben ist, selbst Zeuge zu sein, und der höchste Rang beim Zeugensein ist, der Sohn Gottes zu sein. Denn der Sohn ist das Ebenbild und die Herrlichkeit Gottes des Vaters. Wer den Sohn gesehen und gehört hat, der hat Gott den Vater gesehen und gehört.

Kolosser 2,9 sagt: „Denn in ihm wohnt die ganze Fülle der Gottheit leibhaftig.“ Das ist das Geheimnis des Christus, den Paulus und die anderen

---

[265] Offenbarung 11,6

[266] Epheser 2,4–6

[267] Hebräer 11,40 (NGÜ)

Apostel verkündigten. Die Welt sucht nach Spuren von Gott dem Vater, deshalb braucht Gott auf der Erde einen treuen Zeugen, einen „Antipas".

Christus wird „der treue und wahrhaftige Zeuge" genannt (Offenbarung 3,14). Das Faszinierende an Christus ist: Er ist Gottes Sohn. Johannes der Täufer sagte, Jesus Christus sei Gottes Sohn. Nathanael sagte, Jesus Christus sei Gottes Sohn. Petrus sagte, Jesus Christus sei Gottes Sohn. Paulus sagte, Jesus Christus sei Gottes Sohn. Alle Apostel und die ersten Christen bezeugten einstimmig, dass Jesus Christus Gottes Sohn ist.

Der Same Davids und Abrahams ist Christus, der Sohn Gottes. Es gibt ja einen Grund, warum Gott Seinen Sohn sandte: Gott wollte uns nicht nur aus der Sündenknechtschaft befreien, Er wollte uns in die Sohnschaft hineinretten. Keiner hat jemals Gott gesehen, keiner außer Seinem Sohn. Nur ein Sohn Gottes kann seinen Vater umfassend repräsentieren und Sein treuer und wahrhaftiger Zeuge sein.

Viele Christen zeugen *von* Ihm, aber sie sind nie zum Zeugen Gottes auf Erden geworden. Der wahrhaftige Zeuge ist „voller Gnade und Wahrheit". Das Gesetz ist ein Diener, aber Christus ist der Sohn. Wir sind nicht Diener, wir sind Freunde, und wir sind mehr als das: Wir sind Gottes Zeuge und wir sind Seine Söhne.

Im Alten Bund fand Gott einen Mann namens David und machte ihn zu Seinem Zeugen. In Psalm 89,38 heißt es von dem Samen Davids: „Wie der Mond wird er ewig fest stehen. Der Zeuge in den Wolken ist treu." Gott wartet darauf, dass wir Zeugen Jesu sind, so wie damals Jesus auf Johannes den Täufer warten musste. Gott sucht Stimmen, die aus der Wüste des gefallenen Kosmos rufen. So wie Gott darauf wartete, dass Noah die Arche baute und damit die Welt verurteilte und seine Familie rettete,[268] so wird auch das Gericht über die Welt und die Engel an die Söhne Gottes übergeben.[269]

Der höchste Rang ist nicht Apostel, Bischof oder Papst, sondern Sohn:

> *Denn zu welchem der Engel hat er jemals gesagt: „Mein Sohn bist du, ich habe dich heute gezeugt"? Hebräer 1,5a*

---

[268] Hebräer 11,7

[269] 1. Korinther 6,2–3

> *Denn das sehnsüchtige Harren der Schöpfung wartet auf die Offenbarung der Söhne Gottes.* Römer 8,19

> *Aber jetzt, am Ende der Zeit, hat er zu uns gesprochen durch den Sohn.* Hebräer 1,2a (GNB)

Die Sprache Gottes ist „Sohn". Wenn ein Sohn als Zeuge auftritt und spricht, dann kommen Himmel und Erde in Bewegung. Ein Sohn „ trägt alle Dinge durch das Wort seiner Kraft".[270]

Jesus Christus, der Sohn Gottes, befahl den Jüngern in Apostelgeschichte 1,8, sie sollten Zeugen sein, und zwar zuerst in Jerusalem! Wie jemand einmal gesagt hat:

„Im Hause muss beginnen, was leuchten soll im Vaterland"[271] Unser Jerusalem ist für uns immer der schwierigste Ort, um Zeuge zu sein, denn da kennt man uns ganz genau. Genau genommen, ist es ohne die dynamische Kraft des Heiligen Geistes unmöglich. Der Heilige Geist ist die Verheißung des Vaters.

Der Zeuge sucht weitere Zeugen

Ich glaube, dass wir gerade in die Beschleunigungsphase dieser jetzigen Reformation eintreten. Gott braucht uns als Seine Prototypen, Seinen Nachweis, Seine Ausstellungsstücke. Ich glaube an das Übernatürliche. Das Übernatürliche muss nicht unbedingt spektakulär sein, aber es ist immer höher als das Irdische, das Normale. Wir sind Bürger des Himmels, Zeugen der himmlischen Welt.

Jesus sagte: „So glaubt doch den Werken, wenn ihr mir nicht glauben wollt."[272] Zeichen und Wunder bewirken keine Herzensveränderung, aber sie machen uns aufmerksam, wie damals den Mose am brennenden Dornbusch. Wenn Gott unsere Aufmerksamkeit hat, kann Er sprechen, und Sein

---

[270] Hebräer 1,3b (SLT)

[271] Jeremias Gotthelf (1797-1854)

[272] Johannes 10,38 (LUT)

Wort verändert Herzen. Zeichen und Wunder sind das Zeugnis des Vaters über Seinen Sohn.

Wenn wir zu treuen Zeugen und reifen Söhnen Gottes des Vaters werden, dann beginnt der Vater, über uns als Seine Söhne Zeugnis abzulegen. Jesus der Sohn wartete dreißig Jahre lang darauf, dass Gott der Vater über Ihn Zeugnis ablegte. Aber dann kam der Sohn Gottes aus der Verborgenheit und aus der Wüste heraus – und nun war der Teufel wirklich in Schwierigkeiten! Das zeigt Gott den Aposteln und Propheten dieser Tage. Die Zeit des Auftretens, der Manifestation, der Erscheinung ist da.

Gott hat auf einen reifen Sohn gewartet, der nur eines im Sinn hat: Wenn die Söhne in der Schöpfung offenbart werden, geschieht das, um den Schöpfer und Gott den Vater bekanntzumachen. Ich glaube, dass dieses Offenbarwerden der Söhne Gottes nur dann erfolgen kann, wenn die Söhne den Namen des Vaters auf ihren Stirnen tragen. Gott der Vater braucht einen treuen Zeugen, einen, der Seinen Namen verkündet und auf der Stirn trägt.

Der Sohn sucht nach einem Zeugen, nach jemandem, der der zweite Zeuge sein wird, der mit Ihm übereinstimmt und der Menschheit und der Welt den wahren Vater verkündet: einen, in dem Gott der Vater und Gott der Sohn eins und sichtbar geworden sind.

Der Heilige Geist sucht nach Menschen, die Er befähigen kann, ein Zeuge des wahren Gottes zu sein, damit er diese Welt befreien kann von dem falschen Gottesbild, das Religion und der Teufel vor sich hertragen. Er sucht Zeugen, die die Wahrheit über Gott den Vater verkündigen und sie im Alltag vorleben und so Bahn machen für den Christus, die jeden Berg und jedes Hindernis aus dem Weg räumen und jedes Tal des Unwissens auffüllen.

Wenn ein Sohn der Welt diese Wahrheit entgegenhält, wird Gott der Sohn die Menschen frei machen. Wirklich frei! Sind Sie bereit, solch ein Zeuge zu sein? Sind Sie bereit, mit dieser nächsten Ebene betraut zu werden? Ich glaube, dass die Zeit dafür gekommen ist! Begnügen Sie sich nicht mehr damit, über Ihn Zeugnis abzulegen. Seien Sie ein Zeuge – in Ihrem Alltag!

Seien Sie nicht Echo, sondern *Stimme*!

13

Stimme eines Rufenden

„Die Stimme eines Rufenden."

Im Alten Testament sprach Gott zu den Vätern durch die Propheten, aber in diesen letzten Tagen spricht Er in der „Sohn"-Sprache:

> *Viele Male und auf verschiedenste Weise sprach Gott in der Vergangenheit durch die Propheten zu unseren Vorfahren. Jetzt aber, am Ende der Zeit, hat er durch [seinen eigenen] Sohn zu uns gesprochen. Der Sohn ist der von Gott bestimmte Erbe aller Dinge. Durch ihn hat Gott die ganze Welt erschaffen.* Hebräer 1,1–2 (NGÜ)

Vielleicht haben Sie bemerkt, dass „seinen eigenen" in eckigen Klammern steht, diese beiden Wörter stehen nämlich nicht im griechischen Urtext. Der griechische Wortlaut sagt tatsächlich, dass Gott jetzt „Sohn" spricht, also nur noch im Rahmen der Sohnschaft.

Gott spricht von Herz zu Herz, im Rahmen eines Bundes, wie im Familienkreis; Er spricht liebevoll.

Gott spricht „Sohn".

In keiner anderen Sprache kann der Mensch Gottes Stimme vernehmen. Vierhundert Jahre lang, zwischen Maleachi und dem Neuen Testament, hatte die Menschheit Gottes Stimme nicht vernommen. Der Mensch hatte sich von Gottes Stimme getrennt und deshalb hat die Menschheitsgeschichte von Gottes Reden nichts zu berichten.

Vor 44 Jahren wurde ich von Neuem geboren, heute auf den Tag genau, und es erstaunt mich immer noch, wie deutlich ich damals plötzlich die Stimme des Herrn hören konnte. Als hätte man mir die Radiofrequenz des Heiligen Geistes auf einem Zettel ausgehändigt! Ich bedauerte sehr, dass ich sechzehn Jahre meines Lebens verbracht hatte, ohne diese „Sohn"-Frequenz empfangen zu können. Aber jetzt trug ich immer mein kleines Neues Testament bei mir und ich las es bei Tag und bei Nacht, denn darin konnte ich Gottes Stimme so klar hören. Beim Lesen sprach es zu mir auch „zwischen den Zeilen" und sogar neben den Zeilen – und ich las es nicht nur, ich *hörte* es.

Die 400 Jahre des Schweigens der Stimme Gottes wurden gebrochen durch die Stimme eines Rufenden in der Wüste. Als Gott durch Johannes sprach, war das die Stimme eines Rufenden in der Wüste.

Die Lebensgeschichte des Johannes des Täufers hatte ja damit begonnen, dass sein Vater durch einen Engel die Stimme Gottes hörte. Sein Vater musste gehorsam sein und seinen Sohn Johannes nennen. Er brach mit der Tradition seiner Väter und gab ihm einen Namen, der das Programm für seinen Dienst sein würde. Johannes würde nicht ein Priester sein, wie es seine Abstammung verlangte. Er würde ein Prophet sein im Geist des Elia, er würde das Lamm Gottes ankündigen und die Herzen der Söhne ihren Vätern und dem Gehorsam zuwenden. Seine Stimme war so mächtig, dass sie dem Messias den Weg bahnte: Hindernisse, die wie Berge schienen, wurden eingeebnet und Täler des Schweigens aufgefüllt, und durch seine Stimme wurde in der Verwüstung eine Bahn gemacht, um das Kommen des Herrn zu beschleunigen.

Die Stimme des Johannes war die Stimme Gottes über Seinen Sohn, das Lamm Gottes, das die Sünde der Welt wegnehmen würde. Viertausend Jahre Erlösungsgeschichte kamen zur Fülle, zu ihrem Höhepunkt, zur Vollendung – ein Zeichen, dass das Zeitalter zu Ende ging. Die Zeit war erfüllt; alle Schatten vergingen und fanden in Christus ihre Erfüllung, ihr Gegenbild, ihre Substanz.

> Am Anfang der Schöpfung ist Gott der spricht,
> Sein Wort bringt hervor das helle Licht,
> Ohne Licht entsteht kein Leben,
> Ohne Geist gibt's keinen Segen,
> Denn Gottes Wort ist Geist und Leben!

Der Apostel Johannes beginnt sein Evangelium mit diesen Worten:

> *Im Anfang war das Wort, und das Wort war bei Gott, und das Wort war Gott. Dieses war im Anfang bei Gott. Alles wurde durch dasselbe, und ohne dasselbe wurde auch nicht eines, das geworden ist. In ihm war Leben, und das Leben war das Licht der Menschen. Und das Licht scheint in der Finsternis, und die Finsternis hat es nicht erfasst.* Johannes 1,1–5

Alles in der Schöpfung begann mit der Stimme Gottes: „Und Gott sprach." Jedes Mal, wenn Gott sprach, schuf Er. Er gab allem Substanz, und zwar durch Sein Wort. Ohne Gottes Wort gibt es keine Schöpfung. Kein Wunder sagte Jeremia: „Fanden sich Worte von dir, dann habe ich sie gegessen, und deine Worte waren mir zur Wonne und zur Freude meines Herzens; denn dein Name ist über mir ausgerufen, HERR, Gott der Heerscharen."[273]

Johannes war eine mächtige Stimme, aber er war einsam und allein. Er kündigte Jesus an, den Christus, den Logos, das allumfassende Wort Gottes. Heute ist auf der Erde ein Elia-Volk, eine körperschaftliche Stimme, und wieder kündigt sie mit Macht etwas an. Die Zeit ist gekommen, dass das Wort Gottes durch einen körperschaftlichen Sohn auf der Erde hörbar, sichtbar, greifbar wird.

---

[273] Jeremia 15,16

Wie zur Zeit des Johannes des Täufers ist es finster. Religiöses, politisches und wirtschaftliches Dunkel bedeckt die Erde, aber die Botschaft ist deutlicher als je zuvor:

> *Steh auf, werde licht! Denn dein Licht ist gekommen, und die Herrlichkeit des HERRN ist über dir aufgegangen. Denn siehe, Finsternis bedeckt die Erde und Dunkel die Völkerschaften; aber über dir strahlt der HERR auf, und seine Herrlichkeit erscheint über dir.*
> Jesaja 60,1–2

*****

Gnade und Friede sei mit Ihnen.
5. April 1969 bis 5. April 2013: Seit 44 Jahren kenne ich nun den Herrn.
Ein Grund zum Feiern.
Der Herr ist treu!

Andere Bücher von Frans du Plessis

Wir brauchen eine neue Offenbarung des Herrn Jesus Christus, um das Ende akkurat verstehen zu können, denn Christus ist der Anfang und das Ende aller Dinge. Diese apostolische Zeit löst ein aufrichtiges Interesse aus, sich mit dem „Ende" und den „letzten Dingen" (Eschatologie) nochmals neu auseinanderzusetzen. Dies wird die Denk- und Sichtweise der Kirche grundlegend verändern.

Gottes krönender Abschluss ist, wenn Gott einen körperschaftlichen, vielgliedrigen Sohn hat, der die ganze Schöpfung erbt und über sie regiert. Fülle ist, wenn Christus, der Sohn, viele Söhne zur Herrlichkeit bringt. Der körperschaftliche Sohn aus vielen Söhnen bringt Gottes ewiges Königreich zum Ausdruck, indem er auf Erden Gottes Liebe, Gerechtigkeit und Güte sichtbar und erfahrbar macht.

Wenn Sie bereit sind für eine radikale Veränderung, ist dieses Buch für Sie. Wenn Sie genug davon haben, um den Berg herumzuziehen, wenn Sie genug haben von nicht erfüllten Prophetien und Versprechen, dann ist dieses Buch ganz bestimmt für Sie. Gott sucht einen reifen Sohn aus vielen Söhnen, der auf Erden dem Christus Ausdruck verleiht – nicht nur einer Facette Christi, sondern dem Christus in Seiner ganzen Fülle.

Die Entdeckung der Wahrheit über das Ende wird alle religiösen Systeme dieser Welt in ihren Grundfesten erschüttern. Um in unserer Zeit effektiv und relevant zu sein, müssen wir Gottes krönenden Abschluss verstehen. Die Geburt Jesu hat das Ende der „Nacht" und den Beginn eines herrlichen neuen „Tages" angekündigt – den Tag des neuen Bundes, der heller und heller erstrahlt, bis das Ende kommt.

Zeichen tun und Wunder vollbringen, das ist keine Gabe, sondern eine Verheißung –
und die gilt allen Gläubigen. Über 40 Jahre lang hat sich Frans im Übernatürlichen bewegt.
Sein Leben ist ein aufrüttelndes Zeugnis für die Macht von Gottes übernatürlicher Ver-
sorgung, Offenbarung, Eingreifen, Heilung – und vor allem für Seine liebevolle, ständige
Gegenwart, die uns nie im Stich lässt. Gottes Liebe gilt nicht nur Frans und seiner Familie, sondern genauso auch Ihnen. Frans besteht darauf, dass Zeichen und Wunder heute
noch genauso zum Alltag der Gemeinde Jesu gehören wie in den Tagen der ersten Apostel.
Wunder sind nicht etwas, das für super-geistliche Leute reserviert wäre, Wunder sind das
tägliche Brot des gewöhnlichen Gläubigen. Wunder haben Saison. Mit beeindruckenden
Skizzen von eigenen Lebenserfahrungen und miterlebten Wundern illustriert und untermauert Frans seinen Standpunkt. Dieses Buch bringt einen zum Lachen und zum Weinen
und dazu, Gott zu preisen oder in ehrfürchtigem Schweigen den Gott der Wunder und der
Gnade anzubeten. Aber was das Wichtigste ist: Die Geschichten, die Frans erzählt, werden
Ihren Glauben stärken und in Ihnen eine zuversichtliche Überzeugung aufbauen, dass
auch Sie im Übernatürlichen wandeln können.

eGenCo

Generation Culture Transformation
spezialisiert auf die Veröffentlichung und Herausgabe von Medien, die
generationsübergreifende kulturelle Veränderung bringen.

eGenCo. LLC
824 Tallow Hill Road
Chambersburg, Pennsylvania, 17202 USA
Telefon: 717-461-3436
E-Mail: info@egen.co
Website: www.egen.co
www.goingebook.com

 facebook.com/egenbooks

 youtube.com/egenpub

 egen.co/blog

 pinterest.com/eGenDMP

 twitter.com/eGenDMP

 instagram.com/egenco_dmp

Made in the USA
Charleston, SC
28 March 2016